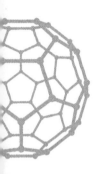

本书获得以下项目资助，特此致谢

教育部人文社会科学研究青年基金项目
"大众传媒与构建和谐劳资关系研究——以新生代农民工为核心"
项目批准号：12YJC860042

中国博士后科学基金第7批面上特别资助
"媒体与新生代农民工劳资关系治理研究"
项目批准号：2014T70004

J&C 未名社科·新闻与传播研究丛书

Empowerment and Deliberation
Research on Media and Governance of
New Workers' Labor-capital Relations

赋权与商议

媒体与新工人劳资关系治理研究

吴 麟 著

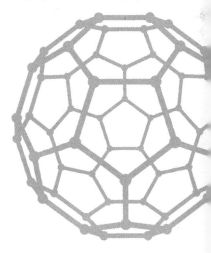

北京大学出版社
PEKING UNIVERSITY PRESS

图书在版编目(CIP)数据

赋权与商议：媒体与新工人劳资关系治理研究/吴麟著.—北京：北京大学出版社,2017.1

（未名社科·新闻与传播研究丛书）

ISBN 978-7-301-27934-2

Ⅰ.①赋… Ⅱ.①吴… Ⅲ.①传播媒介—关系—劳资关系—研究—中国 Ⅳ.①F249.26②G219.2

中国版本图书馆 CIP 数据核字（2017）第 010251 号

书　　名	赋权与商议：媒体与新工人劳资关系治理研究 FUQUAN YU SHANGYI：MEITI YU XIN GONGREN LAOZI GUANXI ZHILI YANJIU
著作责任者	吴　麟　著
责 任 编 辑	胡利国　李　彦
标 准 书 号	ISBN 978-7-301-27934-2
出 版 发 行	北京大学出版社
地　　址	北京市海淀区成府路 205 号　100871
网　　址	http://www.pup.cn　新浪微博：@北京大学出版社
电子信箱	ss@pup.pku.edu.cn
电　　话	邮购部 62752015　发行部 62750672　编辑部 62765016
印 刷 者	三河市北燕印装有限公司
经 销 者	新华书店
	650 毫米×980 毫米　16 开本　18.25 印张　229 千字 2017 年 1 月第 1 版　2017 年 1 月第 1 次印刷
定　　价	45.00 元

未经许可，不得以任何方式复制或抄袭本书之部分或全部内容。
版权所有，侵权必究
举报电话：010-62752024　电子信箱：fd@pup.pku.edu.cn
图书如有印装质量问题，请与出版部联系，电话：010-62756370

序

吴麟博士的专著《赋权与商议：媒体与新工人劳资关系治理研究》即将由北京大学出版社出版。依出版社的建议，吴麟博士请我为书稿撰一短序。吴麟博士是我的博士后合作研究人员，该书也是她在博士后流动站期间的研究成果。为该书撰写序言，当是我应尽的义务。

关于这本书的内容，我不想在这里多说，读者读完本书自然就会了解。作为一篇短序，我只想简要地陈述一下我对本书的感受。我觉得吴麟这本书至少有以下几个方面值得特别加以强调。

第一，这本书的主题虽然是"媒体与新工人劳资关系的治理"，但其终极关注点实际是当前中国社会转型过程中最核心也最紧迫的议题之一，即劳资关系，尤其是新生代农民工——作者称为"新工人"，与资本之间的关系。正如作者自己所指出的那样，劳资关系不仅是中国社会转型过程中的一个关键议题，而且由于农民工代际更替的原因，已经成为社会治理潜在的"重大风险"。妥善处理好这一议题，是包括学者和政府官员等在内的中国人刻不容缓的重要任务。吴麟的这本书以大量文献资料和调查资料为依据，对当前我国新生代农民工的生活和劳动状况及其面临的困境进行了细致的描述和分析，为我们讨论这一议题提供了详尽的信息资源。

第二，这本书选择了当前国内外学术界最前沿的研究视角之一，即权力——话语关系的分析视角,来对当前中国的劳资关系问题进行分析,并侧重探讨了媒体在新工人劳资关系治理过程中可能起到的作用。正如作者所说的那样,劳资关系治理的核心是利益的合理分配,目标是实现利益分享。只有实现了利益分享这一目标,劳资关系才能理顺,劳资冲突才能缓解。而要实现利益分享这一目标,就需要建立一种健全有效地涵盖了政府、资本和劳动者三方的利益表达与分配机制。而在这种利益表达机制中,媒体应该占有一个重要的位置。媒体应该通过客观公正地表达劳资关系各方的诉求和声音,成为劳资利益协调机制的一个重要构成环节。但是媒体本身也是处在一定的权力关系网络当中的,它们的作为及其活动空间,取决于国家、资本及媒介三重逻辑的共同作用。对中国媒体在当前劳资关系治理过程中发挥作用的现状、面临的问题及其根源进行考察,也就成为劳资关系议题处理过程中的重要方面。这就是吴麟在本书中所做的主要工作。在本书中,作者致力于探讨在中国这样一个社会主义国家市场转型和工人阶级再形成的过程中媒体如何才能真正成为劳资利益协调机制的重要构成部分,从而推动劳工权益保障、促进社会有机团结。通过研究,作者发现,在目前的权力关系形态下,虽然不同的媒体在表达农民工诉求和声音方面的作用有所不同(例如新媒体和"另类媒体"在表达农民工自身诉求和声音方面的作用要好于主流媒体),但从总体上看农民工的利益表达难以经由媒体实现。这在一定程度上加剧了劳资关系的紧张和冲突。要想切实理顺劳资关系,就需要重构农民工等弱势社群的话语空间,使农民工等弱势群体能够获得更大的话语权。这些发现,对我们理解导致劳资关系紧张的一些因素、更好地理顺劳资关系会有相当的参考价值。

第三,本书作者提出以当前国内外最新的社会治理方案——商议式民主,来作为解决包括劳资关系问题在内的中国当前诸多社会问题的基本对策。在考察了哈贝马斯等人关于商议式民主的理论之后，作者认为，在当前中国社会的语境中，商议民主理论为实现重构弱势社群的话语空间这一目标提供了重要的启示。以哈贝马斯商议式民主理论中关于"弱公共领域"和"强公共领域"之间关系的分析为依据，作者主张，媒体一方面需要充分担负使"弱公共领域"活跃的功能，另一方面还应致力于实现"弱公共领域"与"强公共领域"之间的顺畅沟通，即应致力于成为社会系统中多元主体利益表达与聚合的公共空间。作者还对主流媒体、另类媒体的作用提出了不同的期待，认为主流媒体应通过积极参与、组织商议式民调的方式来推进商议式民主，另类媒体则既要补主流论述之不足，同时更应注重责任伦理。而这一目标能否实现，归根结底则依赖于政府能否从"推进国家治理体系和治理能力的现代化"的高度，以"宽容"和"法治"为方向，对国家——媒体关系进行更积极的调整。在市场经济条件下如何来建构一种有效的政治和社会治理机制，使之与市场经济对民主决策的要求相符合，既是世界各国在现代化进程中所必须解决的问题，更是长期困扰中国等后发外生型现代化国家的一个难题。商议式民主或许确有可能成为解决此类难题的有效途径。相信吴麟在本书中就此方面所做的分析和提出的一些具体对策，对于我们在中国当前情境下开展这方面的探索有一定的促进作用。

总而言之，吴麟的这本书，所涉及的议题重大，所选择的视角适当，所依据的文献和事实材料丰富扎实，所提出的问题解决方案思路新颖。相信这本书的出版，不仅对于推进我国劳资关系方面的研究、媒体方面的研究，而且对于推进当前我国社会转型过程中存在的其他方面社会问题的研究都会有一定的助益。

谢立中

2016年9月26日

目录

第一章 绪 论 /1

一、劳动关系：转型中国社会的一个关键议题 /2

二、新生代农民工："双重脱嵌"的新工人 /8

三、媒体：新工人劳资关系治理的潜在行动者 /12

第二章 农民工的代际转换与弱势社群的利益表达 /19

一、农民工的代际转换与劳资关系秩序重构 /19

二、权力关系中的媒体与弱势社群利益表达 /32

三、面向丰富的经验事实和采取多元分析范式 /50

第三章 新工人的劳资关系诉求与媒介行为特征 /57

一、新工人调查样本的人口学特征 /58

二、新工人的劳资关系诉求与维权表达 /62

三、新工人的信息需求与媒介素养 /70

四、田野笔记：数据之外的细节 /75

五、媒介接触与劳资关系：传播赋权的可能性 /88

第四章 主流媒体的作为：基于新闻框架的考察 /94

一、媒介话语权：不同代际新工人面临的共同问题 /95

二、主体性表达缺失：主流媒体中的新工人图景 / 101

三、弱主体性表达：工会媒体中的新工人图景 / 107

四、寻求平等公民权：新工人的当下真实诉求 / 115

五、提升传播主体性：媒介话语权的发展路径初探 / 120

第五章 另类媒体的存在：具体行动及其境况 / 126

一、转型中国语境中的另类媒体：概念及意涵 / 126

二、劳工领域的另类媒体：一个概况性的描述 / 135

三、个案一：聚焦新工人群体的另类媒体 XSD / 142

四、个案二：服务于建筑工人的另类媒体 DGD / 164

五、在缝隙中发声：劳工另类媒体的意义与境况 / 195

第六章 结 语 / 215

一、商议民主：重构社会话语空间的可能进路 / 215

二、公共性与责任伦理：媒体行动的价值理念 / 222

三、宽容与法治：国家与媒体关系的调适准则 / 240

参考文献 / 247

附 录 1 / 273

附 录 2 / 281

后 记 / 283

第一章 绪 论

"或许运用社会学的想象力所作的最有成果的区分是'环境中的个人困扰'和'社会结构中的公众论题'。"在社会学家 C. 赖特·米尔斯(C. Wright Mills)的笔下,"困扰"是桩私人事务,"个人感到自己珍视的价值受到了威胁";"论题"则是公共事务,所涉及的事情"超越了个人的局部环境和内心世界",往往包含了制度安排中的危机(2005: 6—7)。在他看来,这一区分是社会学想象力的基本工具。那么,在一个时代中,公众的主要论题是什么,个人的关键性困扰又是什么?要对之进行清楚的描述,米尔斯提出我们必须要追问——我们所珍视的价值,哪些受到了"威胁",哪些得到了"支持",以及其中可能包含"结构"中的什么突出矛盾? 当然,这相当不容易。"我们的时代是焦虑与冷漠的时代,但尚未以合适的方式表述明确,以使理性和感受力发挥作用"(2005: 9—10),这是米尔斯当年对美国社会现实的批判。自晚清以来,中国社会一直处于艰难转型之中,至今仍在穿越"历史三峡"。此种"焦虑和淡漠的处境",一定程度上更成为今日中国的显著特征——公众个人的心神不安与社会整体的制度安排,往往具有重要的结构关联意义,但是通常未被明确表述为公众论题。新工人劳资关系的真实图景及其间媒体作为的现实境况,便是明显表征出这一特征的现实问题,碎片化的个人困扰均关联着结构性的制度危机,然而尚未被系统、深入地予以分析。有鉴于此,本书将是一次具体尝试。

一、劳动关系:转型中国社会的一个关键议题

劳动关系①是生产关系的重要组成部分,是最基本、最重要的社会关系之一,在市场经济条件下,其实质是"劳动和资本的结合"。这两大要素的直接追求——"利润最大化"和"工资最大化"——之间存在着天然的矛盾;双方的力量或利益对比一旦失衡,矛盾便会激化和公开,出现劳资冲突——二者以"集体争议和集体行动"的方式表达诉求和争取权益(常凯,2014:400)。

在计划经济时代,中国劳动关系的总体特征为"显性的合作与隐性的冲突";在经济社会转型过程中,资本主导地位获得了特定的历史形成途径,劳资契约规则的制定、生产和分配的诸领域,资本要素所有者的强势明显,"劳动的弱化"不可避免;在世界整体形势的影响下,更

---

① 劳动关系(labor relations)通常指"劳动力与劳动力使用者以及相关组织为实现劳动过程所构成的社会经济关系",在不同的国家或体制下,存在不同称谓,诸如劳资关系(labour-capital relations)、劳工关系(labour relations)、劳使关系(labour-management relations/labour-user relations)、雇佣关系(employer relations)、员工关系(employee relations)、产业关系(industrial relations)。不同的概念有具体相异的侧重与指向。其中,劳资关系是最传统的称谓,在市场经济条件下使用最为广泛,一般是指私有制企业中的劳动关系,所体现的是"雇佣工人和雇主(企业主)的关系",既包括"劳动者个人与雇主的关系",也包括"工会与雇主或雇主团体的关系"。这一概念最主要的特点是突出资本与劳动的区别,其"主体明确,关系清晰",但具有"阶级关系的性质"及含有"对抗"的意味。劳动关系则是一个内涵最宽泛的概念;而且被认为可避免"不同所有制、不同政治立场或经济利益"所带来的概念差异。对相关概念的辨析,具体可见常凯主编:《劳动关系学》,北京:中国劳动社会保障出版社2014年版,第9—14页,以及程延园:《劳动关系》(第三版),北京:中国人民大学出版社2013年版,第4—6页。本书以新工人群体为重心,劳资双方的界限很分明,二者之间的关系包含了一致性与冲突性;同时在当前情境下,如下文方法论部分将论述的,分析其劳动问题需要融合"分层研究"和"阶级分析"两种研究范式,因而本书将主要使用"劳资关系"称谓。此外,一般意义上的论述及相关援引,则使用"劳动关系"概念。在概念辨析上,孟泉博士不吝赐教,特此致谢。

使得"资强劳弱"的格局在制度上被进一步固化。简言之,在当前社会转型中,中国的劳资关系呈现出了从"显性合作"走向"显性冲突"的演变轨迹(罗宁,2010:102—105)。美国社会学学者贝弗里·J.西尔弗(Beverly J. Silver, 2012:1)的卓见——"资本转移到哪里,劳工与资本之间的冲突很快就会跟到哪里",实践证明同样适用于中国。

在全球化背景下,劳资关系和劳工标准已被视作最为突出的社会经济问题。在当前中国语境中,劳资冲突更成为社会冲突的重要表现形态。关于这一判断,至少存在两个主要表征。其一,劳资群体性事件频发。中国社会科学院发布的社会蓝皮书显示,"2012年1月至8月,全国共发生围绕工资纠纷的规模在百人以上的集体停工事件120多起,发生在19个省,规模在30人以上的事件270多起,广东占了其中的多数"(陆学艺等,2012:286)。此外,一份题为《互联网形塑群体性事件,处置一元化框架有待探索》的研究报告显示(汤景泰,王雪,2016):基于大数据对2015年典型群体性事件进行数据挖掘,发现因企业转型升级、用人单位搬迁、社保补缴等问题,使得劳资纠纷成为群体性事件的高发领域。① 其二,劳动争议的数量激增。以1994年为分水岭,之前一直徘徊在1万件左右,之后数量激增。据《中国劳动统计年鉴》的数据,1996年至2013年间,劳动争议"当期受理案例"数量由48121件上升到665760件;集体劳动争议数量,由3150件上升到6783件,其中2002年至2009年间均超过10000件,2008年更是达到了迄今为止的历史高点——21880件(具体数据见表1-1)。集体劳动争议案件多发生于劳动密集型企业聚集的地区。2012年,广东和浙江的数据分别是1763件、757件,分居全国的第一、二位(具体数据见表1-2);2013年,浙江、江苏、福建等地的数据还略有上升(具体数据见表1-3)。此外,因讨薪、工伤索赔等劳资纠纷而导致的极端事件也时有发生,诸如2005年的"王斌余案"、2009年的"刘汉黄案"、2012年的"刘双云

---

① 来源:"舆情观察室"微信公众号;访问日期:2016年3月15日。

案",以及2016年年初的"马永平纵火事件"等,不仅是个体的遭遇,更是社会的悲剧。

广义而言,劳资冲突的实质是一种社会经济利益冲突;嵌入当前中国的政经格局后,其内涵则正如社会学家拉尔夫·达仁道夫(Ralf G. Dahrendorf)所言(2000:3),是"一种应得权利和供给、政治和经济、公民权利和经济增长的对抗"。目前劳资冲突频繁,除"资强劳弱"的格局所导致的利益分配失衡之外,与近年来劳动者的"增长性"诉求也有密切关联(蔡禾,2010)。其中,本书的核心研究对象——"新工人"群体,更是如此。他们已不满足于实现基本劳动权益,更向往追求体面劳动和发展机会;他们维权意识更强,维权行为由被动表达向积极主张转变。

表1-1 1996—2013年中国劳动争议案件情况

时间	劳动争议当期受理案件数(单位:件)	集体劳动争议案件数(单位:件)	集体劳动争议案件所涉劳动者人数(单位:人)
1996年	48121	3150	92203
1997年	71524	4109	132647
1998年	93649	6767	251268
1999年	120191	9043	319445
2000年	135206	8247	259445
2001年	154621	9847	286680
2002年	184116	11024	374956
2003年	226391	10823	514573
2004年	260741	19241	477992
2005年	313773	16217	409819
2006年	317162	13977	348714
2007年	350182	12784	271777
2008年	693465	21880	502713
2009年	684379	13779	299601

续表

时间	劳动争议当期受理案件数（单位:件）	集体劳动争议案件数（单位:件）	集体劳动争议案件所涉劳动者人数（单位:人）
2010年	600865	9314	211755
2011年	589244	6592	174785
2012年	641202	7252	231894
2013年	665760	6783	218521

数据来源:《2014年中国劳动统计年鉴》,第342—343页。

表1-2 2012年各地区(前十位)集体劳动争议案件情况

序号	地点	集体劳动争议案件数（单位:件）	集体劳动争议案件所涉劳动者人数（单位:人）
1	广东	1763	75671
2	浙江	757	32522
3	北京	651	15128
4	江苏	505	17840
5	福建	350	14821
6	山东	294	11718
7	河北	272	4280
8	河南	268	4639
9	湖南	265	4264
10	辽宁	238	5209

数据来源:《2013年中国劳动统计年鉴》,第350—351页。

表1-3 2013年各地区(前十位)集体劳动争议案件情况

序号	地点	集体劳动争议案件数（单位:件）	集体劳动争议案件所涉劳动者人数（单位:人）
1	广东	1658	64522
2	浙江	785	34635

续表

序号	地点	集体劳动争议案件数（单位:件）	集体劳动争议案件所涉劳动者人数（单位:人）
3	北京	578	14852
4	江苏	570	21815
5	福建	361	13029
6	山东	302	13040
7	湖南	311	4270
8	河北	267	4268
9	河南	254	3494
10	辽宁	231	6672

数据来源:《2014年中国劳动统计年鉴》,第344—345页。

一项针对珠江三角洲地区外来务工人员的研究显示:当权益受损而又未能有效维权时,新生代农民工会产生更强烈的挫折感以及参与集体行动的冲动(蔡禾,李超海,冯建华,2009)。2010年,"深圳富士康员工自杀事件"和"广东南海本田公司罢工事件"成为劳动关系领域引人瞩目的事件,其主体均为新生代农民工。学者乔健认为:前者是"继1993年深圳致丽玩具厂的'11·19'大火后,全社会再一次集中关注一个工业化进程中的劳工案件";后者则"开启了劳工抗争的新模式,也推动了各地以提高工资为目标的罢工行动的密集展开"(汝信等,2010:251—253)。一项针对2011年至2012年间172起工人集体行动事件的分析,同样显示:新生代农民工已成为行动主体,而且行动逻辑趋向"以势维权"——通过现代通信技术进行有效动员和组织,在短时间内形成聚合之"势"与资方进行博弈,以期实现在现行的劳动争议处理程序中难以实现的诉求(李琪,2013)。

在官方报告中,新生代农民工系指"出生于20世纪80年代以后,年龄在16周岁以上,在异地以非农就业为主的农业户籍人口"(全国总工会课题组,2010)。随着时间的推移,这一群体内部又出现了微妙的代际分层,已成长起来的"90后"正逐步成为社会的用工主体。在媒体观察中,这些"90后"新生代是"农民的儿女,但不事农耕,甚至连家里田地的分布也搞不清楚。在父母供养下,他们常年住校读书,直至考学失败,才在老乡、亲友的引领下,一个个被'扔到'陌生都市里的工厂车间"。在劳资关系问题上,他们的诉求更以体面劳动为指向。东莞塘厦立德电子厂的"革命性"转变——"员工可以坐着上班"——可兹例证:这是一家于1992年注册成立的工厂,多年以来在此打工的数万名工人都是站着上班,但是这一持续了21年的"站立作业"规矩,终于被"90后"新生代产业工人通过罢工而改变。"站着上班,脚都站肿了,谁干?"参与这场罢工的阿磊告诉《南风窗》记者,"缺乏人性化的企业,注定要出大事"(燎原,2014)。

概言之,当前中国的现实状况同社会学家乌尔里希·贝克(Ulrich Beck)所论述的"风险社会"有了很强的契合性(2004:15)——"在发达的现代性中,财富的社会生产系统伴随着风险的社会生产"。其中,"在现代化进程中,生产力的指数式增长,使危险和潜在威胁的释放达到了一个我们前所未知的程度。"中国业已进入"转型关键期",2008年人均国民生产总值就突破了3000美元;同时也相应进入了"矛盾凸显期"。在这一发展进程中,劳动关系发生了结构性的变化;而且自20世纪90年代中期以来,一直处于持续性紧张的状态之中,已演化成为当前社会治理潜在的"重大风险"。

经济新常态下,对劳动关系治理模式的探讨,更成为当前中国社会治理中的重要议题。2015年3月,《中共中央 国务院关于构建和谐劳动关系的意见》出台,直面严峻现实,提出:"我国正处于经济社会转型时期,劳动关系的主体及其利益诉求越来越多元化,劳动关系矛盾已进入凸显期和多发期,劳动争议案件居高不下,有的地方拖欠农民工工资等损害职工利益的现象仍较突出,集体停工和群体性事件时有发生,构建和谐劳动关系的任务艰巨繁重"(《人民日报》2015年4月9日第1版)。劳动关系和谐与否,关乎中国社会是否能够实现平稳转型,是每个普通人切身福祉之所系,我们需要正视这一转型社会的关键议题。

二、新生代农民工:"双重脱嵌"的新工人

农民工是改革开放以来伴随我国社会经济体制和社会经济结构双重转型而出现的一个特殊群体。他们不是传统意义上的农民或工人,而是半工半农、亦工亦农的农村户籍人员,"农民工"这一充满暧昧性的命名就充分反映了其尴尬的主体位置。作为一种制度设计,农民工是中国二元社会结构的特殊产物。1958年1月颁布实施的《中华人民共和国户口登记条例》,标志着以城乡分割为基本特征的二元户籍制度正式形成。尽管采用这一政策有其特定历史背景,但是"农业人口"和"非农业人口"的硬性划分,延续多年所造成的负面效应已非常显著。简言之,农民工群体所享有的法律、政治、社会、经济等诸权利,在形式和实质层面均存在断裂,权益保护问题相当严峻。学者黄宗智(2013)研究了劳动法规的历史演变,明确指出:"他们大多处于劳动法律保护的范围之外,被认为是临时性的'劳务人员',处于'劳务关系'而非'劳动关系'之中。"

近十年来,户籍制度改革总是"两会"焦点话题之一。例如:2010年3月1日,由《经济观察报》倡导,内地13家媒体共同发表名为《提请"两会"代表委员敦促加速户籍改革》的社论,此文开宗明义指出"中国有受户籍制度之苦久矣",并就"农民工"户籍问题激越地进行了论述——"户籍制度分割了城市和乡村。'农民工'是对那些户籍在农村而身在城市打工的人群的特定称谓,最早的一代农民工,为城

市的发展付出了自己的劳动,可是,他们的下一代仍然没有办法解决身份认同,他们的子女仍然背负着上一代的困惑,他们生活的城市仍然无法接纳他们,这才有了80后、90后农民工的称谓。我们要问,这样的隔离究竟还要持续几代人?"这一"共同社论"受到广泛关注并被誉为"民间一号提案"(马浩亮,2010)。

直到2014年,户籍改革才迈出了至为重要的一步。同年7月30日,国务院公布《关于进一步推进户籍制度改革的意见》,明确规定:"建立城乡统一的户口登记制度。取消农业户口与非农业户口性质区分和由此衍生的蓝印户口等户口类型,统一登记为居民户口。"政府这一举措被舆论称为"自2006年彻底取消农业税以来,又一个具有划时代意义的改革举措"(《新京报》社论,2014)。但是,户籍改革远非转换称谓这么简单。究其实质,农民工权利缺失是"不完整的公民资格"在社会各领域的体现,根源于"不公正的社会身份制度"(葛笑如,2013:21)。因而,如果没有"农"和"非农"背后附着的权利和福利的真正平等,改革的实质性意义将会消弭,农民工依旧是"二等公民"。那么,农民工问题,即与农民工现象相伴生并不断凸显的社会问题,仍难得到妥善解决。

农民工群体内部的代际差异日益受到关注。2000年左右,社会学界开始注意到农民工内部的代际分化问题。王春光(2001)提出"新生代农民工流动人口"这一概念,并将该群体的特征描述为——"年龄普遍较小,多在25岁以下,出生于20世纪70年代末80年代初,成长和受教育于80年代,基本上于90年代外出务工经商;他们比以前的农村流动人口,有更多的机会和条件接受学校教育,因此他们的受教育水平比其他农村流动人口高,他们参加务农的时间和机会自然就少些,有许多人根本没有务农经历,这些在一定程度上影响了他们外出的动机以及对自己发展的期望"①。在此概念基础上发展出的"新生代农民工"一词,逐渐进入主流话语。2005年9月,《中国青年报》经济版推出"新生代农民工系列报道",由10篇新闻特稿和10篇配发的新闻述评构成,前者提供故事、后者提供观点,力求多角度、多侧面地展现当代青年农民工的状况、追求,以及他们所面临的问题。2010年,中央一号文件《中共中央 国务院关于加大统筹城乡发展力度 进一步夯实农业农村发展基础的若干意见》提出"采取有针对性的措施,着力解决新生代农民工问题"。是年6月21日,中华全国总工会机关报《工人日报》以"超常规"的版面安排,刊发13000余字的《关于新生代农民工问题的研究报告》。据称,完整的研究报告有16000字,"当时还在内部审阅阶段",节选报告的先行面世,被认为是因应"一种形势的需求"(衣鹏,2010)。

与传统农民工相比,新生代农民工确有鲜明的主体性特征。若置诸城乡关系变迁的政治经济学过程中进行观察,我们可以采用"双重脱嵌"这一概念(朱妍,李煜,2013),阐释他们的群体特征及其与父辈群体的代际差异。此处"双重脱嵌"包括"制度脱嵌"和"传统脱嵌"两个方面。前者是指他们"游离于制度性权力结构和福利保障体系之外",后者则指他们"在客观纽带和主观认同上脱离传统乡土中国"。并且,"传统脱嵌"放大了"制度脱嵌"的负面效应。双重困境之下,他们徘徊于"待不下的城市"和"回不去的农村",以致往往"迷失在城市之间"(吕途,2013:174—259)。同时,他们更应该被称为"新工人"(New Workers)。对此,汪建华(2015:1)的分析很有道理——沿袭已久的中文概念"农民工"不仅具有歧视意味,而且遮蔽了其在城市真正的职业身份;何况,1980年以后出生的新生代,大多缺乏务农经历和农

---

① 需要指出的是,当时有学者对此概念提出异议,认为其内涵不明确。参见赵芳:《"新生代":一个难以界定的概念——以湖南省青玄村为例》,《社会学研究》2003年第6期。

业生产技能,并不是真正意义上的农民。相对应的英文概念Migrant Workers也与现实有悖——中国城市中的外来务工人员,多数不能真正在城市定居,与西方意义上的"移民工人"相去甚远。

传统农民工面临的难题基本是"制度脱嵌";相较之下,新生代农民工更多了一重"传统脱嵌"遭遇。双重困境之下,新生代农民工问题是传统农民工问题在现阶段的延续、体现和发展,应视为"旧范畴中的新问题"。具体到劳动关系领域中,可作如下理解。

所谓"旧范畴",是指新生代农民工依旧需要面对传统"农民工生产体制"。它包括"工厂专制政体"①和"拆分型劳动力再生产制度"②两个层面。前者是指当前中国农民工群体就业的大多数工厂中,资本治理农民工的主要方式是"不加掩饰的压迫和剥削"。后者是指劳动力的"维持"(maintenance)和"更新"(renewal),即农民工的日常生活维持——恢复体力和脑力的过程,与劳动力的代际更替——赡养父母和抚育子女等,本应在同一时空条件和相同制度背景中进行,却被迫拆分在城市和乡村两个不同空间中分别进行,以确保劳动力的低成本优势。"低工资低保障""双向依赖"和"循环迁移"构成了"拆分型劳动力再生产制度"的主要特征,不仅导致农民工的自身"维持"和代际"更新"被分割在不同的空间中进行,而且使得此种空间分离在制度上被强化。概言之,"旧范畴"是指对新生代农民工而言,"完备的公民

---

① 这一概念源自美国社会学家布洛维(Michael Burawoy),他在《生产的政治》(The Politics of Production)一书中系统论述了"工厂政体"(Factory Regime)理论。按其界定,存在"劳动过程""劳动力再生产方式""国家干预"和"市场竞争"四个分析维度,它们共同作用,塑造了劳资关系的基本特点以及工人的行动方式和行动能力。资本主义的工厂政体可以划分为"工厂专制政体"(Factory Despotism)和"霸权政体"(Hegemony)两类,分别与资本主义发展的早期阶段和垄断阶段相关联。郭于华等援引这一理论,提出"工厂专制政体"在当下中国具体实践中又有诸多不同的亚形态,如富士康公司是"准军事化的工厂专制政体"、南海本田公司是"常规的工厂专制政体"。参见郭于华等:《当代农民工的抗争与中国劳资关系转型》,《二十一世纪》(香港)2011年第2期。

② 这一概念源自清华大学"新生代农民工研究"课题组的研究报告《困境与行动——新生代农民工与"农民工生产体制"的碰撞》。全文载于沈原主编:《清华社会学评论》(第6辑),北京:社会科学文献出版社2013年版,第46—131页。

权"(full citizenship)依旧阙如。在世界工厂里,他们处于劳动关系的最底端;在都市世界中,他们依旧是漂泊无根的异乡客。

所谓"新问题",是指新生代农民工的价值观念和行为选择已出现明显变化。他们作为一个独特群体,融合了代际(新生代)和阶层(农民工)的双重特征。一项相关研究(李培林,田丰,2011)指出:在"历史逻辑"和"结构逻辑"的共同作用下,新生代农民工兼有"新生代阶层"和"农民工阶层"两种特质,他们的相对剥夺感更强烈,发生劳动纠纷时,在处理方法上,手段相对更为激进、更加多元。需要注意的是,传统农民工对自身作为城市"局外人"(outsider)的身份有较为普遍的认同(陈映芳,2006),其生活目标设定,基本是以农村、农民为参照。与之相较,农村给予新生代农民工的"推力"愈发强劲而"拉力"却越来越小(郭星华,王嘉思,2011),城/乡和工/农两个层面的双重边缘化,使得他们陷入更为尴尬的进退两难境地。有研究者(卢晖临,2011)明确认为:这一生存困境以及由此衍生的身份认同危机,正是导致富士康员工进行自杀式抗争的结构性和社会性原因。概言之,"新问题"是指新生代农民工与乡村、城市、资本、国家等诸领域,具有与父辈不尽相同的关系类型,同"农民工生产体制"产生了难以调和的冲突。

三、媒体:新工人劳资关系治理的潜在行动者

当前劳资冲突呈显性化,其根源是"强资本弱劳动"格局之下的劳资双方利益分配失衡。此外,近年来,劳工在"底线型"利益诉求逐步得以保障之后,开始出现"增长型"利益诉求。2010年"广东南海本田公司罢工事件"是典型的一例。对此,相关研究指出(蔡禾,2010):"底线型"利益受法规保护并有清晰的利益标准,在"底线型"利益纠纷中,个体可以通过仲裁和诉讼来解决;"增长型"利益无正式的法规

保护和清晰的利益标准,在"增长型"利益纠纷中缺乏仲裁和诉讼的通道,集体谈判作为一种处理机制只是必要而非充分条件,往往只能依靠"集体行动"介入。关于这一判断,2010年初夏的罢工潮可兹佐证。在当年4月至6月间,以提高工资为目标的罢工行动密集展开,经海内外媒体报道的即达到30余件。这一现象被解读为(汝信等,2010:253—259)"主要反映了以新生代农民工为主体的劳工阶层明确拒绝以'地板工资'(最低标准工资)作为劳动报酬的现实基准";他们的诉求"已从基本权利转向了利益诉求,以分享经济增长的成果和争取有尊严的体面劳动为目标,且主要是通过自主的集体行动来实现。"

上述分析显示:鉴于现实状况,新工人的劳资关系治理,其核心是利益的合理分配,其目标是实现利益共享。无独有偶,当前的体制话语也提出:构建和谐劳动关系,应当通过协商、协调、参与、合作等非对抗方式,以求实现共建共享、合作双赢。因为劳动关系虽然自改革开放以来发生了深刻的、复杂的变化,但是仍为"社会主义性质";劳动关系矛盾被认为是"人民内部矛盾"——"根本利益一致基础上具体利益差别的矛盾"(尹蔚民,2015)。因而,无论基于现实逻辑,还是按照政府理念,新工人的劳资关系治理,需要建立健全有效涵盖政府、资本、劳动者三方的利益表达与分配机制。其间,媒体何为?

梳理历年来的政治文件,可以发现:当前中国的劳资利益协调机制已在构建之中,媒体在其间的利益表达与协调功能得到强调。一项研究显示:"中国共产党人对利益协调问题的系统重视"始于2002年中共十六大之后(景跃进,2010)。2004年9月公布的《关于加强党的执政能力建设的决定》提出两个重要观点——其一,"引导群众以理性合法的形式表达利益要求",其二,"建立健全社会利益协调机制"。

具体在劳动关系治理问题上,2006年10月公布的《关于构建社会主义和谐社会若干重大问题的决定》(以下简称《决定》),首次以中央全会文件的形式突出劳动关系的重要性,强调发展和谐劳动关系、完善劳动关系协调机制。这一《决定》还首次明确了公民"表达权"的概念,提出要"拓宽社情民意表达渠道"。2011年3月公布的《中华人民共和国国民经济和社会发展第十二个五年规划纲要》(以下简称《纲要》),将"劳动争议"列为当前"妨碍社会稳定的五大社会矛盾之首"。同时,此《纲要》还提出"形成科学有效的利益协调机制、诉求表达机制、矛盾调处机制和权益保障机制,切实维护群众合法权益",强调"发挥人民团体、行业协会、大众传媒等的社会利益表达功能,发挥互联网通达社情民意新渠道作用,积极主动回应社会关切"。2013年11月,《中共中央关于全面深化改革若干重大问题的决定》提出"推进国家治理体系和治理能力现代化",其中强调需要"创新劳动关系协调机制,畅通职工表达合理诉求渠道"。2015年3月,《中共中央 国务院关于构建和谐劳动关系的意见》颁行,被视为"中国特色和谐劳动关系治理模式的初步形成"(乔健,2015)。这一经过长时间酝酿的文件中,专门强调"充分利用新闻媒体和网站"以"加大构建和谐劳动关系宣传力度"。

在中国的政治生活实践中,无论是革命年代还是建设时期,文件和会议始终是贯穿体制运行的"两个最基本的工具"。尽管"文件政治现象"早已存在,但从学理层面研究"文件政治"(Documental Politics)则是晚近的事。这一概念由吴国光在《"文件政治":假设、过程和案例研究》("Documental Politics": Hypotheses, Process, and Case Studies)一文中正式提出。文件依其功能,可以划分为政治文件、信息文件和行政文件。"文件政治"概念中的文件是指中央层面的政治文件,它处置的是政治生活中的重要议题,为政府行政确立基本的路线或方针。这类文件的形成是决策过程的核心部分,通常都会经过七个环节——创议(initiation)、选择起草者(selecting drafter)、自上而下的指示(top-down directives)、调研与起草(research and drafting)、修改(revision)、批准(approval)、发布(dissemination)。经由上述环节形成的文件,在中国政治中享有"象征"和"行政"两个维度的权威,代表了统治集团的集体意志(Hamrin, Carol Lee & Zhao, Suishen, 1995:24-28)。在此,笔者认同学者景跃进(2013)的观点——可从"文件政治"入手考察当今中国政治高层的一些细微但重要的变化。的确,何种表述能够进入党和政府的核心文件,通常体现的是一种重要政治安排。因而,以"文件政治"的视角来看,媒体在劳动关系治理中的角色与作为,被寄予了一定期待。

自1997年世界银行发布《变革中的世界政府》报告,"治理"(Governance)、"善治"(Good Governance)概念开始在全球扩散。其中,"善治"是指公共利益最大化的社会管理过程,本质特征在于它是政府与公民对公共生活的合作管理、是政治国家与市民社会的一种新颖关系、是两者的最佳状态。政治学者俞可平综合众人在此问题上的观点,提出:合法性(legitimacy)、法治(rule of law)、透明性(transparency)、责任(accountability)、回应(responsiveness)、有效(effectiveness)、参与(civic participation)、稳定(stability)、廉洁(cleanness)、公正(justice)是构成"善治"的基本要素(2003:10—13)。值得注意的是,当下中国,"治理"一词已由学术讨论正式进入政策话语。2013年,"推进国家治理体系和治理能力现代化"成为中国全面深化改革的总目标。2014年的"两会"《政府工作报告》做了更进一步的论述,提出:"推进社会治理创新。注重运用法治方式,实行多元主体共同治理。"

从"社会管理"到"社会治理",政治文件中这一话语变迁,折射出中国政治过程的新特点。对此,有研究者提出:这意味着媒体"获得实现其公共性的制度保障和实践场域",将作为多元治理主体中的一元参与社会治理(李良荣,方师师,2014)。这一观点也是从"文件政治"的逻辑推演而来。那么,根据同一逻辑,具体到新工人的劳资关系问题,媒体应成为劳资双方利益协调机制的重要组成部分,从而实践多元主体利益的表达与聚合。质言之,媒体应成为新工人劳资关系治理体制的有机构成,担当"参与治理的行动者"角色。

但是,我们不能脱离社会权力关系来认知媒体,它是嵌入具体时空政经结构中的一种社会机制。我们对媒体在"应然"层面的理想期待,与其在"实然"层面的现实作为,通常都有明显差异。当前中国媒体,在劳动关系治理中,尚未充分发挥应有作用。

一般而言,在现实情境中,媒体是否作为及其活动空间大小,取决于国家、资本及媒介三重逻辑的共同作用。置诸现阶段中国社会中,"国家"这一要素更具有决定性影响。在分析2008年中国劳动关系演变状况时,学者乔健观察到"平面媒体开始有限报道劳动争议事件,特别是围绕着东航集体返航事件和重庆出租车停运事件展开讨论,探讨如何实现劳动关系和谐,而新华社第一次使用'罢工'的概念"(汝信等,2008:325)。其实,这与当时政府尝试"审慎而积极地"调整国家—媒体关系不无关联(展江,2008)。是年,5月1日,《中华人民共和国政府信息公开条例》正式实施。5月24日,温家宝总理在地震废墟上接受中外记者采访,强调:"在处理突发事件和其他问题时,我们将坚持以人为本的方针永远不会改变,坚持对外开放的方针永远不会改变。"6月20日,胡锦涛主席在视察人民日报社发表的讲话中,除坚持中共对新闻事业传统观点的同时,更融入了一些开放元素,诸如媒体应当"通达社情民意、引导社会热点、疏导公众情绪"等。

但是,就普遍情况而论,现状难如人意。2010年,一项针对1119位国内媒体人的新闻生产研究显示:当前在社会冲突性议题报道的管控上,"短期稳定观和刚性稳定观起了主导作用",以致中国内地媒体已形成了一套以"风险规避"为中心的新闻报道常规;且市场力量在此方面难以发挥作用(夏倩芳、王艳,2012)。因而,作为典型的社会冲突性议题,劳资冲突在当下传统媒体上基本只是零星的、碎片的呈现。

同时,对于新媒体是否已成为劳资双方利益协调机制的重要构成,我们也要避免陈义过高。毋庸讳言,伴随着信息与通信技术

(ICTs)的逐步发展,新媒体对新工人在劳资关系问题上的利益表达,的确有着明显影响。在多起以新生代农民工为主体的劳资群体性事件中,显现出一种"网上联动、网下行动"的迹象。汪建华(2012)分析珠三角地区三家代工厂罢工事件,指出:以互联网为主的信息与通信技术作为动员的中介,对工人的认知形塑和集体抗争时的内外沟通起了重要的作用。这具体表现在"认知与情感动员提升参与意愿""组织动员确保运动有序高效""动员外部力量以避免镇压""示范动员以供经验借鉴"诸方面。他还认为:虽然互联网动员效果因"国家的封锁"和"资本的反击"而面临众多的不确定性,但是其独特性提供了"巨大的弹性空间",从而在组织动员潜力方面既超越传统动员方式又可与之互相补充。此外,一份非政府组织(NGO)发布的中国劳工权益保障研究报告中亦提出类似观点①——"社会媒体为工人集体行动的酝酿、组织、启动和持续提供了极为便利和宽广的动员平台"。

  不过,我们未必可以如此乐观。新媒体确有传统媒体远所不及的参与性、互动性等诸多优势,但是,考虑政府对其的法律规制(胡泳,2010),以及其兼有的"商业属性"和"政治属性"(潘祥辉,2014),我们在判定新媒体在新工人劳资关系问题上的赋权、动员等"效果"时,应当更加审慎。一项针对上海新生代农民工的研究显示(周葆华,2013):新媒体拓宽了该群体的表达渠道,在遭遇劳动权益纠纷时,其意愿表达呈现"人际渠道—新媒体—机构渠道"递减的差序格局,但同时还发现对互联网的赋权功能不应过于乐观,因为"网络空间表达要转化为线下空间表达、话语赋权要形成行动赋权、情感支持要走向利益维护"并非易事。因而,我们需要理性认知新媒体在国家和资本双重挤压下的局限性,从而更准确地分析其在劳资利益协调中的可作为

---

① 这份报告名为:《中国工人运动观察报告(2011—2012)》,其发布者为香港注册的劳工 NGO 机构"中国劳工通讯"(China Labour Bulletin),来源:http://www.clb.org.hk;访问日期:2014 年 3 月 4 日。

空间。

在"利益—政治"的过程中,利益表达既是逻辑起点,亦是现实基础;利益综合和利益协调均是基于利益表达而展开的环节;因而,利益能否表达以及表达是否充分至关重要。在转型期中国,由于资源分配失衡,不同社会成员之间缺乏有机联系,社会呈现出一种"断裂"的状态(孙立平,2003:4—6)——"失衡是理解断裂社会的关键所在",社会权利的失衡在事实上构成了社会断裂的基本机制。与之相对应,社会话语系统也显现出断裂与失衡的特征,劳资双方话语权有云泥之别。前述集体劳动争议数量居高不下,在相当程度上是因劳工群体话语权的匮乏,使诉诸行动几乎成为一种"必然选择"①。

概言之,劳动关系治理是转型中国社会的关键议题。从"文件政治"的逻辑推演,在"应然"层面,媒体应成为劳资利益协调机制的重要构成;不过,在"实然"层面,媒体的作为相当有限,仅具备可能性而已。具体到新工人的劳资关系治理,唯有在国家、资本和媒介三重逻辑中创造条件,使媒体充分发挥赋权与商议的作用,其方能成为参与治理的积极行动者,从而有助于保障劳工权益、消减劳资冲突。

---

① 2010年9月18日,在"中国集体劳动争议状况及对企业劳动关系影响"研讨会上,人力资源和社会保障调解仲裁管理司司长宋娟在主题报告中透露——"2010年以来,11—49人的一般性劳动争议有4000多起,涉及11.8万人;50人以上的重大集体争议有216起,涉及劳动者2.9万人,平均每案人数为137人。重大集体争议案件一般以政府调解方式来处理。集体争议涉及的内容包括劳动报酬,加班工资,占64.4%;经济补偿金,占25%。集体争议主要集中在纺织、电子、建筑等劳动密集型企业,发生群体以农民工、女工为主,集体争议主要发生的地区是广东,占案件总数的49.1%,占涉及总人数的60%。由于劳动者认为集体劳动争议更加便利,更能为自己争取权益,故导致集体争议数量增加。"转引自汝信等:《2011年中国社会形势分析与预测》,北京:社会科学文献出版社2010年版,第254页。

第二章　农民工的代际转换与弱势社群的利益表达

在我国当前社会主义市场经济转型和工人阶级再形成的过程中，媒体如何才能真正成为劳资双方利益协调机制的重要构成，从而推动劳工权益保障、促进社会有机团结？这是本书的核心关怀之所在。唯此，需要汲取多学科的养分，关注以下由劳动关系、媒体、新生代农民工等诸要素交汇而成的两个基本论域。

一、农民工的代际转换与劳资关系秩序重构

2013年全国农民工数量为26894万人，其中1980年及以后出生的新生代农民工为12528万人，其规模占总量的46.6%。与老一代农民工相比，他们的主要特征是：受教育程度普遍较高，初中以下文化程度仅占6.1%；主要集中在东部地区及大中城市务工；八成以上选择外出就业，外出平均年龄是21.7岁，且其中87.3%的人未从事过任何农业生产劳动；以从事制造业为主；在外务工更倾向于就地消费（中华人民共和国国家统计局，2014）。2014年全国农民工总量为27395万人，以青壮年为主，40岁以下的占56.5%。相较上一年，高中以上文化程

度比例增加;接受技能培训的比例提高;在外务工生活消费支出继续增长(中华人民共和国国家统计局,2015)。农民工的代际转换,及其对转型期中国劳资关系的潜在影响,由此可见一斑。

如前所述,农民工群体内部的代际差异问题在本世纪初就已进入学者视线。王春光(2000;2001)注意到"新生代农村流动人口"对基本公民权的渴求以及对制度性身份认可的减弱,提出:中国城乡"分治"的二元社会结构在短期内若无根本性和实质性的改革,这一群体的社会认同会趋向"内卷化"建构。此后,在主流话语尤其是中央政策的推动下,新生代农民工问题逐渐成为学术研究热点。其中,有一批探讨新生代农民工的群体特征、观念意识、行为方式、心理状况、权益保障和劳资关系等方面的经验研究,值得关注。

中华全国总工会新生代农民工问题课题组(2010)提出,新生代农民工具有"时代性、发展性、双重性和边缘性"四大特征,由此而出现六个方面的观念变化——(1)外出就业动机从"改善生活"转向"体验生活、追求梦想";(2)劳动权益诉求从单纯要求"实现基本劳动权益"转向追求"体面劳动和发展机会";(3)职业角色认同和职业发展定位,从"农民"和"亦工亦农"转向"工人"和"非农就业";(4)对务工城市的心态从"过客心理"转向"期盼长期稳定生活";(5)维权意识日益增强,维权方式亦由"被动表达"转向"积极主张";(6)对精神与情感生活的追求从"忽略"转向"期盼得到更好满足"。国家统计局新生代农民工基本情况研究课题组(2011)于2010年对10个省、6000余名新生代农民工进行专项调查发现,该群体在就业和生活方面具有以下特点——(1)基本不懂农业生产,"亦工亦农"兼业的比例很低;(2)从业主要集中在制造业,外出从业的劳动强度较大;(3)跨省外出的比例更高,初次外出的年龄更小;(4)收入水平相对较低,在外平均消费倾向较高;(5)主要居住在单位宿舍,上网和看电视成为主要业余活动;(6)已成家者大部分是夫妻一起外出,但将子女留在老家。他们面临的主要问题是:(1)合同签订率低、部分岗位缺乏有效的防护措施、社会保障参保率低;(2)部分人有较大工作压力、对收入的满意度较低;(3)在身份认同上处于"农民"和"市民"之间的尴尬境地,缺乏幸福感;(4)近一半人有定居城市的打算,但收入和住房成为主要障碍。

谢建设、谢宇(2010)通过调查 GGF 监狱发现:2007 年 1 月至 2009 年 8 月新进的 3230 名获罪人员中,有 785 名农民工,所占比例仅次于"无业人员",城乡之间"双边缘人"的生存状态是导致其犯罪的结构性原因。对其中 72 名新生代农民工的问卷调查显示,有 56 人曾为"留守儿童"。杨宜音(2013)通过梳理有关农民工身份认同的 5 个理论视角——跨文化心理学中的文化涵化理论、社会认同理论中的群际关系理论、社会心理学的动态建构理论、社会表征理论和全球化理论,提出:新生代农民工对身份认同呈现"明显的过渡性";制度性分类造成此种认同困境,并使其陷入城乡之间"双重排斥"的境遇。卢晖临、潘毅(2013)基于一个工人"阿辛"的口述史,以及在深圳和东莞的田野调查资料,发现:农民工的身份认同问题源自生产关系。现有生产关系中的利益对立,造成了第二代农民工身份认同的"分裂性",从而对其性情倾向与行动能力有显著影响,他们正在从"焦虑转向愤怒,从沉默转向行动,从同意转向反抗"。黄斌欢(2014)借用卡尔·波兰尼提出的"嵌入性"视角,通过在珠三角、广西、安徽的田野调查,发现:留守经历使新生代农民工脱嵌于乡村社会;在他们进入城市后,这一主体性又导致其脱嵌于城市的劳动现场。此种"双重脱嵌"状况,导致他们处于持续不断的流动与漂泊状态,使得自为意义上的阶级形成面临重重困境。褚荣伟等(2014)从国际移民的涵化理论视角出发,分析上海市 1163 名农民工的抽样调查数据,该样本中新生代农民工为 539 名,所占比例为 46.3%,他发现:农民工作为国家内部城乡移民的重要组成部分,他们的社会认同存在以户籍为基础的制度性约束和以资源匮乏为特征的能动性限制,主要受文化态度、社会交往、经济成功和社会环境四类变量的影响。农民工个体对当地语言的熟练程度、与当地人（而非与外省市的农民工）交朋友的意愿、类似群体的收入地位水平、感知到的社会歧视程度，以及参与保险的程度，都是影响其城市认同的重要决定因素。因此，为促进实现农民工的社会融入，公共政策的制定与执行，应有助于其心理层面社会认同的转变，尤其是从"外地人"向"本地人"的认知转型。

余晓敏、潘毅（2008）通过文献资料以及在深圳、福建等地的田野调查，提出：新生代打工妹已成为"积极的消费主体"，希望在消费领域实现一种她们在生产领域无法实现的"自我转型"，追求一种更加平等、自由、有价值、受尊重的社会身份；但消费赋予其的自由选择和行动空间非常有限，最终仍强化了她们次等的"生产主体性"。褚荣伟等（2011）通过分析上海市1200名农民工消费调查问卷，发现："消费属性"成为新生代农民工亟待认同的一种社会属性，他们将消费作为构建身份认同的一种重要手段。汪国华（2011）通过深描新生代农民工的居住、消费和休闲的情况，提出："生活方式"正成为他们区隔传统乡村社会的重要标识，但由于后续力量薄弱而无法与城市生活方式融为一体，故而形成了有别于市民与农民的"第三方群体"。熊易寒（2012）通过一项针对上海市906名新生代农民工的分层随机抽样调查，发现：他们更加注重私密空间与生活质量，居住空间从生产场所向社区转移；权利意识更加清晰，更接近公民人格；融入城市的愿望较为强烈，汇款占收入的比例大幅下降，就地消费比重提高，且具有更强的移民倾向。吴玉彬（2013）通过对1582名富士康员工的问卷调查，此样本平均年龄为21.2岁、农村户籍者占86.3%，提出：在消费社会兴起的结构性背景下，中国新生代农民工的阶级意识呈"个体化"特征，难以形成"集体意义上的阶级意识"。

根据针对湘、粤两地1256名农民工的调研，邓秀华（2010）提出：城乡二元体制使"新生代"农民工处于"政治性贫困"，成为既无法回归农村又不能融入城市的"政治边缘人"。白萌等(2012)通过对2009年福建东南沿海某市1507名农民工的调查,其中男性、女性所占比例分别为59.7%、40.3%,"新生代"占总体的59.1%,发现:新生代农民工的政治表达意愿高于第一代农民工,且女性的政治表达意愿高于男性。刘茜等(2013)也利用这一数据,发现:"政治社会资本",即农民工与打工所在地政府工作人员之间形成的社会关系,比一般社会资本对农民工留城意愿的影响更大。其中,"弱关系型政治社会资本"的影响超过"强关系型政治社会资本";"强弱关系兼有型政治社会资本"的影响超过"单一型政治社会资本"。符平(2013)通过对2012年覆盖全国26个省(自治区、直辖市)的3050名"农村籍进城工作/创业人员"进行调查,其中新生代农民工占总体的64%,发现:农民工对不同对象的信任度,从高到低依次是社会信任、政府信任和市场信任,总体上呈现出以"家"为核心往外推及的"差序格局"特征,但政府信任则呈现出"逆差序格局"特征。新生代农民工在社会信任范畴与其父辈并无区别,但对政府的信任度要显著低于其父辈。郭未、宋天阳(2014)使用2010年中国家庭动态跟踪基线调查数据,发现:教育程度对新生代农民工参与政府、党、团、宗教、协会等相关组织有积极影响,尤其是"接受过大专教育"在此方面存在极大正向作用。刘建娥(2014)通过一项针对昆明市2024名青年农民工的问卷调查,该样本平均年龄为33岁,发现:由于城市正式组织发展滞后,该群体的经济资本、文化资本、社会资本虽不断增强,但政治资本却极为匮乏,政治融入水平偏低。

根据2010年对珠三角、长三角4152名外来工的问卷调查,其中"新生代"为2385名,刘林平等人(2011)发现:在所调查的样本中,14.7%的外来工是精神疾病的高危人群,其平均年龄是27.75岁。与学生、护士、市民等普通群体相比,外来工精神健康问题并不特别突出,但劳动权益状况是显著影响变量,因而仍是传统的生存性精神健康问题。通过在北京和珠三角的调查,郭星华、才凤伟(2012)发现:新生代农民工群体精神状态欠佳,967人中有40%以上都不同程度地存在着抑郁问题,中度及以上程度的抑郁比例达到了 20.7%。不同的性别、行业、婚姻状况中,抑郁状况存在差异,其中,男性高于女性、服务业高于制造业、未婚高于已婚。影响精神状态的因素主要集中在社会交往层面,其中群体性交往尤为重要。通过在山东济南、青岛、菏泽三地的调查,刘启营(2012)发现:以经济社会发展、社会关系、文化生活、政治生活、情感心理、个人发展六个维度进行衡量,788 名新生代农民工的社会心态总体健康,主体意识、权利意识、自我发展意识以及消费意识明显增强,但在既定社会制度下,易产生不公平感、忧虑感和失落感,进而可能以极端的反社会方式解决问题。通过 2012 年对浙江最主要的 7 个地级市(杭州、宁波、温州、金华、嘉兴、台州、绍兴)1210 名新生代农民工的调查,其最终有效问卷为 1003 份,袁靖华(2015)发现影响他们在本地交往中消极情绪的主要因素依次为:工作权益、网聊频率、交往意愿、组织活动频率、工作调换频率、居住条件、与本地交往行动量。从分析结果看,获得公平公正的工作权益,能够最大限度地缓解其情绪心理危机。

通过考察 189 名新生代农民工的流动史,符平、唐有财(2009)发现:频繁的流动和工作更换构成了该群体的重要特征,体现了他们的主体性和能动性,但是流动频次和社会流动之间并非简单线性关系,而是在总体上呈现为一种倒"U"形的轨迹——起初是垂直向上流动,但流动次数到达某一特定值后,则显现出逆向选择或向下流动的特点。清华大学社会学系课题组(2012)通过调查从工众网农民工数据库中随机抽取的 2043 名农民工,发现:农民工就业呈"短工化"倾向,且存在代际差异和性别差异,新生代农民工"短工化"趋势明显,女性农民工流动率更高。农民工在后天教育、职业技术训练等方面的努力未能使其走出"短工化"的困境。工作的"高流动"伴随着发展前景的"水平化",使得他们在薪酬待遇、管理层级、技术等级等方面的提升均较为有限。黄斌欢(2012)通过考察广东两家形态迥异的工厂所使用的同一批青年农民工,提出:"跳跃式换工"行为反映了其在经济需要和社会需要之间的游移,是他们在工厂体制压力下的策略性行动。汪建华、黄斌欢(2014)利用2010年中山大学"农民工权益保护理论与实践研究"调查数据,分析3536名户口所在地为农村的外来工的工作流动状况,发现:有留守经历的新工人相比其同辈群体更频繁地转换工作,即"更难适应世界工厂高强度、异化的劳动方式"。对此,他们提出:留守经历是"拆分型农民工生产体制"的产物,同时又加剧了该体制持续运行的困境;从根本上解决这一系统性危机,需要逐步赋予工人公民权,修复家庭生活。

蔡禾等(2009)以珠江三角洲9座城市中730名有劳动权益被侵害经历的农民工为研究对象,探究他们的利益抗争行为特征,发现:相对剥夺感、劳动法认知水平、社会网络规模、企业集体宿舍制度对其是否参与利益抗争有明显的影响;农民工年龄越轻越倾向于采取集体行动;代际差异使新生代农民工在利益受损时,可能会比父辈有更强烈的抗争冲动和更持久的抗争行为。李培林、田丰(2011)基于中国社会科学院社会学所2008年"全国社会状况综合调查"数据,采取将新生代农民工、新生代城市工人、新生代白领和老一代农民工四个群体进行比较研究的分析策略,发现:新生代农民工的生活压力最小,但对劳动安全最为忧虑;具有比父辈更强的民主意识,更加强调个人权利;面对劳资纠纷,其抗争方式更为激进和多元。刘传江等(2012)利用2010年湖北省流动人口动态监测数据,调查751名农民工参与群体性事件的意愿,发现:男性、受教育程度高、流动范围大,对参加意愿有正向影响;参与意愿和行动存在不一致,是否转化受外部环境约束,其中政府行为选择的影响较明显。清华大学社会学系课题组(2012)通过对2011年在北京、上海、广州三地的抽样数据和田野资料,提出:新生代农民工正在以"行动"凸显自身的群体特征。面对劳动争议,他们积极抗争;面对与劳动付出不相称的薪资收入,他们选择"用脚投票",通过频繁换工表达不满;他们排斥"农民"这一制度性身份,积极认同自己的"工人"身份。

刘爱玉(2011)根据2009年对北京、上海、深圳、泉州、宁波、绍兴、余杭、新野8座城市的24个纺织、服装企业的1051名工人的问卷调查,发现:占样本总量67.9%的新生代农民工,劳动权益受损状况更为严重,同时也表现出更强的利益意识和更多的利益行动。刘林平等(2011)根据2010年对珠三角地区和长三角地区外来工的大规模问卷调查(两地的样本总数分别为2046名、2106名,其中"新生代"的样本数分别为1309名、1076名)发现:劳动权益保护存在地区差异。在31项有关权益保障的重要指标中,两地有22项存在显著分际,除工伤保险和带薪休假外,长三角地区在其余20项上均好于珠三角地区,特别表现在工资水平、劳动合同签订率、社会保险购买率和工作环境等方面。通过尝试运用"地域—社会—文化"的解释思路,并以"地方公民身份"等概念进行观照,此项研究认为:最低工资标准、《劳动合同法》的执行力度、企业中本地人比例等要素所共同构成的地区制度环境,是影响劳动权益差异的重要原因。吴炜、陈丽(2014)同样利用这一数据(其中女性1947名、男性2328名,平均年龄分别为28.76岁、31.62岁)发现:农民工的基本人权均能得到较好维护,但劳动权益受侵害状况则存在显著的性别差异,男性农民工更容易受到侵害;未婚农民工更容易遭遇劳动权益侵害;受教育程度并不能明显改善农民工的劳动权益状况。唐美玲(2013)利用2006年和2008年"中国综合社会调查数据"(CGSS),从工作特征、工作保障、职业发展三个方面,比较分析了青年农民工与城市青年的就业质量,发现:与后者相比,前者收入水平低、劳动时间长、就业稳定性差;劳动合同签订率低、社会保险覆盖范围小、技能培训比例低、未来发展空间小。

郭于华等(2011)认为:2010年是"新生代农民工与抗争时代的来临"的转折点。通过分析"深圳富士康"与"南海本田"两种不同的抗争模式,他们提出:是否存在"既定的社会关系",对于新生代农民工将采取的抗争方式具有重要影响——在被商品化和被原子化的条件下,倾向于采取自杀等"个人主义的方式";而在虽被商品化但未被原子化的条件下,则多半采取罢工等"集体主义的方式"。苏熠慧(2012)在社会学马克思主义的视角下探讨工人集体行动的可能性,通过对"深圳富士康"和"南海本田"进行翔实的比较研究,提出:在中国改革开放市场化进程中形成的发展主义文化,拥有葛兰西意义上的"霸权(Hegemony)"特征。发展主义霸权机制的建立,是以社会再生产领域(学校、媒体和法律)为基础,将新生代产业工人导向"个体化的原子状态",抑制他们行动的可能性,以及让其为消费主义所裹挟。但是,生产领域(生产过程)和社会再生产领域(学校、媒体、法律以及工人的居住方式),也为建立反发展主义霸权机制提供了可能性。汪建华、孟泉(2013)通过考察"南海本田""深圳欧姆"和"太原富士康"三个案例,发现:在不同的生产、生活中形成的社会关系和体验,锻造了当前新生代农民工三种典型的抗争模式——"以同事—同学关系为基础的增长型抗争""原子化的底线/增长型抗争"和"群体性骚乱"。每一种模式都对现有的"农民工生产体制"构成挑战,并在一定程度上预示着"世界工厂"的劳资关系走向。

由于理论旨趣①、研究方法②、具体议题等方面的差异,相关研究发现有共识亦存在分歧。秉持求同存异准则,可作如下概括:新生代

---

① 近年来,劳工研究大致存在四种视角——公民权或公民社会视角、文化视角、阶级视角和后现代主义视角。其中,公民权或公民社会视角,彰显现代性的追求,其基本的价值理念是强调平等尤其是机会平等。文化视角强调共同体概念,即在认同、自我意识和共同利益方面具有共同感的社会群体,强调人是社会性存在;还将社会身份认同,视为集体行动的动员工具。阶级视角的价值理念,是相信在资本的剥削下,工人们只有组织起来才有力量,并在谈判的基础上实现劳工的基本权利。后现代主义视角则认为不存在一个一致性的劳工利益,因为所谓劳工利益不仅是阶级关系的表现,也与性别、城乡、民族、种族诸关系结合在一起。参见佟新:《四大视角看劳工状况》,载《当代工人》2009 年第 15 期。

② 当前农民工研究中抽样方法的运用存在诸种障碍,导致样本偏差难以估计。采取概率抽样方法是通过抽样调查开展定量研究的基本前提,但只有少量研究能严格遵循概率抽样原则。此外,在抽样方式上,存在流入地抽样和流出地抽样两种,适用于不同的研究主题。尽管后者更有可能保证概率抽样原则、更适用于对农民工整体结构的研究,但是因前者更具有可操作性,国内有关农民工的抽样调查绝大部分均采用这一策略。参见朱磊:《流入地抽样抑或流出地抽样——对当前农民工研究中抽样方法的评析》,载《青年研究》2014 年第 1 期。

农民工依然处于社会性困境中,其境遇比父辈更为尴尬,与农村的联系已经非常薄弱,但真正融入城市又遥不可及。他们的公民资格诉求已从"经济—生存"层面发展到"身份—认同"层面,但其只能享有"部分公民权"的现状在短期内难以得到根本改善。他们被消费主义催生出的欲求,与自身能力有限之间的矛盾难以调和;工作经验、专业技能和社会网络的局限,不足以支撑他们强烈的面向城市的非农发展取向。具体在劳动关系上,他们的权利意识、表达意愿和行动能力更强,反抗"逐底竞争"的全球化生产战略和"低人权优势"的经济发展模式,开始冲击"农民工生产体制"。概言之,在农民工代际转换所致的结构性张力下,劳资关系秩序重构问题已经非常迫切。

保障劳工权益,是劳资关系秩序重构的核心问题。郭保刚(1999)认为在经济转型的过程中,中国劳工政策遇到的挑战可归纳为"部分劳工经济上的贫困化、劳工政治权益的附属化、劳动争议的规模化和政治诉求的公开化",提出政府可以尝试以下措施:加强劳动立法;建立高效率的现代劳工行政;强化工会职能;建立完善的集体协商机制。秦晖(2002)从公民权的视角提出:如果劳工没有任何组织资源以形成谈判实力,而资方却有各种商会组织作依托,劳资间本来可能因"劳力过剩""资本稀缺"等市场因素而形成的谈判地位不对等,就会由于组织资源的悬殊而愈加恶化。因而,需要落实劳工的公民民主权利,加强劳工权益保护,使他们在当前类型的市场经济中本已存在的弱势地位,不致由于非市场因素而更加恶化。

吊诡的是,近些年来,虽然中央政府无论从舆论表态还是立法行动上,均呈现出倾向于劳工的立场,但是未能明显抑制劳资冲突的激化趋势,以及有效缓解劳工抗争的高发态势。何以如此?

张永宏(2009)通过对华南 PS 街道办事处化解劳资纠纷的过程及相关事件的田野研究,发现:在《劳动合同法》生效以后,街道办事处在劳资纠纷中的角色由过去的放任转向了干预,并人为地降低了法律的执行标准,以预防可能出现的社会不稳定因素。谢岳(2010)依托政治过程理论分析农民工的集体行动,提出:自20世纪90年代中期以来,农民工的权利逐步得到承认与保护,在法律上与国营企业工人享有同等地位。2008年修订的《劳动法》和新制定的《劳动合同法》《劳动争议调解仲裁法》,为农民工提供了三种"司法动员"形式——劳动调解、劳动仲裁和司法诉讼。然而,国家与地方相互矛盾的政策目标,地方政府为了追求经济增长,尽力削弱上述法律的司法效力,逐步消解掉农民工"司法动员"的政治机遇,使其合法维权行动经常遭遇失败,从而被迫采取更加激进的公开抗议方式。郑广怀、孙中伟(2011)分析了中山大学于2006—2010年间对珠江三角洲农民工三次大规模的问卷调查数据,发现:由于法律文本和法律实践的长期分离,劳动法执行过程中已形成"次标准"(sub-standard),由资方、劳动者和政府等相关方基于默契共同遵守,通常低于法定劳动标准,并将违法形塑为常态和长期趋势。因而,除工资拖欠、月最低工资和工伤医疗费几个少数指标外,现行劳动法并未能够有效保护大多数农民工的劳动权利。

美国学者艾利·弗里德曼(Eli Friedman)(2012)则是尝试通过重构卡尔·波兰尼(Karl Polanyi)的理论进行解释。他提出社会对市场的反击存在"冲突性反击"(Insurgency)和"制度化反击"(Institutionalization)两种不同应对方式。在"冲突性反击"形态下,劳工的抗争多是自发的、无组织的、碎片化的,工人缺乏制度化的政治力量,只能诉诸非常规的、极端性的维权渠道。在"制度化反击"形态下,劳工抗争是有组织的动员、整合,维权成为一种常态化的机制,工人拥有制度化的政治力量与政府、资本议价乃至影响政策制定。中国的劳工问题困境,是因一直处在"冲突性反击"阶段并徘徊不前,难以完成向"制度化反击"的转变。阻止这一转变发生的主要原因,他认为是"徒有其表的官方工会系统垄断了对劳工民意的代表权"。由于缺乏系统经验研究,此研究的结论稍显武断,但其主要思路——"社会自我保护"对

"市场机制扩张"的反击能否成功,取决于这一反击的具体政治形态,则富有启发意义,即赋予劳工制度化的权力,方能有效保障劳工权益。

如何赋予劳工制度化的权力,最根本的是保障"劳动三权"——团结权、集体谈判权和争议权。一般而言,团结权是指"雇员加入或组织工会的权利"。集体谈判权是指"雇员通过工会或者其他组织与雇主或者雇主组织就劳动条件进行谈判的权利"。争议权是指"工会在与雇主进行集体谈判时,有采取罢工等集体行动的权利"。程延园(2005)提出:"劳动三权"是构筑现代劳动法律的基础,其确立是为了抗衡资本的强势地位。它的核心是集体谈判权;团结权是集体谈判权的"先行行为";争议权则是实现集体谈判权的辅助性权利。鉴于我国劳动关系现状,应当"赋予劳动者集体劳动权利,平衡劳资双方的力量对比关系""研究和规范罢工权,依法调整劳动关系""转变工会职能,完善工会的代表权"。在中国现阶段,团结权已获得明确的法律地位;集体谈判权也在法制建设的尝试中,但对"争议权"尚无规定。"事实上,没有罢工权的集体协商(collective bargaining)将无异于集体行乞(collective begging)。"① 对此,常凯(2005)主张:中国现行法律并未禁止罢工,但亦未明确规定罢工权,此种模糊状况致使罢工的发生和处理都难以规范。罢工权是市场经济下劳动者的基本权利,也是市场经济国家普遍承认的公民权利。法律所保障的罢工是合法罢工,其一般构成要件包括:必须由工会所组织;必须以缔结集体合同为目的;必须保证社会和经济秩序的稳定和安全。根据 2001 年全国人大常委会批准加入的《经济、社会及文化权利公约》要求,以及为妥善应对日益突出的劳资冲突,政府亟须完善罢工权立法,适时明确地规定中国的劳动者享有罢工权,并规定合法罢工的要件。

---

① 这一颇为犀利的观点源自 Roger Blanpain:《欧洲劳动法与劳动关系》,台北:劳资关系协进会,1999 年,第 441 页。转引自程延园:《"劳动三权":构筑现代劳动法律的基础》,《中国人民大学学报》2005 年第 2 期。

随着新生代农民工频频以集体行动来寻求实现"增长型"利益诉求,倡议完善"劳动三权"尤其是"罢工权"立法的呼吁日益增多。蔡禾(2010)考察2010年5月至7月间40余起因"加薪"而引发的罢工事件,提出:建立社会主义市场经济下的劳资关系秩序,必须厘清"罢工的法律地位""罢工的权利边界""工会的组织效能"等问题。在"底线型"利益纠纷中,政府的角色是"监督者和执法者";面对"增长型"利益纠纷,政府则应成为"协调者",即劳资利益的中立者,以及积极能动的引导者。陈峰(2011)亦通过分析2010年中国的"罢工潮"现象,提出:当前中国劳动权利体制建构的意图,是要通过"系统的个人权利立法"来保障劳动者的权益,但该体制不能从根本上改变劳资力量失衡状况。个人权利无法形成制约资本的力量,只有通过集体权利的"赋权",工人才能争取法定个人权利以外的利益。同样聚焦这一现象,郭于华等(2011)亦提出:要改变极不均势的劳资关系,唯有向工人赋权,即工人享有"团结权、谈判权与集体行动权",才可建立劳资双方的博弈机制。常凯(2012)还以2010年"广东南海本田罢工"为个案,探讨中国罢工的合法性问题及罢工的法律规制问题,提出:罢工权作为基本人权,国家已在国际公约中原则认可,并在相关法律中体现。中国目前的罢工权立法尽管尚不明确和健全,但从现行法律规定中无法导出"罢工违法"和"罢工有罪"的结论,因而罢工并不违法,依其他规定来惩处罢工属法律适用不当或于法无据。在现行法律框架中处理罢工事件,应当去"政治化",坚持"理性对待、法治解决"的原则。

劳动关系重构的终极目标是实现劳动关系的相对和谐,其能否实现取决于劳资双方的力量是否大致均衡。为此,需建立一个尽可能健全的劳资利益协调机制。

其中,劳工利益能否充分表达至关重要。吴清军、许晓军(2010)提出:当前中国劳资群体性事件集中爆发,主要是在劳动权益受损而劳工维权意识增长的背景下,"集体协商制度存在缺陷"和"集体劳动争议仲裁制度严重不足"这一"制度化利益渠道表达的不通畅"所致。

　　劳工利益的制度化表达,通常涵括立法表达、行政表达、党群表达和社会表达四种类型。既有相关研究,对前三者多有涉及,诸如倡议保障"劳动三权"、推进"集体协商制度"、改善"集体劳动争议仲裁制度"等,但对社会表达尚缺乏足够的关注。这其实是对劳动关系重构中社会力量的忽视。在正常的市场经济体中,一般存在着三种调整劳动关系的力量:劳动法体制、工会体制以及社会力量。当下中国,社会力量开始兴起,推动劳动关系转变,有观察者认为"2010年劳资关系调整的过程是社会力量推动劳动部门和工会逐步归位的过程"(郑广怀,2011)。媒体在其中颇引人注目,它们关注新工人的劳资关系事件、聚焦工会调停的错位及尴尬,推动跨国的消费者运动。可见,在一个"媒介化"的现代社会中,媒体表达是社会表达的关键构成。如何使媒体成为劳工利益表达的重要渠道,是本书将探讨的核心问题。

二、权力关系中的媒体与弱势社群利益表达

　　按照美国学者埃瑞克·怀特(E. O. Wright,2002)的观点:工人阶级的力量可划分为两个方面——"结社力量"(associational power)和"结构力量"(structural power)两个方面。其中,前者是指"来自工人集体组织形成而产生的各种形式的力量";后者是指"工人由其在经济系统中的位置而形成的力量"。而且,"结构力量"又可分为两类:一是"市场议价能力"(market bargaining power),直接源于紧张的劳动力市场的力量;二是"工作现场议价能力"(workplace bargaining power),则源于在关键性生产部门工作的特定工人群体的战略性地位。沈原(2007:188—189)运用这一理论分析转型期中国工人阶级的能力时,发现:"老工人"即原国有企业工人更倾向于展示出"结社能力";"新工人"即农民工则更多表现出某种"结构能力"。全球化的世界工厂

时代,农民工尽管拥有一定的"结构能力",但在总体上呈"安抚性"的国家—劳工关系中①,他们的实际力量还是相当微弱,仍然属于弱势社群。其实,国家政策文本也对农民工的社会位置进行了类似的界定。2002年3月,时任国务院总理的朱镕基在"两会"《政府工作报告》中首次正式使用"弱势群体"一词,但未给予明确定义。随即,专家解读认为该报告中所指的"弱势群体"包括农民工,因为"他们没有享受到城市劳动者的同等待遇,劳动权益得不到保护,单位并没有按照《劳动法》为他们交纳各种社会保险。他们有活干,但受歧视"(何磊,2002)。

作为弱势社群,他们在制度化的利益表达机制中相应弱势。2005年8月,因讨薪杀人而被判处死刑的农民工王斌余,在狱中对新华社记者说:"我也没有多少时间了。我爸说了,很支持记者的采访。你们采访我,文章发出来,可以让更多的人关注我们农民工。领导到下面来,只看表面大楼好着呢,我们在墙上施工,一不小心就摔死了,你知道修大楼多少民工死了?我知道有保护我们农民工的政策,但下面人不执行,我们的权利还是得不到保障"(孟昭丽等,2005)。

代际转换并未从根本上改变农民工群体的弱势地位。姚俊(2010)通过调查2009年长三角地区五市(县)478名新生代农民工,发现:新生代并非更有希望、更"精英化"的一代。在多项指标中,他们的文化程度和外出动机略好,但这只是正常代际差异,而非本质区别;同时在收入水平、务工时间、社会保障享有和工作稳定程度上,则明显不如"老一代"。2012年"刘双云案"就是一例:生于1986年的刘双

---

① 郑广怀(2010)认为可用"安抚性国家"这一探索性概念描述当代中国国家与劳工关系。此概念大致具有三个方面的特点:一是"模糊利益冲突",即国家就事论事地解决问题,而非积极推进不同社会群体的利益协调机制。二是"言行分离",即国家更多采用政策实践来解决问题,已公布的法律和政策文本在实践中通常作为"参照"而存在。三是"点面结合",即国家在整体层面对劳工进行"精神安抚",如意识形态宣传;在个别问题上进行"物质安抚",如补偿坚持维权的农民工。

云,是一名典型的新生代农民工,因从汕头市一家内衣生产作坊离职时被克扣500元工资,一气之下纵火,意图报复老板,最终殃及无辜。事后,其解释是要"拿自己的生命跟他(老板)去赌"。由此,汕头内衣制造业的一系列"潜规则",方才进入公众视野。对此,有观察者认为:"非正规化及弹性化的用工制度正日渐蚕食劳动者的合法权益"才是悲剧的根源(许怡,2012)。的确,新生代农民工仍然处于社会的下层,其命运同时受到制度和市场的影响,生活境遇不甚理想,关键是向上流动的机会不多,很容易跌入社会的最底层。正如《南风窗》的报道所述——"从外表和认知上观察,这拨'新人',已被'钉'到和城市主流社会群体的同一面墙上。是否会掉下来,就看他们的造化了"(燎原,2014)。

在中国现阶段,探讨劳资利益协调机制如何形成,一个关键问题就是:作为嵌入权力关系中的一种社会机制,媒体能为弱势社群提供多少利益表达空间? 对此,一些既往研究成果值得关注。

陈红梅(2004)通过分析2002年年底至2003年年初媒体对农民工欠薪问题的报道文本,探讨作为依附主流社会而生存的大众媒体如何报道社会边缘群体,发现:关于农民工被拖欠工资的报道,媒介的叙事特征,呈现为"形象的重塑——羔羊与狼的对比",以及"事实框选——悲情主义"。媒介的报道逻辑,则是"年关意识"突出;在日常报道中,"新闻效应"成为首要衡量要素,而且通常还被处理成"一般的社会新闻"。农民工作为都市边缘群体与主流社会存在着必然隔阂,此种媒体报道,既是其制造的结果亦是其重要表征。许向东(2009)抽取《北京日报》《北京青年报》《解放日报》《新民晚报》《南方日报》和《羊城晚报》六家报纸于2007年7月至2009年5月间有关农民工的新闻报道(N=137),进行内容分析,发现:传媒再现中农民工形象大致存在六种类型——"受苦受难""被关爱""受苦受难与受助相结合""受苦受难与负面相结合""负面形象""正面形象"。这些固定框架易于使农民工被"他者化和边缘化"、易于强化城市居民的"刻板印象"、促生城市居民的"群体歧视效应",从而阻碍主流社群对他们的承认、尊重和接纳。

李艳红(2007)通过考察广州地区四家日报于2000年4月至2003年6月间对农民工"收容遣送议题"的报道(其中《南方日报》是"强国家控制—弱市场取向"、《南方都市报》是"弱国家控制—强市场取向",《广州日报》和《羊城晚报》是"中度国家控制与市场取向")发现:在市场化的力量下,对此议题,"强市场取向的报纸"更多采用了导向弱势社群诉求表达的新闻实践方式,诸如减少政府报道比重、在报道中积极扮演"揭露者和发现者"的角色,以及更多地生产出反映农民工利益诉求的"反论述",并且推动了对收容遣送制度的修正和废除。不过,即使"强市场取向的报纸",表现仍存局限,离"为弱势社群代言"或"弱势社群立场"的目标尚有距离。李小勤(2007)分析1984—2002年间《南方周末》1153则相关报道,并且结合对该报9位资深编辑记者的访谈,探讨威权社会中的"传媒越轨"问题,发现:在核心意识形态出现稀释或衰退的情形下,媒体不仅有"来自权力中心的某些荫护",更"持有人民的名义"——采取在报道中大量采用来自"他们"的声音这一"直接策略",从而在"政治正确"的包装下,将"隐蔽的脚本"渗透进入"公开话语"中,通过这一话语包装策略实现正当化,以非官方的模式对农民工这一边缘群体进行再现。黄典林(2013)采取批判话语分析和历史制度分析方法,结合相关政策文本考察1979年至2010年间《人民日报》刊登的农民工议题新闻,发现:随着时间变迁,农民工群体在官方话语中的命名和再现方式,由消极被动且具有威胁性的"盲流"负面框架,逐渐转变为相对正面的"新工人阶级"框架。但是,话语的内在矛盾将农民工群体置于"一种悖论的生命政治处境"之中——既成为国家发展主义逻辑中的"工具性价值源泉",又在发展主义"素质"话语中被定义为"贬值的对象"。

夏倩芳、景义新（2008）对1978—2008年《工人日报》的工人议题报道进行内容分析，发现：受限于过度意识形态化的藩篱，国内媒体不能"客观呈现"工人议题，工人的媒介表达即使在中华全国总工会的机关报上也受到极大制约。媒体的市场化改革，虽使媒体工作者的精英主义有所调节，但由于市场的内在局限与结构性偏差，工人群体等弱势社群的媒介近用权并未得到明显改善。苏林森（2013）通过对1995—2011年间《人民日报》《工人日报》和《南方都市报》的工人报道的内容分析，发现：党报对工人的正面报道是高高在上的"救星"式关怀和"爱护叙事"；市场化报纸则是"负面揭露"和"受难叙事"。不同的工人群体，媒介形象也不同，其中劳动模范是"积极的、正大的、光明的"，而农民工则是"弱势的、被动的"。工人群体成为"被再现的他者"，这阻碍了工人群体获得社会的承认和尊重。

朱清河（2010）借用皮埃尔·布尔迪厄（Pierre Bourdieu）的"场域"理论进行分析，提出："新闻场域"是一个充满斗争的空间，弱势群体"报道配额不足"问题异常突出；政治资本、文化资本尤其是经济资本匮乏是其"媒介弱势"产生的根本原因。赵云泽、付冰清（2010）结合社会分层理论，于2009年12月16日、22日、29日，搜集"人民网舆情频道"每日浏览数最多的500个网帖，剔去被删除的，共获得1374个有效网帖，通过内容分析判断"网上说话人代表的阶层"，发现：网络言论更多地代表社会中间阶层的"民意"。在网络话语权的占有比例方面，社会中间阶层以68%居首；"社会上层"以28%次之；而"产业工人""农业劳动者"等社会"底下"阶层仅有12%。网络空间话语权的结构呈"不平衡"状态，社会底层话语表达问题并未解决。

可见，在主要由大众媒体构筑的平台上，作为弱势社群的农民工，其利益表达空间很逼仄。当前，新媒体被普遍认为"有巨大的潜力能在更大程度上实现社会公平和赋权，并改善社会边缘群体的日常生活"（Mehra B, Merkel C. & Bishop A. P, 2004）。确实存在具体的案例支持这一论断,不过农民工群体的利益表达状况总体上未因互联网的兴起而有结构性变化。当然,笔者并非在否认技术的力量,而是强调需要审慎对待技术乐观主义观点。

郑永年(2004:15)从"技术赋权"角度探讨互联网对中国国家—社会的影响,认为:"在条件具备的情况下,互联网能够在国家与社会之间相互进行改造和赋权。"他发现"互联网的发展产生了分权的效果",此即"它的益处以分权的方式扩散",因而"即使存在'数字鸿沟',但互联网的发展不仅使中间阶层和上层阶层受益,也有助于中下阶层努力改善自身经济和社会福利。"在具体个案层面,的确有案例可资佐证——四川籍在京务工民工刘建伟,自2006年被确诊患尘肺病,带病为自己及十余名工友进行了有效的维权,其总结的成功经验之一就是"学会运用自媒体,向社会各界发出自己的声音"。他以及@张海超、@古浪赵文海、@乐山何兵、@阳和平等尘肺病维权人士,就是"不断通过微博发声,引起了主流媒体和社会的广泛关注"(王江松,2014)。类似此种ICTs技术对农民工群体的传播赋权功能,业已为不少研究者所关注。

杨善华、朱伟志(2006)依据对东莞30余位农民工的访谈资料,运用现象学社会学的"生平情境"概念作为分析工具,发现:置身珠三角地区特殊的社会生态环境(全球化背景下的"世界工厂"和城乡二元壁垒在社区生活中的再现)之中,新一代流动民工手机消费被他们赋予了消费之外的意义——在乡村记忆和城市疏离的状态下,手机因社会竞争、文化适应、关系资源和成就符号而被"主动"选择。在"异化"的生存状态下,手机作为他们能够具体把握的"物",借此与他人联系并在联系中"表达自己的意志,确认自己的自由,从而肯定自己作为主体的存在状态"。杨可、罗沛霖(2009)采取了类似的分析框架,将农民工的手机使用与其在异乡"无根""陌生"的状态联系起来进行考察,发现:在他们漂泊的生活中,手机使用被赋予了"社会竞争"和"身份认同"的双重意义,成为其肯定自我主体的"弱者的武器",但是他们在关乎知识和信息的竞争中跨越数字鸿沟的能力有待提高。

丁未、田阡(2009)采取民族志方法,以居住在深圳市石厦村的湖南攸县籍出租车司机的媒介技术使用为个案,分析他们身处陌生都市和职业风险下,如何利用车载电话、手机、互联网等移动通信,建立起以血缘、地缘为核心的"空中社区",形成相对封闭但又紧密可靠的社会关系网,以适应城市流动的家园。丁未、宋晨(2010)运用民族志以及口述史的方法,分析重庆石柱县双峰村村民打工求职途中的经历,发现:手机在农民工"个体自主性的获得"过程中发挥了一定功能,赋予他们一种相对能够掌握局面的能力和意识;新媒介技术的赋权,让中国传统的血缘、地缘关系网络结成一个"坚固的跨地域的社会网络"。田阡(2012)以在深圳务工的湖南攸县籍出租车司机为个案,采取人类学参与观察的田野调查方法,分析了以 QQ 为主的即时交流软件的传播和应用情况,发现:在"时空压缩"的社会变迁中,农民工充分发挥能动性,采用新媒体工具形成自身群体的现代化构建。新媒体在农民工中的传播遵循"幂律分布",呈现出"拓扑结构的复杂网络特征",从而能够突破时空的限制进行交流和传递社会资本,成为他们在异地构建"业缘关系网络"的工具。高洪贵(2013)通过分析近年来的农民工维权行为方式的变化,提出:"创意讨薪"成为一种"弱者的武器"有其特定生成逻辑。"正式制度虚置""公民意识觉醒"和"网络新媒介助推",构成农民工以表演化方式进行创意表达的"隐藏文本"。

雷蔚真(2010)通过对 44 名北京农民工的深度访谈,探讨个体的信息传播技术采纳,以及新媒体使用在个体自我身份认同过程中的功能,发现:信息传播技术的采纳与使用,与城市移民创建与管理自己的社会网络密切相关;并借此形成了个人多重身份认同。李红艳(2011)调查北京市朝阳区新生代农民工手机使用行为,发现:对该群体而言,手机不仅仅是一个信息资源、技术资源、工具资源,更是一种社会资源,他们利用手机拓展了自己的社会关系网络。王锡苓、李笑欣(2015)以北京朝阳区"皮村"120名乡—城迁移者为例,运用社会资本理论分析社交媒体使用与身份认同之间的关系,发现:随着移动互联网技术的发展,乡—城迁移者使用微博、手机QQ、微信,构建和扩大了社会关系网络,增强了资源和人脉;然而由于中国户籍制度的现实安排,社交媒体及其嵌入的社会资本,未能真正地改变其身份认同,关键还是有赖于法律地位的赋予。

陈韵博(2010)以6位18—21岁的新一代农民工为研究对象,通过深度访谈、线上参与观察等质化研究方法,探讨他们如何利用QQ构建社会网络,提出:通过使用以"低门槛、参与、平等"为特点的新媒体技术,农民工可实现某种程度的自我赋权(self-empower),为自己在城市中的谋生获取来自官方及体制外的支持。高崇、杨伯溆(2013)同样以新生代农民工为目标对象,亦通过虚拟民族志方法,探讨"SZ人在北京"QQ群组所构建的社会网络特征,发现:通过QQ群构建的同乡社会网络融合了线上和线下的社会网络;在进入和退出机制上具有开放性和流动性;逐渐形成了由"群主—群管理员—群众"构成的"中心—边缘"的社会网络结构;出现"拟现实社区"化倾向。这种同乡社会网络充满着"现代与传统的张力"——既留有传统社会关系结构的印迹,亦体现出新生代农民工个体化意志的成长。

尽管具体议题、研究方法有别,上述研究结论都有一个共同指向:农民工群体积极地、自主地利用ICTs技术构建社会网络,显现出"传播赋权"的现实效果。对此,邱林川(2008)提出的"信息中下阶层"概念显得有解释力:在中国信息社会建设中,随着中低端信息技术的普及,在社会信息分层结构里介于"信息拥有者"(haves)和"信息缺乏者"(have-nots)之间的各种人群,可将其统称为"信息中下阶层"(information have-less),他们广泛地、自发地使用中低端信息传播技术建构草根社会网络。其中,农民工群体是典型的"信息中下阶层"。

不过,有研究者敏锐地意识到需要辩证地看待ICTs与农民工的关系。郑松泰(2010)通过在广东东莞约一年的田野调查,提出:在全球信息化的背景中,应超越以往的"劳资对立"研究理路,以"信息主导"(information-led)为研究视角,将ICTs作为切入点,探讨新生代农民工的日常生活、社会关系,以及个人身份建构(self-identification)所经历的变革过程,从日常生活的角度展现他们在"流动"和"通讯"之间所面对的疲惫、彷徨和被动处境。他的研究发现:虽然手机为新生代农民工实现了随时随地"保持联系"的可能性,提供了物质上的帮助和情感上的支持,但是当"手机文化"成为其休闲和娱乐的主要活动时,他们便有可能"沉醉在虚无的信息之河里享乐和狂欢",并"逐渐忘记了自己在国家高速发展的舞台中默默地退场的可能性"。新的"工人阶级的形成"所依赖的基础也慢慢地被蚕食。手机与互联网的结合,更是让新生代农民工通过手机QQ与他人建立虚拟的关系并在其中投入个人情感,促使他们对家庭和婚姻关系的看法发生改变,从而动摇了乡土社会赖以维持稳定的深层结构。最终,新生代农民工只能进入"双重漂泊"的生存状态。长期关注当代中国社会变迁和不平等议题的学者孙皖宁也明确提出应对"新媒体赋权"进行反思(2016)——她的田野调查发现,总体而言"新媒体并不能很快调动阶级意识,动员大家参与集体行动";底层年轻人主要还是以"消费者的身份"与新媒体产生关系,而非是"作为弱者的武器"。

ICTs技术与消费主义相交织对新生代农民工所产生的影响,也同样需要辩证地分析。市场经济改革的过程中,消费社会在当代中国逐步形成,不仅使国家—社会关系发生深刻的变化,而且消费也成了"建构社会身份、形成社会分层的崭新机制"(余晓敏、潘毅,2008),影响着农民工主体性的形塑。新生代农民工较之父辈,整体而言与农村的联系已经非常薄弱,但真正融入城市又遥不可及。在这一社会性困境中,"消费"成为其建构认同的重要方式。在日常生活中,对信息产品和信息技术的消费,已成为他们构建身份认同的重要内容。早在2003年,一项针对广东省D市T镇20名16—30岁农民工的研究就显示:实用需求之外,"面子"这一根深蒂固的传统文化观念,推动了手机的迅速扩散——"如果你没有手机,你就会觉得很没面子。那是一种巨大的压力,因为你会觉得低人一等……有一种团队的攀比,有一个人买了接下来的人都会买"(杨善华,2008:89)。2011年,一项针对武汉市35名新生代农民工的研究显示:多功能手机是他们"城市的入门消费品";移动互联网的发展,使其通过"在线"寻找工作之外的空间。对手机网络服务的消费不但是标识"新生代"的工具,而且给他们一个"生产领域之外的自娱自乐的意义空间"(杨嫚,2011)。

但是,"消费"并未从本质上改变其境遇。具体就新生代农民工对手机和互联网的消费而言,他们的消费模式依然受社会阶层、日常生活和工作情境的深刻影响,难以真正建构其城市社会身份。更应关注的是,闲暇时间充斥着在线娱乐休闲活动,不仅无法弥补他们在生产领域的无力感,而且可能导致他们为消费主义催生出的欲求所裹挟:渗透着发展主义意识形态的消费革命,使得互联网所构筑的虚拟空间,充斥着"时尚"与"品位"的诱惑,建构了一种对社会生活的符号想象,激发新生代农民工去模拟中产阶级消费的渴望。苏熠慧(2012)对深圳龙华富士康园区工人的调查发现:消费是一种强烈的"诱惑",其所衍生出的"模仿消费"这一行为模式,使得他们进一步地卷入生产以满足消费需求——"为虚无的消费梦想而主动地接受资本的控制,并欣然地为资本创造剩余价值"。作为比较对象,她对南海本田罢工工人的考察也显示:手机和互联网是"双刃剑",既是"罢工资源"——"发挥了内部动员、建立认同、提升参与意愿、保证运动有序高效、动员外部力量的作用",又是"消费主义载体"——"诱惑工人更深层次地卷入市场过程当中"。

其实,无论传统媒体,抑或是新媒体,衡量弱势社群以媒体为平台的利益表达空间，一个重要的指标是"主体性表达"：弱势社群在媒体表达中能够呈现其主体意识和能动关系，而非是被遮蔽以及被他者化。

冯建三（2001）曾按照反映"劳工主体性"的高低，区分六类劳工新闻，并以此分析1953年至1998年间台湾地区《中国时报》《联合报》《中国日报》与《自立晚报》刊发的劳工新闻，发现：在四十五年间，劳工新闻数量稀少，"平均一天不到一则、少于五百字"，其中以劳工为主体者，"比例不到两成"；1987—1989年是转折点，此后劳工报道增加颇多；在四家报纸中，《中国时报》的劳工新闻数量最多，但是劳工主体新闻所占比例反而最低。为何会有这些特征？他认为可从"劳工主体事件的强度与频次、劳工相关行政政策及行政措施、媒体竞争的激烈程度、媒体的政治属性及政党亲近程度、媒体自身的劳资冲突问题"五个角度进行解释。这一研究富有启发意义，结合当前中国大陆社会现实，探讨媒体表达能否反映劳工群体的"主体性"时，尤为需要关注国家—社会关系中的媒介逻辑。

现有关于媒介逻辑问题的研究，多以环保运动等都市抗争议题为案例。林芬、赵鼎新（2008）提出：与西方主流媒体不同，中国媒体"倾向于正面报道并积极介入"社会运动，且媒体本身的改革就是一场社会运动。他们分析"反厦门PX项目""反怒江建坝运动"以及"南丹新闻矿难报道"三个案例，认为：中国媒体与社会运动的紧密关系，根源于"霸权文化缺失"，即"中国政府没能建构一个广为认同的核心价值体系"。尽管中国媒体仍不具独立性，且在商业化背景下易向权威体制妥协，但新闻从业人员"在价值观上与体制的格格不入"使他们对揭露社会黑暗问题怀有热情。这一关系未因商业化及政府对媒体控制手段的提高而"根本性改变"。夏倩芳等（2012）运用社会资本理论，分析国内四起环境冲突性事件——"厦门市民反PX专案行动""广州南沙反石化专案行动""番禺垃圾焚烧厂反建事件""北京六里屯垃圾焚烧厂反建事件",考察社会冲突性议题传播的逻辑机制,发现:基于中国本土经验,社会资本可划分为"制度性社会资本"与"非制度性社会资本",二者的运作基础是"分裂的威权主义政体",即权力体系中条块之间的矛盾为运作提供了空间。总体而言,制度性资本发挥着关键性作用,是阻碍冲突性议题传播的主导性力量,但它能以行政层面的"上级压力""合法性意义上的官方话语"等方式让媒体报道规避风险,并可能促使议题冲破地域性的限制形成全国性的舆论,进而促进事件的解决。非制度性社会资本以"社会空间中非结构化的关系网络"为运作形式,以"政体的内部分裂、社会空间的释放、媒体专业主义取向"等为运作基础。在制度性资本匮乏的情况下,公众若拥有足够强大的非制度性资本以及有效的策略,从而联结到制度性资本,也有可能争取到"缝隙间的传播机会"。曾繁旭、黄广生(2014)以2009年"广州番禺业主反对垃圾焚烧"为案例,采取有别于政治经济学的社会网路理论视角,探讨当地媒体在其中的动态运作过程,提出:一个相对成熟的地方媒介体系,在一定程度上可以形成"能够与行政权力进行谈判和协商的新闻生产机制",通过策略地运用本地、国内和国际三个舆论场,"弱化"权力对地方媒体的行政管治,为本地的社会运动拓展舆论空间。型构中的地方媒介体系,往往分享一套有别于主流宣传部门的专业操作规范、理念和文化,并且透过各种媒体人的关系网络得到反复强化,可能会促进媒体行业内部自治的发展,从而成为"中国媒体公共性成长的一个重要路径"。

环保运动之外,媒体采用何种逻辑呈现都市业主的维权抗争也进入研究者视野。陈鹏(2012)从"居住的政治"视角探讨商品房社区业主的组织、维权、自治的过程与国家、市场、社会的复杂互动关系,根据长期观察提出:在B市业主维权和自治运动中活跃着一批媒体记者,为圈内所耳熟能详,以至于哪个小区出现问题都会在第一时间联系他们,业主们亲切地称之为"社区记者"。他们的作用主要表现在舆论监督、揭露真相和道义声援三个方面;其与房产维权律师、独立的社区工作者、专家学者,被视作"一直活跃着的四支重要力量",有力地推动和形塑了B市业主维权和自治运动的发展走向。李艳红(2013)考察在当代中国强大的威权管制下,都市抗争为何仍然受到市场化大众媒体的关注和支持,从而实现了媒介近用和传播赋权,她以J市艺术区"艺术家"群体面对拆迁所采取的集体维权行动为案例,发现:文化资本是推动这一社群实现传播赋权的关键因素。具体而言,首先,"艺术家"作为知识精英的社会身份,为在市场化之传播格局下日趋疲软的"拆迁/抗争"议题注入了"新闻价值",同时也是市场化媒体阶级意识形态偏向的一种折射,因而能够吸引媒体的高度和持续关注。其次,"艺术"拥有的非功利之"纯粹性",使其在中国语境下获得了"去政治"的象征身份,从而为该群体的抗争行动本身,以及威权体制下的媒体对抗争进行报道提供了"正当性外衣"。再次,该群体拥有"内化的文化资本",即"职业化的高度符号化的表意实践能力",他们不仅善于运用高度浓缩的视觉符号来进行"自传播",而且有能力创造诸如"艺术展"等媒介事件"嵌入于市场化条件下大众媒体的需要";此外,他们"物质化的文化资本"也发挥了作用,艺术界的"行业媒体"、群体成员的自媒体,以及与大众媒体之间形成的常规互动网络,均是其实现媒介近用的关键。然而,上述传播赋权现象仍然存在明显边界,当抗争行动进一步"激进化"和"政治化",文化资本即不能再发挥作用。

上述研究,基本以中产阶级的成功个案为研究对象,忽视了抗争主体的阶级分化问题。曾繁旭等(2012)注意到这一点,通过比较农民与中产的环境维权个案,他们发现:"阶级"是影响媒体与社会抗争关系的重要变量——媒体是边缘化还是积极报道,与抗争主体的阶级身份息息相关。谢颖、林芬(2016)的研究主题类似,但是更加翔实。通过比较两个相互关联的个案——均为"抗议兴建垃圾焚烧厂",前者主体是农民——"广州李坑居民",后者是中产阶级——"广州番禺居民",她们发现:在实际抗争过程中,中产阶级一方面通过媒体借用农民抗争的道德资源,在民间合理化自己的抗争诉求;另一方面则避免抗争越界,通过协商抗争在国家管制结构里合理化自己的诉求。与农民相比,他们的武器更加多元化,具有去政治化的表演性和创新性,有能力塑造多元的话语结构和维持媒体的关注。总之,二者在抗争方式、组织、资源和话语上的差异,最终导致了农民抗争的失败和中产阶层抗争的成功。在中国社会转型过程中,尤其当前发展正面临着经济调整的"阵痛期"(《新京报》社论,2015),劳工抗争议题的敏感程度,明显高于都市抗争议题;同时,劳工作为抗争主体,其社会资本又远不及都市中产阶层。因而,劳工利用建制内的主流媒体进行能反映其主体性的利益表达,情况实在不容乐观。那么,另类媒体(Alternative Media)能否成为替代性渠道,以及能在何种程度上发挥替代性作用,值得我们思考。

另类媒体是一个动态的历史概念。约翰·唐宁(John Downing)于1984年出版的著作《激进媒体:另类传播的政治体验》(*Radical Media: The Political Experience of Alternative Communication*),被视为当代系统研究另类媒体的起点。此书于2001年出了修订本《激进媒介:反抗传播与社会运动》(*Radical Media: Rebellious Communication and Social Movements*),在历史背景、地理空间、媒介形态的维度上拓展了相关内容,但主旨依然是在社会运动的历史语境中考察激进媒介的意义。关于西方另类媒体,罗慧(2012)从"传播公地重建"的角度进行了系统研究。她认为可从内容、空间和行动三个方面界定西方另类媒体的内涵。在内容层面,它"致力于呈现被主流商业媒体不予报道或忽视的事件、声音及观点"。在空间的组织形态层面,它"在不营利、非商业化定位的基础上起用非专业化的志愿者,在平行合作而非垂直等级的关系中,为社会上处于边缘的弱势群体提供参与和发布意见的机会与平台"。在社会行动层面,它通过内容和形式上的创新,一方面"可以挑战主流商业媒体的霸权地位",另一方面"可以带来社会的改变甚至通过直接参与社会运动引发社会变革"。作为"一种修正主流商业媒体弊端的传播机制",另类媒体代表了一种努力方向和行动方式,进行着三个层面的民主实践——"基于反信息霸权的内容民主""基于参与式传播的空间民主",以及"基于社会行动的行动民主"。不过,另类媒体并非是"重建传播公地理想"的唯一行动者,需要与主流媒体和公众进行合力重建。

中国港台地区的另类媒体实践及其功能,多为研究者所肯定。成露茜(2004)介绍台湾《立报》和《破报》的经验,提出:另类媒体一般存在"倡导性"(Advocacy)和"草根性"(Grassroots)两种类型。从历史角度看,另类媒体在社会运动中扮演着不可忽视的角色,而且"持续作为异议和抵抗的代表"。管中祥(2009)提出受到主流媒体忽视或有意排挤的团体与社群,或是无力近用主流媒体的市民,可以借由新的传播科技串联转进,或隐晦或张扬地传达出另类的声音,突破主流媒体所设下的障碍。他通过梳理2007年至2008年台湾另类媒体发展状况,发现:网络的灵活运用、成熟的影音技巧,为台湾另类媒体带来新能量,它们关切的议题业已从"早期对单一国家权威的挑战",扩展到"跨国串连与本地移民/移工的关怀"。黄孙权(2010)则以回顾的方式,记录了自己与积极的另类媒体倡导者与实践者成露茜博士在台湾《立报》社的"左派办报"经验,提出:另类媒体的珍贵之处在于"制度内的民主制度与制度外的社会性"。另类媒体不以自身存活为目的,而应成为社会进步的"试纸",其与社会进步之间是"接和"(articulate)与"辩证"的关系。郭良文(2010)以台湾兰屿地区原住民的反核废料事件为例,通过分析反对运动领袖如何策略性地运用主流媒体与另类媒体,发现:主流媒体在政治和商业双重逻辑控制下,难以真正从当事人的角度进行深入报道。另类媒体的发展与运用,是建立主体性、进行反霸权的一个有效途径。戴瑜慧、郭盈靖(2012)以台湾"漂泊新闻网"为个案,分析其崛起的背景成因、发展形式、组织形态以及面临的结构性限制,指出:伴随资讯社会发展而生的数位落差(Digital divide)与资讯商品化现象,对无固定住所的城市贫民造成新的双重压迫。既有社经弱势之外,游民遭受新的剥夺而成"资讯穷人";同时在媒体的"膻色腥"取向下被物化为刺激收视的"污名化商品"。然而,日益加深的结构性压迫、资讯科技使用门槛的降低以及公民新闻的提倡,亦辩证性地提供了新的反抗空间,促成台湾游民另类媒体(Alternative Homeless Media)的崛起。

有关中国大陆另类媒体的研究目前方兴未艾。一是同性恋群体及相关非政府组织的另类媒体实践颇受关注。其中,曹晋(2007)通过对中国大陆同性恋者健康干预项目"朋友通信"的民族志研究,提出:"朋友通信"实践了多元文化主义的平等理念,既是同性恋社群对不平等的社会、经济、文化关系的抗争与挑战,也是在一定程度上对主流媒介"隐蔽充满矛盾与斗争的现实生活、忽视少数社群利益与重大社会问题"的及时补救。作为一个经典个案,它反映出中国大陆另类媒介的生产实践是"对主流媒介议题缺失与商业化垄断的有效补充",突破了"哈贝马斯对公共领域的狭隘论述"。章玉萍(2014)则通过考察大陆女同性恋另类媒体《lens+》的杂志文本和机构行动,发现:作为阅读文本的《lens+》与大众媒体有明显区隔,通过提供亲密性、反思性、清新唯美的内容及话语风格,以主动建构中国大陆拉拉亚文化;作为行动主体的《lens+》通过社群内部的文化建设和社群支持,同时超越社群与大众媒体合作,以推动"同志"文化的大众化和提高社群的可见度。二是互联网对另类媒体实践的意义被普遍强调。其中,温云超(2009)通过回顾中国大陆 1976 年以来大陆民间刊物的发展状况,列举当前有代表性的纸质和网络形态的独立媒体样本,分析目前政府在传统出版物及互联网出版方面的法律法规及政策空间,提出:在现有条件下,中国大陆不太可能出现"完全意义的独立媒体";不过,只要

"中国保留与国际互联网的互通""不实行严格的先审后发"以及"不禁止使用电子邮件",以网络为载体的独立媒体仍有其生存及发展的空间。蔡秀芬(2013)以实务操作中相对具有"独立、批判、自主性"等精神,而非学理上"完全独立"的意涵,作为甄选中国大陆另类传播案例的标准。她通过文献研究以及赴广州、成都、北京、上海进行田野调查和深度访谈,发现:由于行动者善用操作简便、官方"监管时间差"等新媒体优势,并运用"亲民策略"展开新媒体社会行动,使得当前中国新媒体作为另类传播延续并改善了此前的相关行动经验,发挥出"祛魅、启蒙与赋权"的功能——带来公民意识、公民表达与表达创意等方面的公民赋权,使民间社会逐渐降低因宣传纪律与监管惩处所带来的社会恐惧与蒙蔽。

纵览相关研究,中国大陆的劳工另类媒体实践甚少被关注。在笔者目力所及的范围内,以下三项研究颇为突出。

一是澳大利亚学者杰华(Tamara Jacka)研究在中国都市中谋生的农家女,发现:采取"一种压倒一切的都市视角和假设"是中国大多数官方和商业媒体共有的特点,从而导致"他者化"的论述极度增生——"主流话语中的农民工通常被客体化为不是备受指责或避之不及的落后、低素质的外来者,就是需要同情或者崇拜的天真、无助的受害者。在极少数的个案中,她们被描写成模范的能动者而不是受害者,那是因为通过自我牺牲和'自我发展',她们已将自己转变成一个开放的对象,让自己投身于市场经济的第一线"。在她看来,整个90年代,中国唯一面向农村妇女的杂志《农家女》刊登过许多农村打工女性的信件和自传故事,其中包含反映个体生活的丰富细节及其所关心的众多问题,对"主流媒体将农民工视为问题现象的非人性报道起到了重要的平衡作用",同时"也给农民工读者提供了支持的源泉",但是依然密切反映了主流媒体的相关论述,并未对其采用的话语和结构提出"任何真正的批判"。相较而言,2001年创刊的《打工妹》杂志,其内容和基调与《农家女》杂志中的"打工妹"栏目有明显区别,关注和批判部分结构性和系统性的不平等,在此过程中推进了打工妹"主体位置的微妙但极其重要的转变"。2003年前后主编易人,它所刊发的批判性调研报道在数量和力度上均是大不如前,总体更像是一个"娱乐取向的女性杂志"(2006:31—85)。杰华的这项研究显示出:有明确面向的机构媒体,不仅并未从根本上挑战支撑性别不平等与城乡不平等的权力关系,甚至延续了主流话语中的等级制与歧视性理解。

二是澳大利亚华裔学者孙皖宁(Wanning Sun)研究当前中国底层群体的媒体文化实践(2014),从主流媒体的建构、商业性媒体的再现、农民工的自我呈现等不同方面展开。她的研究发现,农民工群体往往只是媒体文化的纯粹的"消费者",但有时也会通过另类的社会和文化实践成为"生产者"。在以主流新闻和都市电影为代表的"霸权话语"中,农民工通常被"他者化",他们所采取的策略只能是将自己"嵌入"这一"主流文化空间"。在此境况下,相关的NGO组织和"积极的农民工行动者"(migrant activists)通过两类"小众媒体"实践("small media" practices)——纪录片和摄影,在被动消费主流文化之外积极参与认同政治的过程,以及社会不平等和公民身份的抗争。此外,农民工群体还运用"打工诗歌"("migrant-worker poetry")等文学形式进行自我呈现,代表了一种文化领域的政治干涉;然而这一领域也充满了争议,不仅存在大量"文化掮客"和"文化资本"的渗透,而且一些"打工诗人"对主流认可的期冀,也在相当程度上削弱了其动员底层主体性的能力。

三是万小广探究转型期中国"农民工"群体媒介再现的博士学位论文,他的研究发现(2013):在大众媒介上,打工群体被建构为"想象的异乡人",以维系城市内部再生的新城乡二元结构;然而,打工群体通过打工诗歌、劳工刊物等另类媒介进行的自我建构①,则使用大量"差异性"再现框架,发挥了批判、反思以及去蔽的功能。两者之间并非简单二元对立,也存在"重合交叉、互相合作"的关系,打工群体的传播行动促进了相关议题在大众媒介中的"可见性",并在一定程度上改变了其再现框架。他还提出:应从"反霸权"或"反向架构"的角度来重新界定"另类媒介"。对此观点,笔者持保留意见:尽管以"去专业化""去资本化"和"去体制化"来教条化地定义另类媒体,在当前中国语境下缺乏足够解释力,但是若将"提供批评性内容"视作最低衡量标准,恐怕又失之于宽泛。

通过上述研究回顾,我们可以初步认为:在现有的国家—社会关系中,尤其是国家—媒体关系和国家—劳工关系的双重影响下,新工人作为弱势社群,难以经由主流传统媒体进行凸显主体性的利益表达;新媒体的确在一定程度上发挥了传播赋权的作用,但到目前为止并未对既有利益表达格局产生结构性的影响;另类媒体能否另辟蹊径成为替代性的渠道,尚是未知之数。

三、面向丰富的经验事实和采取多元分析范式

劳资冲突的根源在于利益分配失衡。宏观而言,劳动者收入增长与国家经济总量增长不成比例。中国社会科学院社会蓝皮书的数据显示:1979年至2011年,中国人均GDP年均增长8.8%,城镇居民人均可支配收入和农村居民人均纯收入年均增长均为7.4%,比人均GDP的增速低1.4个百分点;近年以来,中国劳动者报酬占GDP的比重偏低且呈现下降趋势,劳动者报酬占GDP的比重由2004年的50.7%

---

① 这项研究分析的另类媒介主要有两类:一是351首诗歌作品,包括从打工诗人许强主编的《中国打工诗歌精选》中精选的1985年至2005年间224首打工诗歌,以及2009年至2011年间三届打工文化艺术节上朗诵的127首诗歌民谣作品;二是劳工组织"深圳小小草"于2008年至2012年期间出版的10期《工友天地》,共251篇稿件。

下降到2011年的44.9%（陆学艺等,2012:28）。微观来看,建筑施工企业和中小型非公企业中,欠薪现象普遍存在；珠三角和长三角等经济发达地区的劳动密集型企业中,劳动者的工资与薪酬待遇通常仅能达到"最低标准",只能维持劳动力自身的生存而非再生产。随着农民工群体的代际转换,新生代农民工逐渐成为主体,劳动关系秩序重构问题难以回避。

2010年,时任中华全国总工会集体合同部部长张建国在媒体采访中表示：中国居民劳动报酬占GDP的比重,在1983年达到56.5%的峰值后持续下行,2005年已是36.7%,22年间下降了近20个百分点；与之形成鲜明对比的是,从1978年到2005年,资本报酬占GDP的比重上升了20个百分点。一些由劳动关系矛盾引发的群体性极端事件,其重要原因是"普通职工的收入水平低、福利待遇差"。珠三角地区和长三角地区出现的"招工难",其本质是企业利润在经营者和劳动者之间的分配不合理和不公平,"一种畸形社会财富分配方式的直接体现",说明"普通职工在收入分配上严重缺乏话语权"。因而,切实提高劳动报酬在初次分配中的比重已经刻不容缓。中国政府对这一重大社会问题已有初步因应,在政策文本中强调过构建和谐劳动关系的必要性。

在当前劳资双方利益分配失衡、劳资双方冲突日趋呈显性化、劳动者群体构成演变、政府提倡体面劳动等多元社会现实语境中,劳工权益保障需要"合力赋权"（操家齐,2012）,包括六种赋权主体——宪政赋权、外力赋权、行政赋权、市场赋权、社会赋权、自力赋权。其中,社会赋权的力量主要是NGO组织、媒体和社区,发挥社会协同和参与的功能。那么嵌入权力关系中的媒体如何实现"社会赋权",从而成为新工人劳资利益协调机制的重要构成？关键在于,媒体需要积极发挥赋权（empowerment）和商议（deliberation）的功能,增强劳方的话语权,推进劳资利益协调。因而,本书论述重心在于：其一,探究新工人如何通过媒体实现传播赋权,提升其争取合法与合理权益的能力。其二,探讨如何促进以媒体为平台的劳资商议,促进建设公平和公正的劳动关系。

在批判地借鉴既有相关研究的基础上,笔者将遵循以下对方法论的领悟,聚焦新工人群体,展开对"媒体与劳资关系治理"这一问题的研究。

其一,力图避免"宏大理论叙事"和"抽象经验主义"。C.赖特·米尔斯(C. Wright Mills, 2005:49-50)提出,拓展社会学想象力尤其需要避免"宏大理论叙事"和"抽象经验主义"。在他看来,"不存在什么能让我们理解社会结构的统一性的'宏大理论'和普遍性的体系"。抽象经验主义则是"死抓住研究程序中的一个结合点,让它迷住了自己的心窍"。此二者"都逃避了社会科学的研究使命"。

在当前农民工研究中,这两种被批判的现象普遍存在(符平,2013)。其中,前者突出表现为:研究者人为地设定"必然—应然"关系,从理论推导而非从实践出发,为自己青睐的理论模式、分析框架赋予重要意义或应用价值,以实现预先设定的规范性目标。后者有多种表现,诸如:颠倒次序地从方法论出发选择研究的问题、盲目推崇数理模型而轻视韦伯传统的诠释方法、缺乏文化分析和纵向的历史透视眼光。对此判断,笔者深以为然。摒弃上述两种倾向,确实需要实现研究态度和方法论立场的转换——面向社会转型中丰富的经验事实,从实践出发研究农民工群体的现实问题,采取定量和定性、演绎和归纳、解释和解读相结合的研究方法。

因而,本研究将基于以下经验事实而展开——

1. 在转型中国社会的语境中,劳资关系可被视为:在劳动力和资本这两个基本要素相结合进行生产活动并获得收益的一系列过程中,劳方、资方、政府三方共同组成的社会经济利益关系的重要性不言而喻,劳资矛盾一旦激化,将会对社会治理造成严重挑战,甚至危及政权的合法性。

2. 新生代农民工作为一个正在崛起的劳动者群体,标志着农民工阶层日渐完成内部的代际更替。与其父辈相比,他们是"双重脱嵌"的新工人,其自身特征鲜明,折射出"新生代"作为制度范畴,与乡村、城市、资本、国家之间具有不同关系。发展主义的逻辑与体面劳动的诉求之间存在着必然的矛盾。唯有合理分配,实现利益共享,劳资关系方能趋于和谐。

3. 中国工会具有"双重属性",试图同时扮演"劳资冲突的调停者"和"工人利益的代表者"两个角色(郑广怀,2011),并且强调二者间的一致;然而,调停者是"息事宁人的斡旋逻辑",代表者则是"讨价还价的博弈逻辑"。现实行动逻辑之间的冲突,使得工会调停往往处于尴尬的错位,维权长效机制更是难以建立。①

4. 当前中国的民间非政府组织整体生存环境不佳,由于涉及"劳动权""人权"等敏感议题,劳工 NGO 的发展更是举步维艰。它们往往会因为"双重管理"体制和地方政府的"去合法性"策略,被迫徘徊在"非法存在"的边缘,并面临资源匮乏困境,发展前景堪忧。不过,有研究者提出:近年来新生代农民工的组织化趋势明显,介于"制度化和激进化之间",其中劳工 NGO 是"不可或缺的外部引擎"(汪建华等,2012)。

5. 现阶段中国的媒体,大体可划分为两种类型。一是建制内的媒体,即通常所谓的"主流媒体",其整体而言是政府治理结构的子系统,

---

① 在"工人运动自下而上的推动力量"以及"社会建设自上而下的建构要求",广东自 2012 年来开展基层工会直选活动,受到了社会的广泛关注,并被认为是中国工会的改革方向。这一"工会直选"实践虽在部分企业取得了成功,尤其在"集体协商和工会干部作风方面"有突出表现,但存在三个结构性障碍——"企业管理层对工会的实际操控,使得工会依然没有实质的独立性;基层政府更愿意与企业资本保持紧密联系,从而使得政策上下断层;对于稳定的不正确的理解。由于面临"资本的强势、工人本身的成熟度、地方政府的思维方式以及上级工会态度"等诸多障碍,"工会直选"进一步的制度化颇有困难。参见闻效仪:《工会直选:广东实践的经验与教训》,《开放时代》2014 年第 5 期。

但在个别层面已承担起一定公共领域的功能;此外按归属权划分,它们又可进一步划分为工会系统内/外的媒体,具体功能有别,需要分类研究。二是建制外的媒体,可称为"另类媒体",它们在监管体系之下仍有"缝隙中的机会",新媒体技术又为其另类传播拓宽了存在空间。

其二,尝试融合"分层研究"和"阶级分析"两种范式。当前,中国社会学界对社会分层研究的范式正在发生微妙变化:马克思传统的阶级分析重新引起部分学者的关注,他们甚至明确主张"回到马克思"(仇立平,2006)、"把工人阶级带回分析的中心"(沈原,2006),提出"阶级分层是对当代中国社会分层的另一种解读"(仇立平,2007)等观点。社会分层研究呈现出"从阶层到阶级转向"的特征大约始自2000年,一批学者反思和总结过往研究,并开始出现一种实质性的转向——"从实体论向关系论的转向"(仇立平,顾辉,2007),他们在对马克思阶级理论和方法重新认识和定位的基础上,展开对工人阶级和底层群体的经验研究。李静君(2008)提出:在劳工研究上,与"社会动态""社会制度"两种研究路向相比,"阶级构成"(class formation)在市场社会主义时期最有理论意义;将中国劳工问题理论化为一个阶级构成的问题,才可以把握这个时期"中国劳工身处的历史、结构、处境"。

冯仕政(2008)将上述理论倾向概括为"重返阶级分析",认为其必要性在于:阶级分析和分层研究两大范式有根本区别,在关于社会不平等的基本假设上,前者是"冲突论",即社会不平等是统治阶级的需要和权力强制的结果;后者则是"功能论",即社会不平等是社会整体的需要和自由竞争的结果。因此,前者更关注"社会剥夺和集体抗争";后者则更关注"地位获得和市场形势"。鉴于20世纪90年代后期以来中国社会形势的日趋紧张,只有重新引入阶级分析视角,才能对中国社会不平等的结构和形成,进行更有洞察力和前瞻性的剖析。

由于在科学解释上各有优势和局限,这两种分析范式应当相互映照和互为借鉴。此外,李路路、杨娜(2016)也提出:阶级是社会权力的基本形式,而社会是不同阶级之间争夺对资源和机会的控制权的场域。如果能够拭去附在"阶级"概念上的种种曲解、误解,而不是"谈虎色变"或"因袭僵化",那么它仍然是分析权力、利益、社会不平等以及相应的社会矛盾与冲突的强有力的概念工具。

笔者很认同上述判断。当前中国社会变迁,同时蕴含着"权力转移"的市场化和"结构演化"的现代化两个过程,有机融合冲突论和功能论,方能更合理地予以阐释。有研究者发现:社会主义中国历史上形成的政治、经济、社会和文化遗产,尤其是国家与市场,形塑了农民工阶级形成的路径及其表现形式(刘建洲:264—274)。引入阶级分析视角,潘毅、卢晖临、张慧鹏(2012)认为建筑业农民工的生存困境根源于他们处于"半无产阶级化"的异化状态。邱林川(2013)提出新工人阶级的网络社会是"世界工厂"的支柱和"信息时代"的基础。这些研究多有洞见,显示出"重返阶级分析"的理论价值,但一些观点的解释力及其逻辑还需要完善。因而,笔者将尝试融合"分层研究"和"阶级分析"两种范式,探讨新工人与媒体的关系及其对劳资关系治理的影响。

根据上述认知,本研究将综合运用问卷调查、内容分析、个案研究、深度访谈和虚拟民族志(virtual ethnography)等方法,主要从以下四个方面展开研究。

其一,调查新工人的劳资关系特征和媒体应用状况,了解其在劳资关系问题上的利益诉求、观念认知和维权行为选择,以及其使用媒体的动机、偏好、习惯和效果评价等。其二,探讨建制内的媒体在当前劳资关系治理中的作为,主要以"媒介话语权"概念为核心,分析它们关于新工人的新闻报道是否实现"主体性表达"进行衡量,并对一般主流媒体和工会系统媒体进行比较研究。其三,探讨建制外的另类媒体在当前劳资关系治理中的表现,主要分析两例另类媒体个案——聚焦新工人群体的 XSD 和服务于建筑工人的 DGD,探讨它们的传播内容、存在意义和发展前景。其四,分析在政治威权、资本压力和媒介逻辑的三重约制下,国家—媒体关系如何调整以及如何具体努力,不同类型的媒体才有可能成为参与新工人劳资关系治理的积极行动者。

第三章 新工人的劳资关系诉求与媒介行为特征

为更真切地了解新工人的劳动状况与维权、媒介接触与认知情况,笔者于 2012 年 7 月主持了一项对北京市青年外来务工人员的问卷调查(见附录 1)。在正式开始前,我们先进行了小规模的预调查,根据 4 名调查员①的反馈,对问卷进行了完善。此后,招募和培训了 12 名调查员②,根据研究目的和实际条件,主要采取非随机抽样方式;同时按照国家统计局公布的《2011 年我国农民工调查监测报告》相关数据③,在性别和行业两个指标上对样本选择提出要求。

本次调查历时 10 天,在北京市范围内发放 600 份问卷,回收有效问卷 540 份。如表 3-1 所示,调查样本性别分布比例大致符合设定;

---

① 均为中国劳动关系学院文化传播学院 2009 级新闻专业学生。
② 均为中国劳动关系学院文化传播学院 2010 级新闻专业学生。
③ 在这一报告中,从性别看,男性农民工占 65.9%,女性占 34.1%;从行业看,制造业占 36.0%、建筑业占 17.7%、交通运输、仓储和邮政业占 6.6%、批发零售业占 10.1%、住宿餐饮业占 5.3%、居民服务和其他服务业占 12.2%。据此,笔者对调查员提出要求:在每人负责的 50 份问卷中,在性别分布上,男女比例应为 7∶3 左右,即男性应有 30—35 名,女性应有 15—20 名。由于问卷仅设定了 3 个选项,在行业分布上,制造业 36.0%、建筑业 17.7%、服务业(后四项都可归到此类)46.3%,即分别应有 18 人、9 人和 23 人左右。

行业分布比例有所出入①。调查员需要详细记录每张问卷被填写的时间和地点,以及撰写田野笔记,包括调查中的所闻所见和访谈内容。他们还收集到210名受访者的联系方式,其中95%以上为QQ号,手机号、固定电话和邮箱不足5%。笔者审阅了每份问卷,并就少量问卷中的异常情况诸如学历填写"本科"等,尽可能联系受访者进行确认。运用Stata12.0进行统计分析。以下将结合问卷数据、田野笔记等资料,对本次调查结果进行阐释,并尝试探讨新工人媒介接触特征与劳资关系状况之间的关系。

表3-1 调查样本的性别与行业分布(人)

行业 \ 性别	男性	女性	总计
制造业	78	57	135
建筑业	111	10	121
服务业	138	146	284
总计	327	213	540

一、新工人调查样本的人口学特征

调查问卷的第一部分为"个人基本资料",含有8个问题(见附录1),根据统计结果,可从下述四个方面描绘此次调查样本的人口学特征。

1. 性别与年龄特征

如表3-2所示,新工人的年龄主要集中在30岁以下,其中男性集中于20—29岁,女性集中于24岁以下;从平均年龄来看,男性为23.3

---

① 这与调查员的活动范围和北京市的行业特征有关。

岁,女性为 22.5 岁。无论男性还是女性,30 岁及以上的人数比例均较小。可见,新工人趋向于年轻化,且女性年轻化程度高于男性。

表 3-2 调查样本的年龄与性别分布

	男性		女性		总计	
	绝对值（人）	百分比（%）	绝对值（人）	百分比（%）	绝对值（人）	百分比（%）
20 岁以下	61	11.3	54	10	115	21.3
20—24 岁	144	26.67	100	18.52	244	45.19
25—29 岁	103	19.07	38	7.04	141	26.11
30—34 岁	22	4.07	16	2.96	38	7.04
35 岁及以上	1	0.19	1	0.19	2	0.37
总计	331	61.3	209	38.7	540	100

2. 籍贯分布

从图 3-1 中可见,新工人以河北(23.15%/125 人)、河南(20%/108 人)、山东(11.3%/61 人)和山西(6.11%/33 人)为主,四省份共占 60.56%(327 人),主要来自于华北地区。此外,湖北、甘肃、黑龙江、安徽等省份也有一定比例的分布。

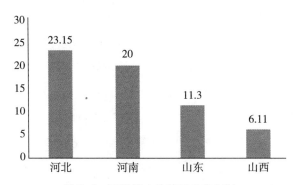

图 3-1 调查样本的籍贯分布(%)

3. 户口与婚姻状况

从表3-3中可见,在有效数据中,新工人以农业户口为主(77%/385人);非农业户口不足四分之一(23%/115人),进一步了解后发现,基本为县级市/小城镇户口,不足5%是地级城市户口。其中,无论农业户口或非农业户口,未婚的比例均高于已婚。

表3-3　调查样本的户口与婚姻状况

	未婚		已婚		总计	
	绝对值（人）	百分比（%）	绝对值（人）	百分比（%）	绝对值（人）	百分比（%）
农业	276	55.2	109	21.8	385	77
非农业	93	18.6	22	4.4	115	23
总计	369	73.8	131	26.2	50	100

注：不含缺失值。

4. 教育程度与行业类型分布

从表3-4可见,受教育程度上,初中(36.99%)、高中(20.63%)与中专/技校(18.4%)学历人数比例最高,共占76.02；大专及以上学历仅占18.4%。其中,55名"本科及以上"受访者,进一步了解后发现,无人来自"一本"院校,90%左右毕业于"三本"院校。总体而言,新生代农民工学历相对较低。行业类型方面,他们主要分布于服务业,制造业和建筑业比例均低于四分之一。结合性别来看,男性、女性在服务业的分布较为平衡,分别为26.16%、27.27%；在制造业和建筑业中,男性比例明显高于女性。因而,男性在三类行业上的分布较为均衡；女性则主要集中于服务业。综合受教育程度和行业类型来看,建筑业从业人员的学历水平最低,以初中学历为主；其次是服务业,以初中、高中学历为主；制造业从业人员学历水平相对最高,初中、高中、中专/技校以及大专学历的人数比例较为均衡。

表 3-4 调查样本的受教育程度与行业类型分布

	服务业		制造业		建筑业		总计	
	绝对值（人）	百分比（%）	绝对值（人）	百分比（%）	绝对值（人）	百分比（%）	绝对值（人）	百分比（%）
小学以下	5	0.93	1	0.19	6	1.12	12	2.23
小学	9	1.67	0	0	9	1.67	18	3.35
初中	108	20.07	37	6.88	54	10.04	199	36.99
高中	69	12.83	24	4.46	18	3.35	111	20.63
中专/技校	50	9.29	34	6.32	15	2.79	99	18.4
大专	24	4.46	22	4.09	9	1.67	55	10.22
本科及以上	23	4.28	9	1.67	12	2.23	44	8.18
总计	288	53.53	127	23.61	123	22.86	538	100

注：1. 不含缺失值；

2. Pearson chi2(12) = 39.49, Pr = 0.000。

从表 3-5 可见，进一步分析工作单位性质后，可以发现：按照新工人就业人数的多少排序，依次是私营企业、国有/集体企业、外资/合资企业。从各类型企业内部来看，服务业和建筑业从业人员，明显集中于私营企业和国企/集体企业；制造业从业人员，在国企/集体企业和外资/合资企业中的分布比例均高于五分之一。

表 3-5 调查样本的工作单位性质与行业分布状况

		服务	制造	建筑	总计	服务	制造	建筑	总计
私营	绝对值（人）	187	68	85	340	187	68	85	340
	百分比（%）	35.22	12.81	16.01	64.03	65.85	54.84	69.11	64.03
国有/集体	绝对值（人）	78	26	32	136	78	26	32	136
	百分比（%）	14.69	4.9	6.03	25.61	27.46	20.97	26.02	25.61
外资/合资	绝对值（人）	18	30	3	51	18	30	3	51
	百分比（%）	3.39	5.65	0.56	9.6	6.34	24.19	2.44	9.6

续表

		服务	制造	建筑	总计	服务	制造	建筑	总计
其他	绝对值（人）	1	0	3	4	1	0	3	4
	百分比（%）	0.19	0	0.56	0.75	0.35	0	2.44	0.75
总计	绝对值（人）	284	124	123	531	284	124	123	531
	百分比（%）	53.48	23.35	23.16	100	100	100	100	100

注：不含缺失值。

二、新工人的劳资关系诉求与维权表达

调查问卷的第三部分为"工作状况和权益维护"，含有15个问题（见附录1），根据统计结果，可从以下两个方面进行描述。

（一）新工人的基本劳动状况

1. 收入水平

如图3-2所示，从月收入状况来看，1500—1999元是人数比例最高的收入段，占24.57%；其次则是2000—2499元、2500—2999元和1000—1499元，分别占18.1%、13.9%和11.81%。这四个收入段（1000—2999元）共占68.38%，由此可以判断，新生代农民工总体收入水平较低，高收入水平者比例很小。

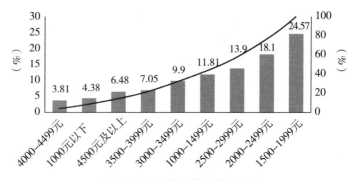

图3-2 调查样本的月收入状况

进一步地分析,如表3-6所示,单就平均比例而言,服务业从业人员的中高收入段的人数比例最高。从各行业内部来看,相对而言,服务业和制造业的从业人员主要以低收入段为主,而建筑业从业人员则以中高收入段为主,这与其学历水平形成鲜明对比,即虽然建筑业从业人员的学历水平最低,但其收入水平却是最高的。然而,当检验工资是否按时发放时,如表3-7所示,建筑行业中按时足额发放的只有39.8%,按时部分发放的占41.5%,不能按时发放的则高达18.6%,明显高于其他两个行业的比例,这与建筑业从业人员较低的合同签订比例(仅为36.3%)不无关系。

表3-6 调查样本的收入与行业的分布(%)

	服务业	制造业	建筑业	总计
1000元以下	5.34	4.03	2.5	4.39
1000—1500元	13.52	10.48	9.24	11.83
1500—2000元	23.84	31.45	19.33	24.62
2000—2500元	22.06	19.35	7.56	18.13
2500—3000元	14.59	15.32	10.92	13.93
3000—3500元	8.9	8.87	13.45	9.92
3500—4000元	5.69	5.65	10.92	6.87
4000—4500元	2.14	0.81	10.92	3.82
4500元以上	3.91	4.03	15.13	6.49
总计	100	100	100	100

Pearson chi2(18) = 62.25, Pr = 0.000.

表3-7 调查样本的工资是否足额发放与行业的关系(%)

	服务业	制造业	建筑业	总计
足额按时发放	64.52	62.9	39.83	58.54
部分按时发放	23.3	23.39	41.53	27.45
不能按时发放	12.19	13.71	18.64	14.01
总计	100	100	100	100

Pearson chi2(4) = 22.66, Pr = 0.000.

2. 劳动时间

表 3-8　调查样本的劳动时间分布(%)

日均工作时间	比例	周均工作时间	比例
8 小时以内	27.62	5 天以内	21.43
8—10 小时	38.48	5 天半	9.46
10—12 小时	24.76	6 天	28.19
12 小时以上	9.14	6 天半	15.06
		7 天	25.87

如表 3-8 所示,新工人劳动时间普遍过长,日均工作时间,维持在 8 小时以内的仅占 27.62%,8 小时以上的高达 72.38%。周均工作时间,维持在 5 天以内的仅有五分之一左右,超过四分之一的人周均工作时间达到 7 天。

3. 合同状况

如表 3-9 所示,劳动合同签订方面,52.55% 的受访者认为签过,31.36% 的受访者表示没有签过。但从签约合同类型来看,在之前认为"没有签过"的受访者中,大约 23.01% 表示有过口头协议;8.35% 的受访者回答前后矛盾,究竟是否签过合同尚不明晰。综合而言,签订过正规书面协议的新工人事实上仅占一半,另外一半则仅仅有过口头协议或者根本没有任何协议或合同。由此看来,一方面,农民工劳动力市场的规范性亟须加强;另一方面,新工人对于劳动合同的重要性认识尚不足,维权意识有待增强。

表 3-9　调查样本的劳动合同签订情况(%)

	有	没有	不清楚	总计
劳动部门制定的正式合同	24.44	4.28	2.24	30.96
单位内部打印的合同	26.68	4.07	6.31	37.07
口头约定	1.43	23.01	7.54	31.98
总计	52.55	31.36	16.09	100

4. 社会保险

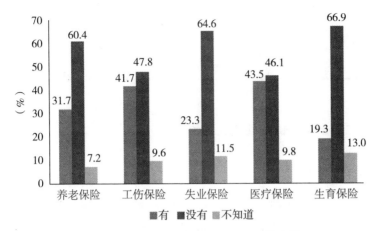

图 3-3 调查样本的工作单位保险缴纳基本情况

如图 3-3 所示,从"五险"的缴纳情况来看,生育保险、失业保险、养老保险的缴纳比例均低于三分之一;工伤保险、医疗保险的缴纳比例低于二分之一。对于工作单位是否缴纳"五险",10%左右的受访者并不清楚。由此看来,一方面部分新工人对于自己的应得权利缺乏必要了解;另一方面,工作单位对于具有强制性的"两险"和具有一定选择性的"三险"在缴纳上均存在问题,需要对其保险缴纳行为加以规范。

进一步分析,如表 3-10 所示,按照行业类别,无论是工伤保险抑或是医疗保险,服务业的缴纳比例均为最低,建筑业的比例稍高,制造业的比例最高。因此,服务业和建筑业是重点政策规范领域。

表 3-10 调查样本各行业的工伤和医疗保险缴纳情况(%)

		服务业	制造业	建筑业	总计
工伤保险	有	34.62	59.2	42.28	42.13
	没有	52.1	37.6	49.59	48.13
	不知道	13.29	3.2	8.13	9.74

续表

		服务业	制造业	建筑业	总计
医疗保险	有	38.19	61.29	38.71	43.66
	没有	49.65	34.68	50.81	46.46
	不知道	12.15	4.03	10.48	9.89

（二）新工人的劳动权益维护

1. 侵权与维权

侵权状况方面，如表3-11所示，认为"曾经有过被侵权经历"的受访者占27.31%；被侵权的人中，超过三分之二"曾经有过维权斗争"。表示"没有过被侵权经历"的受访者中，由于回答自相矛盾，约30%究竟是否有过侵权和维权的经历尚不明晰。此外，如表3-12所示，与女性相比，男性遭到侵权的比例更高。

表3-11 调查样本中侵权与维权比例分布(%)

		是否有维权斗争			
		未回答	有	没有	总计
是否有过被侵权经历	有	0	18.48	8.83	27.31
	没有	40.86	11.5	20.33	72.69
	总计	40.86	29.98	29.16	100

表3-12 调查样本中侵权与性别关系(%)

	有	没有	总计
男	29	71	100
女	18.66	81.34	100
总计	25	75	100

Pearson chi2(1) = 7.3089, Pr = 0.007 < 0.05.

那么，在有过侵权和维权双重经历的受访者中，有多少人成功维权？如图 3-4 所示，"完全维权"的比例不足 22%；"部分维权"的比例约为 55%；"未能维权"的比例高达 21%。究其原因，一方面新工人的维权意识和法律意识还比较薄弱，对与其劳动权益保护紧密相关的《劳动法》《劳动合同法》《职业病防治法》《工伤保险条例》《工资支付条例》等法律，绝大部分人仅仅停留在"听说过"和"了解一点"的层次上；另一方面遭遇侵权的新工人去维权，但是常常无法"完全维权"，除了自身维权能力不足之外，法律和制度的缺失等也是重要原因。

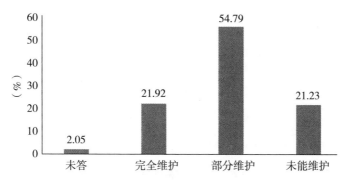

图 3-4　调查样本的维权状况结果(%)

2. 对维权的认知

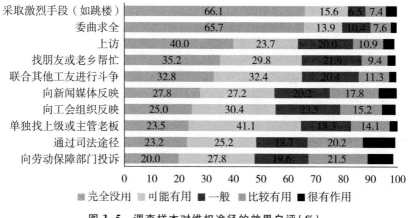

图 3-5　调查样本对维权途径的效果自评(%)

新工人关于维权的认知,突出显现于他们对维权途径的效果自评上。如图3-5所示,他们对于现有不同维权途径的效果评价颇有分际,总体而言,"完全没用"和"可能有用"占绝对比例,"比较有用"和"很有作用"的比例非常低。这显示出他们并不非常清楚应该通过何种途径进行有效维权。从分类来看,"采取激烈手段(如跳楼)""委曲求全"和"上访"三类途径中"完全没用"的比例最大;"单独找上级或主管老板""联合其他工友进行斗争""向工会组织反映"三类途径中"可能有用"的比例则是最大的;"通过司法途径""向劳动保障部门投诉"和"向新闻媒体反映"三类途径中"很有作用"的比例最大。从问卷的数据来看,除了个人力量和集体行动外,新工人对行政、司法、媒体以及工会都很有期待,对其效果评价也相应地较高。

3. 新工人的劳资关系诉求

工作满意度是衡量劳资关系的一个重要尺度。如表3-13所示,单纯从受访者对目前工作状况的满意度指标来看,他们对工资水平、工作环境、发展空间、社会保险缴纳和薪酬发放情况的满意度,均集中于"一般/凑合"选项上,缺乏区分度,但若转而关注"不太满意"和"很不满意"的选项时,"社会保险缴纳"和"发展空间"两项,是最不令人满意的。

表3-13 调查样本对不同工作要素指标的满意度分布(%)

	非常满意	比较满意	一般/凑合	不太满意	很不满意
工资水平	5.01	18.74	55.84	13.54	6.86
工作环境	6.3	22.22	48.15	16.48	6.85
发展空间	5.76	15.8	42.19	24.54	11.71
社会保险缴纳	5.21	15.64	38.92	22.91	17.32
薪酬发放情况	7.62	24.35	42.38	16.73	8.92

分析受访者选择工作单位时所注重的因素,如表3-14所示,同样发现存在缺乏区分度的情况,受访者几乎对所有因素都"比较/非常重视"。但若从相对排序上来看,他们最重视的则是"工资水平""工资奖金按时发放"以及"能够学到技术";"缴纳社会保险""签订规范劳动合同"和"符合个人兴趣"反而最不受重视。综合表3-13的数据,更加说明工作单位为新工人缴纳社会保险的行为亟须规范。

进一步就受访者的工作满意度与工资、劳动时间、合同签订状况、是否遭遇侵权及其背景变量进行回归分析,如表3-15所示,可有如下发现:1.工资水平:随着工资的提高,他们的工作满意度会明显提升,但4000元以下区分度不大,4000元以上与4000元以下则具有显著区别。2.薪酬发放:与工资奖金"按时发放"的人相比,"按时部分发放"和"不能按时发放"的受访者工作满意度比较低。3.合同签订:与签订了正规合同的人相比,没有签过正规合同的受访者工作满意度更低。4.劳动时间:与日均工作时间小于10小时的人相比,日均工作时间为10—12小时和12小时以上的受访者满意度更低。5.受访者的背景变量对其工作满意度无显著影响。上述回归结果基本验证了此前的结论。

表 3-14 调查样本选择工作单位时注重的因素(%)

	非常重视	比较重视	一般重视	不太重视	很不重视
工资水平	45.62	31.47	18.99	3.54	0.37
工作环境	31.9	40.3	22.57	4.66	0.56
生活环境	32.33	40.23	22.37	3.76	1.32
缴纳社会保险	22.18	27.26	33.27	14.85	2.44
符合个人兴趣	29.72	28.97	27.29	12.15	1.87
具有发展空间	34.77	34.21	22.43	6.36	2.24
能够学到技术	40.82	34.46	16.85	6.55	1.31
工资奖金按时发放	42.64	34.64	15.46	5.21	2.05
签订规范的劳动合同	35.07	29.29	23.69	8.4	3.54

表 3-15 受访者工作满意度的回归分析

		系数	标准误	标准系数	显著性
工资发放	按时部分	-7.78	2.12	-0.17	0.00
	不能按时	-13.95	2.72	-0.24	0.00
收入（以 4000 元以下为参照组）		7.22	2.88	0.11	0.01
合同（以签订为参照组）		-5.38	1.84	-0.13	0.00
侵权（以侵权为参照组）		6.19	2.01	0.14	0.00
工作时间（以 10 小时以内为参照组）	10—12 小时	-7.51	2.08	-0.16	0.00
	12 小时以上	-6.91	3.41	-0.09	0.04
常数项		52.18	2.13		0.00
因变量:农民工工作满意度					

R-squared = 0.19, Adj R-squared = 0.20.

三、新工人的信息需求与媒介素养

调查问卷的第二部分为"工作状况和权益维护",含有 10 个问题(见附录 1),根据统计结果,可从下述方面进行描述。

（一）媒介使用习惯

如图 3-6 所示,在新工人的媒介使用选择上,按照使用频率高低排序,依次为手机、网络、电视、广播和报刊。总体而言,他们对新媒体的使用频率高于传统媒体。进一步的分析显示:在手机使用上,"移动 QQ"(63.9%)的使用频率最高,此外依次为"微博"(35.5%)、"读手机报"(23.8%)、"看视频"(21%)和"听广播"(6.5%)。在网络使用上,"QQ 聊天"(55.5%)的使用频率最高,此外依次为"使用博客/微博/QQ 空间"(49.9%)、"搜索实用知识"(27.6%)、"浏览新闻"(26.9%)和"玩游戏"(26.6%),"收发电子邮件""逛社区/论坛"以及"上招聘类网站"的比例极低。在新闻类型上,"文体新闻"(45.3%)最受关注,"法治新闻"(39%)和"社会新闻"(37.5%)位居其次,"时政新闻"和"财经新闻"的关注度最低。由此可以判断,利用互联网(包括移动互联网)进行社交活动,是新生代农民工工作之余最重要的休闲和消遣方式;他们对于体育、娱乐新闻和实用知识也有一定程度的偏好与需求。

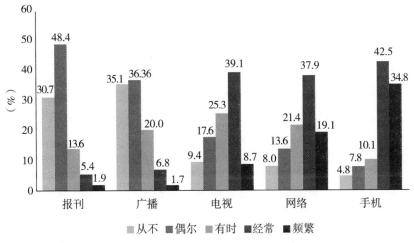

图 3-6 调查样本的媒介使用习惯(%)

(二)媒介信息需求

如图 3-7,为测量新工人的媒介信息需求类型,问卷中设置了问题"如果要专门为打工者制作一款手机报,您觉得应包括哪些内容?"分析显示,"维权指南"(60.9%)、"相关政策法规"(55.0%)、"技能培训信息"(53.7%)、"求职招聘信息"(53.6%)以及"成功创业经验"(48.4%)是需求量相对较高的信息类型。可见,他们需要的信息类型偏向于实用,主要为其工作与职业发展而服务。

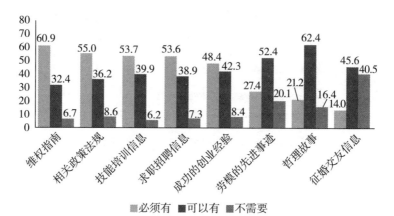

图 3-7 调查样本对手机报内容需求的自评(%)

(三)媒介素养状况

20 世纪 30 年代,"媒介素养"概念在英国被首先提出;直到 1994 年,它才被介绍到中国。目前,对媒介素养内涵的认知,大致可以分为"技能模式""知识模式"和"综合模式"三种。其中,"技能模式"侧重于强调对媒介信息的认知过程。如 1992 年美国媒介素养研究中心给出的定义——"媒介素养就是人们面对媒介各种信息时的选择能力、理解能力、质疑能力、评估能力、创造和生产的能力,以及思辨的反应能力"。"知识模式"侧重于强调媒介知识的累积。"综合模式"则是二者并重,认为媒介素养是知识与技能的综合。对此,江宇在其博士论文中提出(2008):"综合模式"的概念更为全面,因为只有具备了"知识模式"所强调的"知识结构",才能拥有"技能模式"强调的技能,而"技能"也可以体现相关知识是否具备。笔者认同这一分析,在此次调查中,即从认知与行为两个层面,对新工人的媒介素养水平进行衡量。

1. 认知维度

我们可从新工人对"媒体表现""媒体功能"和"可信度"三个方面的评价,衡量他们的媒介认知水平。

表3-16 调查样本的媒介素养—认知维度(%)

		很差	较差	一般	较好	很好
媒体表现	真实公正地报道打工者	17.35	20.52	48.13	10.63	3.36
	让打工者表达自己的观点与心声	13.27	21.87	42.62	16.64	5.61
	帮助打工者维护自己的合法权益	10.49	19.85	42.51	18.54	8.61
	提供有用的工作和招聘信息	8.04	15.51	51.03	20.37	5.05
	提供打工方面的政策法规服务	9.53	20	42.43	18.88	9.16
媒体功能	信息传播	8.53	7.24	49.35	25.23	9.65
	舆论监督	7.48	18.88	51.96	17.57	4.11
	宣传教育	6.9	9.51	43.47	30.41	9.7
	广告功能	6.54	7.66	35.14	31.59	19.07
	娱乐功能	5.76	4.65	36.25	34.39	18.96
可信度	报刊	7.08	16.95	57.54	15.83	2.61
	广播	4.71	15.44	54.43	22.6	2.82
	电视	4.32	16.51	48.59	24.77	5.82
	网络	7.66	30.09	43.93	14.95	3.36
	手机	6.48	22.78	48.15	17.96	4.63

如表3-16所示,三个维度的选项分布均呈现出中间选项比例居高而两侧选项比例较低的形态。这或许意味着两种情况:第一种可能性是受访者确实对各类媒介及其基本状况评价居中,第二种可能性则

是受访者没有对各类媒介及其基本状况做出独立的、符合自身实际的评价。如果是后一种情况,则说明他们整体表现出的媒介素养水平相对较低。此时,分析应主要从两侧的选项进行挖掘。如果从第二种可能性入手,则有如下判断:在媒体表现上,他们认为各类媒体在"帮助打工者维护自己的合法权益"和"提供打工方面的政策法规服务"方面做得比较好,但是在"真实公正地报道打工者"方面则做得比较差。在媒体功能上,他们认为各类媒体的"广告功能"和"娱乐功能"履行得比较好,但是在"舆论监督"方面的表现则相当差。在媒体信息的可信度上,电视和广播的可信度比较高,网络和手机的可信度则比较低。

2. 行为维度

我们可从"媒体阅读行为"和"媒介参与意愿"两个方面,衡量新生代农民工的媒介行为水平。

表 3-17 调查样本的媒介素养—行为维度(%)

		从不	偶尔	有时	经常	频繁
媒体阅读行为	提出疑问或批评	42.35	34.33	14.74	7.28	1.31
	琢磨新闻的用意	29.66	33.21	26.87	8.77	1.49
	拒绝接受部分内容	31.21	30.47	26.17	10.84	1.31
	通过其他途径核实	45.52	24.07	19.96	8.4	2.05
媒介参与意愿	遇到突发事件时会向媒体报料	66.48	22.04	9.26	2.22	0
	自身权益受损时会向媒体投诉	53.45	24.39	17.13	4.66	0.37
	会参与感兴趣的媒体征文和讨论	55.49	23.28	16.76	3.91	0.56
	会向媒体反映自己看不惯的现象	62.64	18.22	11.52	6.32	1.3

如表 3-17 所示,在媒体阅读行为上,他们对问卷列出的四种行为

方式,选择"从不"和"偶尔"的比例之和均在60%以上,而选择"经常"和"频繁"的比例之和均在10%左右。可以推断,在阅读媒体所发布的内容时,大部分新工人缺乏独立思考。在媒介参与意愿上,对问卷列出的四种行为方式,"从不"和"偶尔"的比例之和同样高度集中,且均超过了75%,而选择"经常"和"频繁"的比例之和均在8%以下。与阅读行为相比,参与意愿所涉及的要素更多,因而,选择"有时""经常""频繁"的比例均略低。

综合上述关于认知维度和行为维度的分析,可以判断:就此次调查的样本而言,新工人既比较缺乏独立见解和独立思考的能力,又很少有参与意愿和参与行动,其媒介素养水平比较低。总之,呈现出"知行皆不足"的状况。

四、田野笔记:数据之外的细节

问卷数据之外,调研员的田野笔记透露出的细节,更丰满而细致地反映了新工人的真实生活图景。

> 我发现保安这一群体文化水平最低,个别保安不识字、表达不清,甚至不能理解我说的一些并不复杂的句子……这些知识水平低的劳动群体,他们的上级会明显地表露出对他们的轻视。在我采访这样(上面描述)的一个保安时,他的同事(比他级别高很多)走过来观看了一会,说了一些看不起他的话,大意就是怎么采访这样的人,他不识字也不理解你的问题;当我在采访一位制造业女工时,她的上级看着她填对媒介的认知情况的时候,也说了"像你们这样的……"之类的话,而保安和女工的反应都只是弯嘴抿笑一下。
>
> ——调查员 CP-1

北京西站,一位在北京富士康打工的河南老乡,很热情地帮我们填问卷,还劝他的同伴帮我们填,他告诉我们他是被"骗"到北京来打工的,说这件事情的时候他很激愤。他说他本身是在郑州签的合同,签完之后告诉他要到北京来。结果他来了之后发现原来承诺报销的车费没人管了,他说"我对这个社会有太多不满了,如果你们还想了解什么就来问我吧"。从他身上我觉得80后的新生代农民工其实比老一代的农民工更勇于表达自己的诉求,他们能够大声地宣泄自己的不满。

——调查员 FJ-1

北京西站,一群即将回家的在北京当保安的人,他们就在火车站的地下通道打了地铺,一开始的时候他们挺不好意思的,一个劲地让我们坐在地铺上,怕我们硌得慌,还拿出自己的枕头要让我们垫着,他们真的是很淳朴实在。其中有一个二十七岁的大哥可能是识字不多,他就一道道慢慢念着填,特别认真。最后填完我们送他们礼物,他们还一定要回送我们两个毛主席胸章,还要和我们握手。

——调查员 FJ-2

北京西站,一位正在等人的姐姐,她是在北京从事服务行业的,我们让她帮我们填,她推说等人时间不够,但后来还是同意了,填到一半的时候她等的人给她打电话,我们想着可能她要走了,这份卷子可能就废了,可是没想到她对那个人说在帮我们填卷子,让那个人等她一会儿,我觉得她是那种很负责任的人。

——调查员 FJ-3

我还联系了在北京做厨师的姐姐,她们单位同事也帮我填了好几份,她们都是饭店的服务生和厨师。我发现她们大多只有十八九岁,她们对于报纸和网络的熟悉程度还是很高的,可能由于是国营性质,她们的保险和劳动合同还是比较正规的,她们对于工作环境也很是满意。

——调查员 FJ-4

学生的身份有助于我们问卷的发放,好多人觉得学生问卷对于他们的影响不大,所以他们也都乐意去帮助学生完成作业,但我们也曾被人教育,说我们弄这个对他们没什么帮助,甚至怀疑我们的目的。

——调查员 FJ-5

新生代农民工对于报纸和广播这类媒介接触确实不多,他们比较喜欢手机,但对于手机上网和视频等功能的认识比较少,大部分是用来挂QQ这样的即时通信工具,但我觉得如果手机不能够联网,只是单纯用来打电话、收发短信,它的媒介功能其实没有得到发挥。

——调查员 FJ-6

新生代农民工对于问卷中提到的大众传播功能了解不多,特别是对"舆论监督、宣传功能"理解不是很清楚,我们有时候解说的也不能让他们完全理解。

——调查员 FJ-7

这些外来务工人员其实对人是很热情的,只要方便,他们一般都会帮忙,只要我们主动跟他们沟通交流,他们就会很认真地帮我们。

——调查员 FJ-8

我们找到了一个建筑工地,通过沟通,已有几个人答应给我们做问卷。当他们在为我们填问卷的时候,包工头出来了,他很凶地赶我们走,不允许我们在工地做问卷。我们只能心情低落地离开了。

——调查员 LJL-1

这次的调查对象是80后新生代农民工,在我的50个调查对象中,年龄跨度为17—31岁,25岁以上的比较少,绝大部分都是和我年纪相仿的,还有一小部分年纪比我小,这让我很诧异。很多人看上去有二十七八岁,但实际上和我差不多大甚至比我小,但这不是让我诧异的原因,让我诧异的是大多数人在很早的时候就出来打工了,基本上在十七八岁左右,有的甚至更早,14岁。我在14岁的时候,还是一个无忧无虑的高中生,为上大学而努力,而他们却在为生活担忧。

——调查员 LJL-2

在跟他们的聊天中,得知一部分人是因为家庭困难而不得不外出打工;一部分人是因为没有考上高中或大学而出来打工;还有一部分人是不想念书,放弃学业后跟同乡出来打工。其实我有点想不明白,为什么有人会不想念书呢?我也是农村出生的孩子,对于农村的人来说,读书,可以说是比较好的出路了,尤其是在这个知识爆炸的时代,能够多学一点东西是很有帮助的,知识改变命运。我的想法可能和我的生长环境和接受的教育有关。我的家乡,是一个纯客家县,客家人对于教育非常重视,"承前祖德勤和俭,启后孙谋耕与读",这是宋代传下来的祖训。无论家里有多穷,就算砸锅卖铁也要供孩子上学,孩子如果不想上学,家里无论如何也不会同意。在我的观念里,辍学是一件多么不可思议的事。记得有一个和我同龄的男生,15岁时出来打工,如今在建筑工地上,天天工作10小时,一个月只能请假两天休息,问他觉得生活难不难,他说:"一点儿也不苦,每个月有钱领,很幸福啊,有点钱就好了,很开心。"问及对以后的打算,他说不知道,"过一天是一天吧"。从他的谈吐和眼神中,我发现他对生活很茫然,没有目标,得过且过的样子。风华正茂的年纪,对生活没有目标,对未来没有规划,我觉得是一件很可怕的事情。经过跟这些年轻农民工的接触,我无比庆幸自己能够上学,家里不够宽裕,哥哥也在读研,上大学的机会来之不易,应当珍惜。

——调查员 LJL-3

我去工厂访问的时候,也有人热情地招呼我留下来吃饭,他们的每一张脸我不能说记得很清楚,但是我从中学到的是相互尊重,相互信任。这让我重新审视了这个社会,重新审视了我自己,在他们之中有很多比我年纪还小的孩子,有一个男孩肩膀都晒得爆皮了,他们有的人手臂上有很多伤疤,不知道他们曾经吃过多少苦。有这样的一个男孩,很认真地填好了问卷,还自己认真地检查了一遍,又让我检查……这些我的同龄人,在他们不同的脸上我总能捕捉到相同的神情,那就是沉默冷静,同时也充满了一种不易察觉的无奈。

——调查员 LSY-5

他们单纯,相信这个世界的美好。一个四川的90后男生,问我是不是骗子,我说不是,他相信我。他还没有找到工作,一个人坐在西站广场中央,说想思考思考,也许回去,也许留在北京。后来他告诉我,在我之前,有个女孩带着她"母亲"说缺4块钱就能够路费回家了。他给了她10块钱,可是没一会儿,她又找别人要钱了。他有点生气,"西站骗子太多了"。说完,又认真地给我填写问卷。同样有过被骗经历的也是四川的一个女孩,她也给别人填过调查问卷,但被要求交50块钱。她傻傻地就把钱给了,后来被她姐姐骂了一顿。但是,她相信我。看着她那清澈的眼睛,我在想,在这样花一样的年龄,放弃学业,承担起家庭的重担,她经历过的艰辛,是我难以体会的。

——调查员 LXP-1

进站口,一个瘦弱的女生,身着靓丽的服饰,蹲坐在护栏的旁边,眼睛盯着公路,偶尔抬起头来,看看周围的人。当我请她做完调查问卷的时候,距离她上车时间还有八个小时,她是一个人回家。其实我们看到的,也许是他们比较光鲜的一面。因为要回家,所以都穿上自己比较好的衣服,以期不让家里人知道他们的工作是如何的艰辛、如何的难过。可是,他们的真实工作是不轻松的。

——调查员 LXP-2

西站广场上的快餐商场的工作人员——一个爽朗的山东姑娘,带着愤怒,用力地在问卷上写下公司的名称。当她让同事们也写下这个公司的名称时,那些人你看我,我看你,默不作声。他们好似已被驯服的野山羊,忘记了原本的自由和被囚禁的痛。他们的工作不允许请假,请假还会被扣很多钱。做完问卷后,他们围着我,问我是哪里人,唠唠嗑。我只不过是个过客,在他们的生命中出现不到半个小时,但仿佛我带给他们希望,一个渺茫而又微薄的希望。

——调查员 LXP-3

在西站的天桥上碰到一群被工厂欺骗的80后工人。他们工作了十多天,却没领到工资,主管以各种理由克扣,最后没拿到一分钱。他们想回家,再找工作,不想再到北京来了。我问为什么不去一起把钱要回来,他们摇摇头,又低头继续认真地填写问卷。我不知道,这其中有多少的无奈,而仅凭我现有的能力却无法帮到他们……这样的农民工群体有着共有的特点:文化程度低,基本不从媒体获取信息,不懂法律;所在的单位多为私营,且没有合同的保障。在这样的状况下,他们的生活过得简单而重复。

——调查员 LXP-4

建筑工人中大多是60、70后,少有80、90后的人愿意做这项工作,但我碰见一个22岁的男生。他一脸的腼腆,低着头填写问卷。我忍不住问他为什么不上学,他抿着嘴,嘴角上扬,用无声的语言告诉我答案。

——调查员 LXP-5

一个是1994年出生的女生,每天面对进进出出的旅客和香烟。她说她学习不好,不想上学,就早点出来赚钱了,稚嫩的脸上带着她这个年纪不该有的成熟。

——调查员 LXP-6

做调查的时候,我最常被问到的问题是:这个有什么用啊?的确,这个有什么用啊?他们花费四五分钟的时间,更多的是帮我们完成了一份问卷,未完成的问卷数目在一次次减少。可是,对于他们的生活呢?也许一点变化都没有。他们的提问,一个个字都敲打在我的脑门上,我很难想象,每天工作10个小时以上,没有奖金、没有加班费、没有保险,在一个不属于自己的城市,苦苦挣扎,是怎样的难过?有一个给我填问卷的男生,在我浏览问卷的时候,他很是突然地对我说:"生活就是这样,面对现实吧。"然后,又望向在他面前走来走去的人们。

——调查员 LXP-6

五十份冰冷的数据背后,却是一个个无助、迷茫、质朴、渴望安定生活的真实的人。他们有自己想过的生活,可是事实却远不是他们想要的那样。

——调查员 LXP-7

成寿寺附近的建筑工地上，我们在中午吃饭时进行调查，本来时间选得正好，几个农民工已经在接受我们的采访，但没有想到包工头出来了，看到那几个新来的农民工不去干活就大吼了一声，他们就吓得赶紧丢下问卷跟包工头走了。

——调查员 TXX-1

在调查过程中，我们也遇到了很多好心人士……有的是很有政治见解的大哥大姐，填问卷时，给我们讲自己对于当今社会的一些看法，说得十分激动，以至于延长了采访的时间。

——调查员 TXX-2

好多人看着又像学生又像打工者的，根本分不清。走过去一问，人家把手摆摆，压根儿不愿意填。其实，我真觉得有些人肯定就是打工者，但不配合。有一次，我走过去还没开口，那个女生就直摆手，用一种很是冷淡加鄙视的眼神看我……只好在心里默默吐槽，我长得这么像骗子吗？我的眼神明明很真诚！

——调查员 XXL-1

有次遇到的人还蛮好，她们愿意帮忙，但是文化水平不够，小学都没上过，所以没办法填问卷，挺可惜的。我一直觉得现代社会，完全不识字的文盲基本应该没有了啊。

——调查员 XXL-2

遇到一位憨厚的保安大哥，好心愿意帮忙，但是明显感到小心翼翼，他文化程度有限而且不愿看文本，所以一边念，一边跟他再三解释。后来一个问题我追问了几句，他就很警惕地不说什么了。正好有人找他，我们希望他能做完，他可能害怕说多会引来麻烦，就说什么都不愿再做。

——调查员 XY-1

第三章 新工人的劳资关系诉求与媒介行为特征

在一家汽车修理厂，首先问的那个师傅说什么都不做，指着另一个在忙活的说："你去找那个人吧，他是刚从学校出来的。"果然，这个师傅一听是学校做研究，就二话没说开始答卷，我留心看了一下，他的文化程度一栏勾的是"中专"。文化就好比是宗教，人一旦懂得，就会成为它的信徒；不信它的，什么宝贝经文都是废纸。

——调查员 XY-2

实际上底层劳动人民都是很善良的人，只是由于缺少知识，才对当代文明手足无措……我遇到的，都是太善良淳朴的人了，却做着最辛苦的工作，手中没有知识和资本这两张入场券，他们的命运就只能听凭驱使。

——调查员 XY-3

到了工地，已经开始对受访者解释题目，这时候工头出现了，看见他们在做问卷，皱着眉看了我一眼，冲他们吼："做问卷，做什么啊做？！"然后那几个工人就乖乖地跟着老板上楼了。

——调查员 XY-4

在工作地点发问卷虽然目标群体很精准，但是不大现实，因为没有时间接受调查，特别是劳动强度比较大的人。一则他们文化水平不高，对不擅长的文字有天然的排斥，二则每天要出卖相当时间的劳动力，三则他们觉得说不定会引来什么麻烦，特别是在工作地点进行。他们只是想能有工作，能赚到钱就够了。

——调查员 XY-5

初出茅庐初来乍到的 80 后进京务工人员，因为对这个社会有太多的不懂，所以特别容易受伤害，受到伤害又不懂如何用文明世界的烦琐公式去保护自己,有时候甚至连伤害的原因都找不准,被人蛊惑受人利用。

——调查员 XY-7

鉴于问卷本身的性质,窃以为只有对高中文化及以上水平的受访者才算有效,而他们也普遍做着比较轻松舒适、受侵害风险较小的工作,如食堂或餐厅服务员等,属于80后进京务工人员中的"小资"了,但他们只是整个群体的一部分……有很多受访者,直接就告诉我:"我不识字。"或者看见问卷就直接摆手:"我做不了这个。"这在女性受访者中体现的更多,女性一般没有男性勇敢和自信。男性很多问题不明白也要填,而女性受访者顾虑更多,还怕会被我们骗。

——调查员 XY-8

做调查时路过东直门,顺便拜访了我去年暑假打工的地方——一个相当有名的卖烤鱼的餐厅,里面所有的服务员已全然换了陌生的面孔。这里服务员工资1500元/月(我去年在这儿的时候,暑期工工资是1300元/月——更主要是因为中介介绍来的),包吃住。不过,我这次去的时候,住的地方已经从原来的地方搬到了地下室。条件没差多少,上下铺,下面铺的是地板砖,有洗衣机和电视,还是有点挤。还好,几个"老人"还在:去年新来的经理小张,两个领班已经升为主管,一个服务员升为领班,两个清扫的阿姨。除此之外我再不认识其他人了。新来的服务员中也有几个是暑期工,有一个和我去年一样,也是将升大二的学生。这里工作的氛围很好,没有人摆架子,大家见面都会打招呼,有时也会一块出去玩;可是工资太低,工作也太累,一天12个小时,且都要站着。我们服务员是负责点菜的,可常常也要帮忙撤盘、收拾桌子。在这里,服务员点错菜要自己赔;菜单丢了,该区的服务员摊赔;离职时还回的衣服有污损要赔;小小的工牌丢失了要赔;员工手册丢了也要赔(去年我就很不幸丢了这个,结果离职的时候赔了50元;和我同去办离职的一个同事忘带工牌,赔了5元)。

——调查员 YJT-1

去一个表妹那里,她在一家工厂工作。不过由于时间不凑巧,加上工厂管理太严格,始终不曾进去,只在她宿舍歇了一晚,并仅让她填了一份问卷。她们一天工作14小时,从上午8点到晚上10点,一致的反应是伙食极差、宿舍里蟑螂多。我去的时候,一个和我同龄的女孩因为胃炎请假输液,输完液她在厂房门口等宿舍开灯,下班后宿舍才会亮灯。我也一直在等表妹下班,当时门口的风很凉,第二天早晨回去后我就有点感冒。工厂给我的感受是很沉重,那里大片区域都是工厂,我表妹所在的是羽绒服厂。我想如果我在里面上班,大概会长时间地思维停滞。这时我才理解《摩登时代》里的主人公为何会精神崩溃了。

——调查员 YJT-2

特别是一群年龄比较小的男生一起来北京打工的,他们一听到是大学生做调查,就会觉得有些荣幸的感觉,可能是因为读书少,很羡慕大学生,又加上是女生,他们就会比较热情地帮我填写。

——调查员 ZJW-1

在调查中,有过维权经历的农民工多数是建筑工人,并且是年龄相对大一点的,工资比较高的。比较注重工作环境的多为小女生,工资在2000元以下的,多为90后,但是包住宿。

——调查员 ZJW-2

如果是年龄相对而言较大的(1980—1985年),他一个人时,你可以去尝试让他填写,拒绝的概率不大。如果是两人以上,就不要抱太大希望了。出生在1987—1995年的,不论是一个人还是群体,一定要热情,想各种方法让他们一起为你填写,相对而言他们是比较喜欢给你填写的。调查女孩时,如果她是一个人,那你去调查她,她是比较愿意填写的,可能是因为女孩自己一个人,心里没有安全感,你去调查她,无形中她身边多了一个人,虽然是陌生人,但并不具有威胁性,还可以陪她一会儿(个人想法)。群体女生,岁数大的会问一下,不抱大希望,岁数小的比较愿意填。

——调查员 ZJW-3

从受访者对问卷的反应来看,1980年后出生的外来务工人员又大致可以分成两个群体——80后群体和90后群体,这两个群体在媒介素养和受媒介影响方面表现出很大的差异。80后群体通常在自己十五六岁的时候就离开家乡外出工作,这一群体的务工人员受大众传媒的影响和对大众传媒的态度与他们的父辈没有太大差异——普遍表现出信任传统媒体,如电视、报纸,而对新兴媒体如手机、互联网接触相对较少。当然这也和80后主要从事的工作有关,我访问到的80后务工人员多是建筑工人,他们的工作时间和工作强度不允许他们更多地深入地接触其他媒体。而90后的务工者则表现出明显不同的媒介素养,比如他们更多地通过手机、互联网获取信息,他们也会使用智能手机,并且更容易对获取的信息产生怀疑等其他态度。

——调查员 ZZB-1

他们对于大众传媒信息的接收普遍表现出被动性,较少主动去获取信息。所以,站在他们的角度考虑,手机报、短信链接、宣传手册等或许是有效的传播途径。同时,现在大众传媒因为商业目的,较少有紧密联系农民工的内容,而他们的需求又客观存在,所以建立农民工专属的媒介渠道很有必要。

——调查员 ZZB-2

在我自己的调查中,接触到很多00后,他们现在正值青春年少,最早的一批刚小学毕业,在经过三年的初中生活以后,他们就将面临人生的第一个重要选择——是继续读书还是外出务工。哪些因素会影响他们的选择?

——调查员 ZZB-3

上述调查员田野笔记的摘录,是他们在此次调查中的经历、见闻、困惑以及思考,大致反映了以下三方面的问题。

其一,新工人的群体特征。他们兼具"代际"和"阶层"的特质。"年轻"既是"代际"的标准反映,亦是"阶层"的重要表征;"受教育程度"作为关键变量,对阶级秩序再生产有着重要影响。受限于父辈的资源,他们中的大多数人,在校求学时间不长,未及成年便会外出务工,成为新兴的劳动力;相对较低的学历水平,又使他们的阶层地位近乎固定,难以超越父辈的命运,因而显现出对未来的迷茫以及无奈。

其二,新工人的劳动状况。整体而言,他们依然生存在"传统的农民工生产体制"之中,工作收入不高、工作环境欠佳、劳动时间过长、劳动保障缺失,以及繁苛的"工作规范"和严密的人身控制,使得他们处于劳动关系的最底端。遭遇劳动侵权,囿于制度设计缺陷以及自身能力不足,他们很难近用制度性的利益表达渠道,往往不能有效维权。均为新闻学专业背景的调查员,理想主义情怀尚存,对媒体的"社会守望"功能有所期待;但是,直面调查对象的维权困境后,理论和现实之间的差距乃至断裂,使得他们几乎不约而同地怀疑媒体对弱势社群的意义何在。

其三,新工人的媒介行为。因教育水平和工作环境之故,他们较少接触传统媒体,手机以及移动互联网成为其主要信息来源和社交渠道,但是技术发展并未弥合知识鸿沟,他们媒介素养水平总体上看相对很低,认知固然有限,行动更加罕见。何以出现此种"知行皆不足"的状况?笔者进一步的访谈显示,"教育程度"的重要影响再一次显现出来,大专及以上学历的受访者,方有相对清楚的媒体认知、相对积极的媒体参与意向,以及曾经有过质疑媒体信息、利用媒体维权的经历。

五、媒介接触与劳资关系:传播赋权的可能性

新工人的劳资关系状况,不同渠道多有反映。观察机构行为,除国家统计局每年发布的农民工调查监测报告外,工会系统也发布了不少调研报告(全国总工会新生代农民工问题课题组,2010;深圳市总工会,2010;四川省总工会,2011;等等)。概言之,存在的问题主要有:工资收入水平较低、劳动权益受损问题突出、劳资关系中缺乏话语权、职业选择及发展的空间逼仄、教育程度和职业技能水平待提高。也就是说,他们面临生存和发展的双重困境。新工人的媒介接触行为,相关论文为数不少(郑素侠,2010;周葆华、吕舒华,2011;周葆华,2013;何晶,2015;等等)。概言之,大致存在三点共识:对新媒体的接触频率高于传统媒体;新媒体使用主要以人际交往和休闲娱乐为主;农民工群体的媒介素养水平不容乐观。

但是,既有关于新工人的研究中,有一个问题很突出——或聚焦劳资关系状况,或探讨媒介接触行为,未能将二者进行有机的、具体的联系与分析。只有少数例外,诸如李红艳(2011)通过对北京市海淀区肖家河社区新生代农民工的问卷调查(N=300),发现:由于在社会信息传播过程中存在"信息洞"(Information Holes)问题——"社会信息系统的传播链条中,传受双方的交互缺位和社会角色期待的差异而造成的信息缺失",新生代农民工在就业信息获取渠道中存在"断裂现

象"。对大众媒体提供的就业信息的不信任,以及农民工管理组织信息传播的缺失和断层,使得他们在城市的就业中仍然选择单一而传统的获取信息方式——"依赖人际传播的关系网"。此外,主要是分析新工人如何利用 ICTs 技术构建社会网络,从而对求职、维权等有所助益。这在前述"权力关系中的媒体与弱势社群利益表达"一节中已有关注,此处不赘述。

在笔者目力所及的范围内,关于媒介接触行为与劳资关系状况二者之间的关系,汪建华的研究(2015)较为系统。他通过在珠三角地区五个城市(广州、深圳、东莞、佛山、中山)的访谈和参与式观察,对新工人日常生活领域中的"信息工具"在其集体抗争行动发展中的作用进行了翔实的分析。他提出:都市消费主义和现代信息媒介广泛渗入新工人的生活,逐渐改变了其信息视野、关系网络、身份认同和发展定位。工人的生活形态与抗争类型之间虽非"完全严格的对应关系",但存在较强的关联。当"生产政体"为"准专制政体"时,老一代多是以"地缘—同事关系为基础的底线性抗争";新生代则多是以"同事—同学关系为基础的增长性抗争"。具体而言,新工人倾向于借助现代信息技术,逐渐摆脱"前工业时期的乡土关系",转而致力构建一种"更为开放的业缘关系"。在新工人的集体抗争中,互联网的运用,不仅"为社会自组织力量的相互支持开辟了空间",而且"为工人更广泛的集体经验和记忆的形成提供了可能"。

上述这项研究富有启示意义,不过鉴于其主要以代工厂的产业工人为研究对象,因而新工人的媒介接触行为与劳资关系状况二者关系的问题,还需进一步探究。综合分析本次问卷数据、田野笔记、深度访谈以及其他二手资料,本书有一个初步的概括性结论——"不一样的媒介接触,不一样的劳资关系",二者之间呈正相关:新工人的媒介接触行为越积极和能动,就越有可能获取媒介资讯和利用媒体表达以改善劳资双方关系。

观察新工人的媒介接触,手机的普及率相对最高,且拥有智能手机的比例日益增加,对其日常生活具有重要影响。此点正如邱林川所言(2013:134)——"中低端信息传播技术普及之后,网络新媒体与传统社会关系重叠而成的传播状况已不再是纯粹的交流工具,它已和就业、居住状况一样,在最根本意义上影响着中下阶层流动者的工作和生活。"通常,手机的使用动机大致可分为5类——联系亲友、休闲与娱乐、维护亲情、新闻与资讯、意见分享与讨论。综合此次调查以及相关研究,我们发现新工人日常的手机使用范畴基本停留在前三项①;如果他们能在后两项上更有作为,如利用手机(含移动互联网)寻求维权知识、分享劳资信息、学习谈判策略、进行集体动员等,便有可能提升自己在劳资博弈中的议价能力。

在2014年"广东东莞裕元罢工事件"中,工人便以QQ群作为沟通和组织活动的信息平台。据《凤凰周刊》记者的观察(赵新宇,2014),"工人在现实中没有自己的组织,所以他们对联络、协商和组织资源的渴求,使其转战网络,他们建立的QQ群非常饱满地展现了所思所想"。行动之初,罢工现场发生任何事件,消息和图片在第一时间就会被发到群里;任何媒体对罢工做了报道,无论中文抑或外文,都有工人转到群内,并号召大家去给门户网站相关报道评论"顶帖"。对此,英国记者Paul Mason(2014)撰文分析,认为:中国的农民工积极利用QQ、微信等社交网络,正从"苦役者"转变为"数字时代的反叛者"。

新工人能否进行积极和能动的媒介接触,与其媒介素养(media literacy)水平密切相关。媒介素养一般包含两个维度:媒介信息处理,即公众如何处理所接触的媒体信息,尤其指向是否具有质疑反应和批

---

① 这与大学生群体形成对比,一项针对3528位大学生(平均年龄为20.73岁)的调查发现,尽管存在地区差异,但是整体而言,他们使用手机的动机依次为"联系亲友""休闲与娱乐""维护亲情"和"意见与讨论分享";"新闻与资讯"尽管所占比例相对低,但也是比较重要的选项。具体可见陈忆宁等:《手机使用动机与手机新闻收视的关联性分析:上海、香港、台北与新加坡的比较分析》,《传播与社会学刊》2014年总第27期。

判意识;媒介参与意向,即公众能在何种程度上介入媒体内容的生产和创造。周葆华、陆晔(2008)通过对北京、上海、广州和西安2409名市民进行随机面访调查,发现:在描述层面上,他们对媒介信息的批判思考和对媒介生产的积极介入,均处于偏弱水平。公民的政治与公共事务兴趣、开放型的人际讨论模式,对其媒介信息处理能力和媒介参与意向均有显著的正面影响;网络新闻和海外媒介的使用对媒介信息处理能力有重要贡献;更高的媒介信息处理能力也预示着更高的媒介参与意向。参照这一研究结论,我们基本可以判断:相较市民群体,农民工群体的媒介素养水平更是偏弱。当然,现实的情形能够支撑此判断。

如前述积极利用QQ群的裕元工人,根据记者手记描述(赵新宇,2014),可以发现:个别工人媒介素养水平较高,但整体而言也不过如此。

> "中国的媒体有中国特色,他们讨厌'文革',所以使用'文革'时代相关的口号和方法,媒体是不会支持的。"一位被众人认为了解媒体的工人,这样分析罢工中应选取的策略。不仅如此,另一位同样被认为"见多识广"的工人,还努力为自己的工友分析应当联系哪里的媒体,为了减少多次重复的劳累,他把自己创建的群名修改为"省内媒体不可靠"。
>
> 不过绝大多数工人还是缺乏对媒体的了解,正如他们对中国媒体政治谱系的划分一样,臆测多于考察。他们会把门户网站转载的新闻视为这家网站自有的报道;当腾讯大粤网将罢工新闻放到头条时,他们欣喜若狂,误以为腾讯把他们的事情当成全国性头条新闻在报道。工人们搜罗了一大串媒体和中央机关的联系方式——当然基本都是假的——还是有工友一个接一个拨了过去。

我们此次调查的540名新生代农民工,其媒介信息处理能力和媒介参与意向也是相当弱,在一定程度上影响了其对劳动权益的维护。对此,有调查员在田野笔记中做过分析。

> 他们大部分人都不读报纸,不听广播,电视也很少看,接触比较多的是网络和手机。媒介素养跟他们的文化水平挂钩,有大专文凭的农民工,他们对大众媒介的接触较多,媒介素养也较高;而很多只有小学文凭的农民工,他们通常只跟手机接触,对于新闻等各类信息完全不关心。还有一类人,他们比较有想法,生活态度很积极,对各种保障自己权益的法律很熟悉,对于大众传媒也有自己的见解,但在运用大众媒介保障自己权益这个方面,很少有人会去应用,他们觉得这个途径较难,也没有什么用。
>
> ——调查员 LJL-4

如何提升新工人的媒介素养水平,便成为一个有迫切意义的问题。对此,郑素侠(2013)进行过有益的探索,提出:政府、高校、媒体和公益组织等多元行动主体相互协作,以开展农民工媒介素养教育,并编写《农民工媒介素养教育简明读本》。不过,就目前所呈现的内容看,其设计的实施思路和方法失之简单;我们需要在现实的政治经济结构下,进一步寻求可行的进路。孙皖宁认为"媒介素养和政治意识"之间存在辩证关系,——有了政治意识,方有可能有效地使用媒介为其赋权;因而提出"数码政治素养"(digital-political literacy)概念,以描述技术素养和政治意识之间相互建构并影响的关系(2014:178—181)。笔者认同这一观点,探讨媒介素养水平问题的确需要避免技术和经济的简单决定论。

因而,卜卫、邱林川等学者倡导和实践的"行动传播研究"相对更有启示意义。卜卫(2014)提出:"能力建设"是行动传播研究的一个突出特征,即"促进边缘群体文化传播的行动能力"和"参与社会能力"的过程;其基本形式是举办"传播倡导工作坊"。强调能力建设,不仅在于它提供了一个平台交流经验和提高传播能力,更在于这同时是一个"集体建构知识和生产知识的过程"。在具体研究中,他们与各类社会组织合作,开展工人影像培训、工人读报兴趣小组、留守儿童/流动儿童记者媒介参与工作坊等多项活动,并积极参与工人团体举办的劳动文化论坛、新工人文化艺术节、"打工春晚"等实践。邱林川(2015)翔实地介绍了一项行动传播研究——在深圳工业区举办工友新闻兴趣小组"南方两周末"。这项活动主要利用参与式行动研究和公民新闻的工作方法,具体活动包括剪报、座谈、新闻采编等多种丰富的"工民新闻"形态,以追求实现传播赋权目的。这项探索性研究,为期两年零一个月,尽管受制于宏观经济社会条件和人口流动的影响,以及不同性别、背景的影响,赋权效果"总体仍很有限",但是由于重视工人的主体性,参与的工友在"批判媒介素养"和"发展新闻学实践"两方面均得到进展。

此类尚方兴未艾的行动传播研究,笔者认为其意义主要有两点:一是研究者"认识世界"与"改造世界"并重的理念和情怀,二是研究中贯彻的"对话式传播赋权"(dialogic communication empowerment)方法思路。具体到提升新工人的媒介素养水平以改善其劳资关系境遇问题,首先应积极行动起来,以人为中心,尊重新工人的主体性,通过扎根社区了解他们的具体需求;其次应倡导互动参与,相互分享源自不同背景的知识和行动经验,根据实践不断调整行动方案。如此,方有可能实现一定程度的传播赋权。此外,需要强调的是,"赋权"是一个解放性的概念,包含着"抗争性与建设性"的双重含义;赋权实践可划分为个人、社区和社会等不同层面,彼此相互影响与作用,从而呈现出一个"多层次结构"——心理赋权、组织赋权、社会赋权。因而,在评估传播赋权效果时,我们应注重整个行动过程,从个人、组织、社区多个层面,以及区分参与式研究者和不同背景研究对象,进行全方位的衡量。

第四章　主流媒体的作为：基于新闻框架的考察

关于何谓主流媒体，存在不同划分标准。此处"主流媒体"是指建制内的媒体，其最重要的特征是：在价值观上与执政党意识形态保持高度一致。它们的首要任务是"必须坚持党性原则，牢牢把握正确舆论导向"。2008 年 6 月 20 日，在《人民日报》创刊六十周年之际，国家主席胡锦涛视察人民日报社，其讲话中对主流媒体肩负的任务进行了具体阐述——需要"牢固树立政治意识、大局意识、责任意识、阵地意识，把坚持正确导向放在新闻宣传工作的首位，坚持团结稳定鼓劲、正面宣传为主，唱响主旋律，打好主动仗，更加自觉主动地为人民服务、为社会主义服务、为党和国家工作大局服务。要增强政治敏锐性和政治鉴别力，严格宣传纪律，做到守土有责，在重大问题、敏感问题、热点问题上把好关、把好度。"如本书"绪论"中所述，梳理 2002 年中国共产党第十六次全国代表大会之后的官方文件可以发现，当前中国的劳资利益协调机制已在型构之中，主流媒体在其间的利益表达与协调功能也被强调。新工人的劳资关系治理，是转型社会的关键议题，那么主流媒体在其间的作为如何？本书①拟以"媒介话语权"为核心视角进

---

① 本章因涉及与既往相关研究对话，在行文中会多处使用"农民工"/"新生代农民工"称谓。需要强调的是，正如我在第一章所述，用"新工人"（New Workers）指称这一群体，尤其是当中的新生代，会更为准确和中性。

行分析。在现代社会中,媒体表达是利益表达的一种重要实践形式;媒介话语权则对媒体表达能否以及在何种程度上实现有相当影响。

一、媒介话语权:不同代际新工人面临的共同问题

作为弱势社群,农民工群体在制度化的利益表达机制中相应弱势。尽管与传统农民工相比,新生代农民工代际特征突出,不过,新生代农民工问题仍然是传统农民工问题在新阶段的延续、体现和发展,类似社会境遇导致了一些共同的基本问题。话语权问题即属于此类。转型期中国的社会话语系统,呈现出与社会整体结构相应的断裂与失衡特征,弱势社群话语通常湮没不闻。主流媒体在理论上应作为公共话语空间,但政治、经济、文化资源的贫乏,致使传统农民工群体在其间往往处于被排斥的境地,其媒介话语权状况可被视为"整体性失语"。

与传统农民工群体相比,整体而言,新生代农民工群体的媒介接触频率、媒介使用能力和媒介素养水平均有提升。相较于前者的"整体性失语",后者的媒介话语权处于何种状态?如果依旧是不容乐观,可行的改善途径何在?新生代农民工群体在我国经济社会发展中的作用日益突出,媒介话语权的现实状况直接关系其劳资关系诉求能否表达以及表达是否充分,不仅影响该群体价值与尊严的实现,而且对维护社会的动态稳定至关重要。

媒介话语权是本书的一个核心词,应当进行明确界定。此概念的重心是话语权。作为近年来使用频率很高的热词,话语权的内涵其实并不明晰,至少存在如下多个表述:(1)"公民话语权是指公民享有的表达话语的权利,即公民所享有的表达其利益、意见与思想的一种言说权利或行为权利,每个公民不论身份、地位、收入、民族等,都平等地享有话语权,在法律范围内,任何人都不能剥夺、漠视公民的这种表达话语的言说权利或行为权利"(李水金,2009:30)。(2)"从社会学的

角度来说,话语权是指公民有就社会公共事务和国家事务发表意见的权利,是一种表达权和参与权的体现"(潘飞南等,2009)。(3)"话语权,是指在特定的社会情景下掌握对社会行动及其相关规则的言语规范的权利"(陈成文、彭国胜,2006)。(4)"媒介话语权是指公民运用媒体对其关心的国家事务与社会事务以及各种社会现象提出建议和发表意见的权利"(周春霞,2005)。(5)"话语权即控制舆论的权力,是指信息传播主体潜在的现实影响力,更大程度上体现的是一种社会关系"(郑艺,2012)。这些表述明显不同,一个显而易见的差异是:话语权的实质指向究竟是权利(rights)还是权力(power)?

对此,笔者主张:与作为公民基本权利的表达权不同,话语权的实质指向应是权力。权力是社会科学的一个基本概念,在众多定义中,安登尼·吉登斯(Anthony Giddens)的表述很到位——"权力是社会体系构成因素中的一个","它"植根于人类行为的本质之中",是一种"能够对一系列既定的事件进行干预以至于通过某种方式来改变它们"的改造能力(转引自郎友兴,2002:79)。因而,可作如下界定:"话语权"是指个人或群体能够自主表达其利益、意见和思想,从而对其他个人或群体产生影响的能力。它反映了在社会话语系统中个人或群体话语表达的实际地位、拥有的话语表达资源,以及其话语表达的潜在效果。相应地,"媒介话语权"是指个人或群体运用媒体自主表达其利益、意见和思想,从而对其他个人或群体产生影响的能力。

上述的概念阐释受到米歇尔·福柯(Michel Foucault)的话语—权力理论影响。他在学术生涯的不同时期对"话语"进行分析时采用了两种相异的基本模式(谢立中,2009:236)——"知识考古学"和"权力谱系学",前者突出强调了"话语的自主性和建构性",后者则特别强调"话语和权力之间的关联性"。在后一研究模式中,他提出了一个影响深远的观点——在现代社会中,权力和知识之间是相互渗透和相互建构的。话语权蕴含了极为复杂的权力关系——"话语意味着一个社会团体依据某些成规将其意义传播于社会之中,以此确立其社会地位,并为其他团体所认识"(转引自王治河,1999:159)。因而,话语与权力密不可分,权力需通过话语实现;话语不仅是施展权力的工具,而且是掌握权力的关键。

目前国内学界关于农民工媒介话语权的研究,基本上皆是在将其视为弱势/边缘群体的框架内进行。纵览已有主要研究文献①,可以发现它们大致聚焦于以下三方面的问题。

其一,呈现农民工群体话语权的现状和由此所导致的问题。农民工基本被描述为一个沉默的、失声的、被剥夺的、被边缘化的阶层。卫夙瑾(2004)通过分析所谓农民工"跳楼秀"的报道,指出:"在媒介话语中,他们总是处于被动,其主体地位在无形中被剥夺了,其话语空间在无形中被侵占了……他们的话语被限制、被扭曲、被推向社会的边缘。"农民工群体话语权的缺失,一般均被认为会加剧其生存困境。林莺(2007)指出:农民工在相当长的历史时段内都是"显性弱势群体";而弱势群体之所以"弱势","从本质上讲,是由于其'话语权缺失'造成的"。这一表述虽有绝对之嫌,但群体的强/弱与其话语权的充足/缺失之间的确存在一种相互构成关系。徐建丽(2012)认为:农民工的长期"失语"状况,使其难以表达自身利益诉求,以致城市社会不仅对该群体的困境缺乏关注,有时"甚至将其视为生存与发展资源的争夺者和麻烦制造者"。

其二,分析农民工群体话语权缺失的原因。农民工的失语现象不是偶然的、孤立的,而是制度性缺陷的必然产物。陈成文、彭国胜(2006)从社会学的视角分析农民工的"自生性失语、信息贫乏性失语、制度缺陷性失语和文化垄断性失语"四种具体状况后,指出:"从根本上说,农民工话语权的丧失,是制度性缺陷所造成的严重失衡的二元

---

① 有些文献从标题看是在论述农民/农民受众/农村弱势群体/弱势群体等的话语权,但从行文来看其实将农民工群体包括在内。

经济社会结构的必然产物。"具体到他们的媒介话语权状况,则主要被归因于媒体的作为不够。拥有书写权力的媒介对弱势群体的忽视,源于它们扮演着"体制内的宣传者"和"市场经济下的盈利者"两种角色(杨慧琼,2007)。在政治制约和利益驱动的共同影响下,"强市场取向"的媒体虽然相对更能动地关注农民工议题,更多提供利益表达空间,但是离"为弱势社群代言"的目标尚有距离(李艳红,2007)。此外,农民工群体的媒介素养水平低也普遍被认为是原因之一。周春霞(2005)认为:"吸收和运用媒介信息能力的低下导致农村弱势群体没有主动争取话语权的观念和积极性。"

其三,探讨该群体话语权的保障路径。多数论者都认为农民工群体应提升整体素质尤其是媒介素养,以争取实现话语权的自我回归,但亦存在不同观点。李争鸣(2012)强调:"中国社会霸权话语的建构是真正导致农民失语的最重要原因之一。这与农民素质无关,因为当今的农民素质足以使他们表达自己的诉求和言语。问题是霸权的话语剥夺了农民的言语场域和他们应有的空间。"所有的论者均存在一个共识:政府干预、制度保障和媒体支持,是农民工群体实践话语权的有效途径。典型观点如孙立平(2003:68—69):"涉及弱势群体的利益的时候,往往要靠政府和大众媒体来为他们说话,他们自己的声音是很微弱的。"具体到媒体的作为方面,均强调传媒应实践公共性,构建农民工群体的媒介话语表达空间。典型观点如李颖、庹有光(2007):"为农民分发'扩音器'""为农民说话"以实现平等话语权。

本书尝试通过考察新闻框架进行内容分析,以测量新工人媒介话语权的具体状况。按照新闻架构分析理论的基本观点,框架是"位处特定历史、经济、政治坐标点的社会个体或团体达成其特定理解或意义所遵循的认识和话语的组织原则"(潘忠党,2006)。对于媒体而言,新闻框架是它们"认知、诠释和呈现当中的稳固模型,也是选择、强调和排除的常用规则"(Todd Gitlin,1980:7)。如何实证考察关于新工人的新闻框架？笔者认为可从以下四个方面分析相关新闻报道文本进行探讨。

其一，报道主题。构建新闻框架的第一步是选择主题。在一定时间范围内，新闻媒体对主题的选择会限定受众关注的焦点。本书将媒体对新工人的报道分为下列类目：(1)政府举措；(2)劳资问题；(3)日常生活；(4)教育培训；(5)婚恋家庭；(6)维权抗争；(7)城市融入；(8)精神文化生活；(9)违法犯罪；(10)先进典型人物；(11)政治参与；(12)其他问题。若同一研究样本中同时涉及不同议题，则选择其中相对最主要的作为主题。

其二，消息来源。消息来源或称信源，通常被视为构建新闻框架的重要变项。信源问题关乎新闻生产的公正与客观，能反映不同群体的媒介近用权享有状况，是衡量话语权的一个重要指标。此处，消息来源指新闻报道的线索提供者，包括组织以及个人。新闻报道文本有些会明确交代消息来源；有些虽未具体直接标明消息来源，但从其叙述中可以推知。本书将消息来源分为下列类目：(1)党政机构及其人员；(2)工会组织及其人员；(3)企业单位及其人员；(4)研究机构及其人员；(5)新生代农民工；(6)综合；(7)其他(包括匿名或不详)。若同一研究样本中出现不止一个信源，则选择其中占据主导地位的作为消息来源；若多个信息源的地位相对平衡，无法判定谁占主导，则视为"综合"。

其三，报道主角。它通常指在报道中要直接或间接加以突出和表现的个人或组织。此处，报道主角是指在报道中出现并被突出、被引用的人，或者那些被报道所刻画、所描绘的人。本书将报道主角分为下列类目：(1)党政官员；(2)工会人士；(3)人大代表/政协委员；(4)专家学者；(5)新生代农民工；(6)企业人士；(7)其他。若同一研究样本中出现多个人物，则选择其中最主要的作为报道主角。

其四，话语引述。新闻报道中对特定群体的话语引述，是衡量该

99

群体媒介话语权状况的一个重要指标。本书考察新工人的话语引述,将侧重于两个方面——首先,探讨话语是否被引述以及话语的倾向,简称为"话语态度",设置下列类目:(1)正面/满意;(2)中性/无明显的倾向;(3)负面/不满;(4)无话语引述。其次,引入性别变量,探讨话语引述中的性别分布状况,简称为"话语类型",设置下列类目:(1)只引男性;(2)只引女性;(3)两者皆引;(4)无法判断;(5)两者均无。在对此项进行分析时,还将具体统计男性/女性话语的引述人次。

社会和经济的不平等,必然会体现于文化和话语之中。因而,笔者认为:可将能否实现"主体性表达",作为衡量媒体报道弱势社群新闻框架优劣的重要标准。主体和主体性是理解这一概念的核心所在。主体标志着一种能动性的价值。"从价值角度看所谓的主体是指:在事物的关系网络中处于中心的地位,对其他事物起主导支配作用,具有自主性和能动性的存在者"(李楠明,2005:244)。主体性是西方传统哲学的一个重要概念,李泽厚在1979年出版的《批判哲学的批判》一书中将这个概念引入中国,引起当时学术界广泛的关注和争论。作为"中国走向现代化的一个重要问题",它与"公民社会"和"公共性"被认为是改革开放以来"中国思想史上出现的三个重要观念"(张法,2010)。人的主体性可被视为"人作为活动主体与客体相互作用中得到发展的自主、自觉、选择和创造的特性"(铁锴,2010:19)。它是人作为主体的根据和条件,表达的是人对世界的能动关系。主体性与人的自由和解放具有内在的一致性。人要成其为人,必须在现实生活中实现其主体性。

因而,本研究提出"主体性表达"概念,旨在强调话语表达能够彰显主体地位、反映主体意识、体现能动关系。在考察媒体对弱势社群的新闻报道时,可从上述四个方面进行具体分析,诸如是否报道他们最为关心的主题、是否以他们作为消息来源、是否将他们当成报道主角、是否引述他们的负面/不满话语,进而衡量弱势社群在媒介话语空间中是否实现了主体性表达。简言之,即是否自主、能动地表达其利益、意见和思想。

二、主体性表达缺失：主流媒体中的新工人图景

为整体上衡量新工人的媒介话语权状况，本研究进行了一次横截面的考察。其具体设计为：通过"百度新闻搜索"选择分析样本，忽略作为百度新闻来源的各类新闻媒体的属性，无意于对单一新闻事件、一家新闻媒体或是两类新闻媒体进行分析，而是旨在呈现模糊了媒体属性的总体情形。作为当前中国最常用的搜索引擎，百度的资讯来源多元，其中"百度新闻搜索"[①]涵盖了专业新闻网站和地方信息港、专业和行业网站、政府和组织网站、报纸杂志及广播电视媒体等众多新闻源，基本能够反映全国范围内主流媒体的状况。此外，与谷歌（Google）等其他搜索引擎相较，百度"强大"的过滤功能，正好契合考察"主流媒体"的研究题旨。

此次考察，选择分析样本的具体操作步骤如下：在百度搜索引擎中选择"新闻"，然后运用关键词"新生代农民工"搜索。关键词位置选择为"仅在新闻的标题中"；搜索时间限定为"2012年1月1日至2012年12月31日"。初次搜索结果：相关新闻24400篇，显示了750篇，其时间为2012年1月18日至2012年12月31日。进行二次搜索，时间限定为2012年1月1日至1月18日，其结果为：相关新闻214篇，显示80篇。两次搜索，共得830篇样本。按照研究目的，只选择有关"新生代农民工"（个人/家庭/群体）的新闻报道（含消息和通讯）作为分析样本，按照下列标准进行剔除：（1）非新闻报道文体，如评论、网帖等；（2）重复新闻只取一条；（3）图片、音频和视频；（4）无法打开的新闻。最终获得符合要求的新闻379篇，作为本次内容分析的

---

① 参见"百度新闻搜索"的主要新闻源列表，http://www.baidu.com/search/resources.html。

最终样本。

如上所述,此次考察从报道主题、消息来源、报道主角、话语引述四个方面进行类目建构。编码工作由笔者和一名课题组成员共同完成。在编码完成后,笔者对两名大三新闻学专业本科生进行相关训练,并在全部样本(N=379)中随机抽取了57篇让他们进行编码。两组编码者互为对方独立编码者(independent coder)予以检验,Scott pi 指数值显示上述主要变量的编码员间信度值(inter-coder reliability)的均值为84%,达到绝大多数内容分析要求。本研究采用SPSS for Windows 19.0进行统计数据分析。

1. 报道主题分布情况

如表4-1所示,"政府举措"(21.9%)、"城市融入"(19.5%)和"精神文化生活"(16.9%)是媒体报道新生代农民工最为常见的主题,三者报道量之和占总量的一半以上(58.3%);"劳资问题"的报道量居第4位(15.3%);关于"日常生活"(5.0%)、"教育培训"(4.5%)和"婚恋家庭"(5.0%)的报道比重颇为均衡;对"维权抗争"(1.1%)和"政治参与"(0.8%)的报道量明显偏少,两者之和尚不足2%。概言之,媒体对报道主题的选择为当前政策议题所主导①,未能充分按照不同主题的

---

① 2010年中央"一号文件"《关于加大统筹城乡发展力度 进一步夯实农业农村发展基础的若干意见》,提出了"采取有针对性的措施,着力解决新生代农民工问题,统筹研究农业转移人口进城落户后城乡出现的新情况新问题。"这一"城镇化"的解决路径,是目前关于新生代农民工何去何从问题,最为权威、主流的政策话语。2010年中华全国总工会"一号课题"的成果《关于新生代农民工问题的研究报告》,认为新生代农民工已成为农民工的主体并"必将成为产业工人的主体",作为"城市文明、城市生活方式的向往者、接受者和传播者",他们的务工心态与父辈相比,已有明显转变——"从过客心理向期盼在务工地长期稳定生活转变";提出"以新生代农民工市民化作为统筹城乡协调发展的战略目标"。该结论进一步强调"城镇化"路径的必要性。由于未进行具体的新闻生产考察,本研究虽不能明确断定媒体报道"受主流政策话语影响"的程度,但根据既往的相关研究(张志安,2008;田秋生,2009),可知:转型期中国的新闻生产受主流话语的影响甚深,处于宣传逻辑、新闻逻辑和市场逻辑的共同制约之中。"党管媒体"的原则以及市场运营的压力,即在权威政治和市场经济的双重治理下,媒体基本不会挑战主流政策。因而,此处提出媒体报道"受主流政策话语影响",是能够成立的。

实际重要性进行合理配置。譬如：关于新生代农民工的去向问题，学界存在两种不同的研究取向和解决思路——"城市融入"和"返乡调适"；从研究数量上看，前者占据了主流，"但后者无论在经验事实和理论分析上，都对前者构成了强有力的挑战"（储卉娟，2011）。新生代农民工到底何去何从，这是一个关乎中国经济发展模式的复杂问题，媒体在进行报道时，本应对二者都有所关注，但受主流政策话语影响，现有报道基本聚焦"城市融入"。

表4-1 2012年新生代农民工报道——报道主题分布

		频率（次）	百分比（%）	有效百分比（%）	累积百分比（%）
有效	政府举措	83	21.9	21.9	21.9
	劳资问题	58	15.3	15.3	37.2
	日常生活	19	5.0	5.0	42.2
	教育培训	17	4.5	4.5	46.7
	婚恋家庭	19	5.0	5.0	51.7
	维权抗争	4	1.1	1.1	52.8
	城市融入	74	19.5	19.5	72.3
	精神文化生活	64	16.9	16.9	89.2
	违法犯罪	6	1.6	1.6	90.8
	先进典型人物	9	2.4	2.4	93.1
	政治参与	3	0.8	0.8	93.9
	其他问题	23	6.1	6.1	100.0
	合计	379	100.0	100.0	

2. 消息来源分布情况

如表4-2显示，"党政机构及其人员"所占比重最大（54.9%），占总量的一半以上；"新生代农民工"、同一篇报道中多个信息源的地位相对均衡的"综合"状况、"研究机构及其人员"的比重分别为16.9%、

14.0%、7.9%,分居于第2、3、4位;而"工会组织及其人员"的比重在本研究所划分的7类消息来源中居于倒数第2位(2.1%)。概言之,消息来源分布很不均衡,依然是倾向于党政机构,但是与以往关于传统农民工的研究相比,新生代农民工作为消息来源的比重有较大幅度的提升,这是一个值得关注的新趋势。此外,"工会组织及其人员"未能成为关于新生代农民工报道的主要消息来源,从侧面反映了工会系统的现实作为与其目标计划尚有相当距离,各级工会应当"进一步加大组织起来切实维权的力度,增强对新生代农民工的吸引力和凝聚力"(全国总工会新生代农民工问题课题组,2010)。

表4-2 2012年新生代农民工报道——消息来源分布

		频率(次)	百分比(%)	有效百分比(%)	累积百分比(%)
有效	党政机构及其人员	208	54.9	54.9	54.9
	工会组织及其人员	8	2.1	2.1	57.0
	企业单位及其人员	11	2.9	2.9	59.9
	研究机构及其人员	30	7.9	7.9	67.8
	新生代农民工	64	16.9	16.9	84.7
	综合	53	14.0	14.0	98.7
	其他	5	1.3	1.3	100.0
	合计	379	100.0	100.0	

3. 报道主角分布情况

如表4-3显示,"新生代农民工"在报道主角中所占比重最大,达到36.7%,超过总量的三分之一;"政府官员"和"人大代表/政协委员"所占比重为31.1%、20.3%,分居第2位和第3位,二者之和占总量的一半以上;研究新生代农民工问题的"专家学者"也为媒体关注和突出,其比重为7.7%;而"工会人士"所占比重仅为1.6%,也从侧面反映了工会组织的弱势。需要强调的是,"人大代表/政协委员"中有相当比例的党政官员①,只是媒体在报道各级"两会"时更强调他们的人大代表或政协委员的身份。因而,"党政官员"所占报道主角比重其实超过了"新生代农民工";更何况,前者的总体数量远小于后者。概言之,在标题中含有关键词"新生代农民工"这一严格限定范围的报道中,"党政官员"依然是报道的绝对主角,其媒介话语权的强势地位突显无疑。

表4-3 2012年新生代农民工报道——报道主角分布

		频率（次）	百分比（%）	有效百分比（%）	累积百分比（%）
有效	党政官员	118	31.1	31.1	31.1
	工会人士	6	1.6	1.6	32.7
	人大代表/政协委员	77	20.3	20.3	53.0
	专家学者	29	7.7	7.7	60.7
	新生代农民工	139	36.7	36.7	97.4
	企业人士	8	2.1	2.1	99.5
	其他	2	0.5	0.5	100.0
	合计	379	100.0	100.0	

4. 话语引述分布情况

如表4-4显示,绝大部分新闻报道是"无话语引述"(57.8%);而存在话语引述的报道中,"正面/满意"话语占18.7%,"负面/不满"话语占14.5%,"中性/无明显的倾向"话语占9.0%。新生代农民工的话语引述情况直接反映了该群体的媒介近用和利益表达的状况,将近五分之三的报道"无话语引述",这说明他们缺乏近用媒介表达意见的机

---

① 本研究以2012年的新闻报道为分析样本。2012年是十一届全国人大代表履职的最后一年,这一届中党政官员所占具体比例,笔者未能找到准确数字。不过,可从侧面推出:2013年2月27日公布的2987名十二届全国人大代表中,党政领导干部代表1042名,占代表总数的34.88%,比上届降低了6.93个百分点。

会;"负面/不满"话语往往反映了改善现状的迫切诉求,而"正面/满意"和"中性/无明显的倾向"两类话语所占比重共为27.7%,几乎是其两倍,这说明他们利益表达的力度被限制了,因为通常"负面/不满"话语才会引发关注,从而实现利益表达效果。

表4-4　2012年新生代农民工报道——话语态度分布

		频率(次)	百分比(%)	有效百分比(%)	累积百分比(%)
有效	正面/满意	71	18.7	18.7	18.7
	中性/无明显的倾向	34	9.0	9.0	27.7
	负面/不满	55	14.5	14.5	42.2
	无话语引述	219	57.8	57.8	100.0
	合计	379	100.0	100.0	

如表4-5所示,绝大部分新闻报道中没有男性或女性的话语引述,"两者均无"的比重达57.8%;而存在话语引述的报道中(42.2%),除少数性别"无法判断"外(1.1%),"只引男性"话语的比重为22.7%,"只引女性"话语的比重为4.2%,"两者皆引"类型的比重为14.2%。因而,36.9%的报道引述了男性话语,18.4%的报道引述了女性话语,前者是后者的两倍。此外,本研究还具体统计了话语引述人次:在160篇存在话语引述的报道中,共引述了399人次。其中,性别"无法判断"6人次;男性294人次,占总数的73.6%;女性99人次,占总数的24.8%,仅为男性人次的三分之一。国家统计局的数据显示:新生代农民工群体的男女比例较为均衡,女性比例达到40.8%(新生代农民工基本情况研究课题组,2011)。由此,我们可以判断:新生代农民工的媒介话语权存在性别失衡状况,在一个相对弱势的群体中,女性更是处于弱势地位。

表 4-5　2012 年新生代农民工报道——话语类型

		频率（次）	百分比（%）	有效百分比（%）	累积百分比（%）
有效	只引男性	86	22.7	22.7	22.7
	只引女性	16	4.2	4.2	26.9
	两者皆引	54	14.2	14.2	41.2
	无法判断	4	1.1	1.1	42.2
	两者均无	219	57.8	57.8	100.0
	合计	379	100.0	100.0	

上述分析显示，报道主题方面，政策议题主导了媒体的选择，以致"维权抗争""政治参与"等反映社会冲突、公共治理的主题远离其视界；对"劳资问题"的重视程度也与其实际重要性不匹配。消息来源方面，则呈现出"标准化"现象——倾向于使用相对固定的精英信源，使得"党政机构及其人员"仍是最主要的消息来源。报道主角方面，亦呈现出相应的现象，以致"党政官员"的实际比重超过本应是绝对主角的"新生代农民工"。话语引述方面，"无话语引述"和"正面/满意"话语两种情况占据绝对多数；存在话语引述的报道中，无论从所占报道比重还是具体引述人次看，均存在显著的性别失衡状况。概言之，当前主流媒体对新工人的报道，其新闻框架中党政主导倾向明显，相当程度上消解了他们的主体地位，以及遮蔽了他们的主体性，使其媒介话语权整体而言呈现出"主体性表达缺失"的图景。

三、弱主体性表达：工会媒体中的新工人图景

为更准确地衡量新工人的媒介话语权状况，在横截面的探究之后，本研究又进行了一次纵贯性的考察。其具体设计为：选择《工人日报》作为个案，考察工会系统媒体是否为新生代农民工媒介话语权提

供了实践空间。作为中华全国总工会的机关报,《工人日报》在理论上应替工人群体说话,反映他们的意见、要求和建议。在国内媒体中,该报对工人议题报道最为集中且具权威性。2011年11月6日,《工人日报》开辟中央主流媒体首个"农民工专刊",其目标读者设为农民工,内容上则提出要"随时反映农民工的心声,引导农民工正确表达自身的诉求和主张"。此项举措被认为是"中华全国总工会为切实维护农民工利益、更好为农民工服务推出的又一力举"(王娇萍,2010)。

此次考察,选择分析样本的具体操作步骤如下:以"中国重要报刊全文数据库"作为数据来源,相关参数设定——"报纸来源"为《工人日报》;"时间"为2000年1月1日至2013年12月31日①;为尽可能进行全面考察,以在"全文"中出现"新生代农民工"这一关键词为选项;共得样本402篇。本研究以新闻报道(含消息和通讯)作为分析单位,剔除评论、论文等其他体裁文本,最终获得符合要求的新闻报道319篇,作为此次内容分析最终样本。其中,2006年3篇、2007年5篇、2008年4篇、2009年4篇、2010年88篇、2011年95篇、2012年57篇、2013年63篇。

如上所述,此次考察亦从报道主题、消息来源、报道主角、话语引述四个方面进行类目建构。本研究的编码工作由笔者独立完成。经过充分沟通,在全部样本中(N=319)随机抽取48篇,由一名课题组成员进行编码。两组编码者互为对方独立编码者(independent coder)予以检验,Scott pi指数值显示上述主要变量的编码员间信度值(intercoder reliability)的均值为83%,达到绝大多数内容分析要求。本研究采用SPSS for Windows 19.0进行统计数据分析。

---

① 2000年为该数据库所能考察的最早时间;此外,2000年前后,社会学界开始注意到农民工内部代际分化问题。故此,选择2000年1月1日为考察的起点。搜索发现,《工人日报》上最早含"新生代农民工"的报道见于2006年2月14日,题为《"新农民工"在释放什么信号》。

1. 报道主题分布情况

如表4-6所示,"政策举措""劳资问题""教育培训"是《工人日报》报道新生代农民工最为常见的主题,其报道比重分别为29.8%、22.3%、11%,它们的报道量之和为63.1%,接近总量三分之二。"城市融入""精神文化生活""日常生活"三类分量相对均衡,其报道比重分别为7.5%、7.2%、6.9%。"先进典型人物"报道比重为5.6%,在12个报道类目中,与"其他问题"并居第7位。"维权抗争"(1.6%)、"婚恋家庭"(1.6%),尤其是"政治参与"(0.6%)、"违法犯罪"(0.3%)的报道量明显偏少,四者之和仅为4.1%。可见,《工人日报》对报道主题的选择亦为当前政策议题所主导,同样未能按照不同主题的实际重要性进行更为合理的配置。当然,值得赞许的是,尽管依然以"用工荒""招工难"等劳务市场供求状况为报道主题,但是该报对劳资问题的关注度颇高。

表4-6 2000—2013年《工人日报》新生代农民工报道——报道主题分布

		频率(次)	百分比(%)	有效百分比(%)	累积百分比(%)
有效	政策举措	95	29.8	29.8	29.8
	劳资问题	71	22.3	22.3	52.0
	日常生活	22	6.9	6.9	58.9
	教育培训	35	11.0	11.0	69.9
	婚恋家庭	5	1.6	1.6	71.5
	维权抗争	5	1.6	1.6	73.0
	城市融入	24	7.5	7.5	80.6
	精神文化生活	23	7.2	7.2	87.8
	违法犯罪	1	0.3	0.3	88.1
	先进典型人物	18	5.6	5.6	93.7
	政治参与	2	0.6	0.6	94.4
	其他问题	18	5.6	5.6	100.0
	合计	319	100.0	100.0	

2. 消息来源分布情况

表4-7 2000—2013年《工人日报》新生代农民工报道——消息来源分布

		频率（次）	百分比（%）	有效百分比（%）	累积百分比（%）
有效	党政机构及其人员	70	21.9	21.9	21.9
	工会组织及其人员	120	37.6	37.6	59.6
	企业单位及其人员	27	8.5	8.5	68.0
	研究机构及其人员	14	4.4	4.4	72.4
	新生代农民工	30	9.4	9.4	81.8
	综合	54	16.9	16.9	98.7
	其他	4	1.3	1.3	100.0
	合计	319	100.0	100.0	

如表4-7所示，"工会组织及其人员"所占比重最大（37.6%），体现出《工人日报》作为工会系统机关报的特征。"党政机构及其人员"、同一篇报道中多个信息源地位相对均衡的"综合"状况、"新生代农民工"分居第二、三、四位，其比重分别为21.9%、16.9%、9.4%；"研究机构及其人员"的比重仅为4.4%，在本研究所划分的7类信息源中居于倒数第二位。可见，消息来源分布很不均衡，尽管与以往关于传统农民工的新闻报道相比，新生代农民工作为消息来源的比重有较大幅度的提升，但是依然倾向于党政及组织机构。

3. 报道主角分布情况

表4-8 2000—2013年《工人日报》新生代农民工报道——报道主角分布

		频率（次）	百分比（%）	有效百分比（%）	累积百分比（%）
有效	党政官员	28	8.8	8.8	8.8
	工会人士	117	36.7	36.7	45.5
	人大代表/政协委员	45	14.1	14.1	59.6
	专家学者	14	4.4	4.4	63.9

续表

		频率(次)	百分比(%)	有效百分比(%)	累积百分比(%)
有效	新生代农民工	78	24.5	24.5	88.4
	企业人士	22	6.9	6.9	95.3
	其他	15	4.7	4.7	100.0
	合计	319	100.0	100.0	

如表4-8所示,在七类报道主角中,"工会人士"居第一位,其比重超过三分之一,高达36.7%;"新生代农民工"居第二位,其比重为24.5%,接近总量四分之一。"人大代表/政协委员"和"党政官员"分居第三、四位,其比重分别为14.1%、8.8%。需要强调的是,"人大代表/政协委员"这一类别中,其实有相当比例的党政官员,只是媒体在每年一度报道"两会"的参政议政时,更强调他们的这重身份。因而,"工会人士"和"党政官员"的实际比重之和超过总量一半以上,是"新生代农民工"的两倍有余;更何况,前二者总体数量远小于后者。概言之,在《工人日报》关于新生代农民工报道中,党政和组织机构人士依然是绝对报道主角,其媒介话语权的强势地位突显无疑。

4. 话语引述分布情况

如表4-9所示,绝大部分的新闻报道是"无话语引述",其比重高达64.6%;而存在话语引述的报道中,"正面/满意""中性/无明显的倾向""负面/不满"三类话语,其比重分别为15.7%、11.0%、8.8%。超过总量五分之三的报道"无话语引述",显示出新生代农民工群体缺乏近用媒介表达意见的机会;"负面/不满"话语往往反映了改善现状的迫切诉求,而"正面/满意"和"中性/无明显倾向"的话语共占26.6%,比重是"负面/不满"话语的三倍有余,这说明他们利益表达的空间和力度皆有限。因为,通常"负面/不满"话语才会引发关注,从而实现利益表达效果。

表4-9 2000—2013年《工人日报》新生代农民工报道——话语态度分布

		频率（次）	百分比（%）	有效百分比（%）	累积百分比（%）
有效	正面/满意	50	15.7	15.7	15.7
	中性/无明显的倾向	35	11.0	11.0	26.6
	负面/不满	28	8.8	8.8	35.4
	无话语引述	206	64.6	64.6	100.0
	合计	319	100.0	100.0	

如表4-10所示，绝大多数新闻报道中无男性或女性的话语引述，"两者均无"的比重高达64.6%；而存在话语引述的报道中，少数性别"无法判断"，其比重为3.4%，"只引男性""只引女性""两者皆引"的比重分别为16.0%、5.3%、10.9%。因而，26.9%的报道引述了男性话语，16.2%的报道引述了女性话语，前者为后者的1.66倍。此外，本研究还具体统计了话语引述人次：在113篇存在话语引述的报道中，共引述了240人次。其中，除性别"无法判断"23人次外，男性154人次，占总数的64.1%；女性63人次，占总数的26.2%，仅为男性人次的2/5。前述国家统计局的数据显示，在新生代农民工群体中，男女比例较为均衡，女性占总体的40.8%。由此，我们可以判断：新生代农民工的媒介话语权存在性别失衡状况，在一个相对弱势的群体中，女性更是处于弱势地位。

表4-10 2000—2013年《工人日报》新生代农民工报道——话语类型

		频率（次）	百分比（%）	有效百分比（%）	累积百分比（%）
有效	只引男性	51	16.0	16.0	16.0
	只引女性	17	5.3	5.3	21.3
	两者皆引	34	10.9	10.7	32.0
	无法判断	11	3.4	3.4	35.4
	两者均无	206	64.6	64.6	100.0
	合计	319	100.0	100.0	

上述分析显示,报道主题方面,同样是政策议题主导了媒体的选择,"维权抗争""政治参与"等反映社会冲突、公共治理的主题依然远离其视界。消息来源方面,亦呈现出"标准化"现象——倾向于使用相对固定的精英信源,使得"工会组织及其人员"和"党政机关及其人员"成为最为主要的消息来源。报道主角方面,亦是相应现象,以致党政和组织机构人士的实际比重超过本应是绝对主角的"新生代农民工"。话语引述方面,"无话语引述"和"正面/满意"话语占据绝对多数;存在话语引述的报道中,无论从所占报道比重还是具体引述人次看,均存在显著的性别失衡状况。概言之,作为工会系统媒体的龙头、宣称以服务"三工"(工厂、工会、工人)为宗旨的《工人日报》,总体表现依然难如人意,新闻架构中组织主导倾向很明显,同样在相当程度上消解了新工人的主体地位,以及遮蔽了他们作为人的主体性。不过,考虑到该报对劳资问题的关注度,新工人的媒介话语权境况可被视为"弱主体性表达"。

为与前述横截面的考察进行进一步比较,以下将对2012年《工人日报》的57篇相关报道,再展开具体的内容分析。

表4-11　2012年《工人日报》新生代农民工报道——报道主题分布

		频率（次）	百分比（%）	有效百分比（%）	累积百分比（%）
有效	政府举措	23	40.4	40.4	40.4
	劳资问题	14	24.6	24.6	64.9
	日常生活	3	5.3	5.3	70.2
	教育培训	4	7.0	7.0	77.2
	城市融入	1	1.8	1.8	78.9
	精神文化生活	6	10.5	10.5	89.5
	先进典型人物	2	3.5	3.5	93.0
	政治参与	1	1.8	1.8	94.7
	其他问题	3	5.3	5.3	100.0
	合计	57	100.0	100.0	

表 4-12　2012 年《工人日报》新生代农民工报道——消息来源分布

		频率（次）	百分比（%）	有效百分比（%）	累积百分比（%）
有效	党政机构及其人员	14	24.6	24.6	24.6
	工会组织及其人员	23	40.4	40.4	64.9
	企业单位及其人员	4	7.0	7.0	71.9
	研究机构及其人员	2	3.5	3.5	75.4
	新生代农民工	3	5.3	5.3	80.7
	综合	10	17.5	17.5	98.2
	其他	1	1.8	1.8	100.0
	合计	57	100.0	100.0	

表 4-13　2012 年《工人日报》新生代农民工报道——报道主角分布

		频率（次）	百分比（%）	有效百分比（%）	累积百分比（%）
有效	党政官员	4	7.0	7.0	7.0
	工会人士	23	40.4	40.4	47.4
	人大代表/政协委员	14	24.6	24.6	71.9
	专家学者	2	3.5	3.5	75.4
	新生代农民工	11	19.3	19.3	94.7
	其他	3	5.3	5.3	100.0
	合计	57	100.0	100.0	

表 4-14　2012 年《工人日报》新生代农民工报道——话语态度分布

		频率（次）	百分比（%）	有效百分比（%）	累积百分比（%）
有效	正面/满意	7	12.3	12.3	12.3
	中性/无明显的倾向	5	8.8	8.8	21.1
	负面/不满	8	14.0	14.0	35.1
	无话语引述	37	64.9	64.9	100.0
	合计	57	100.0	100.0	

表 4-15　2012 年主流媒体与《工人日报》的新生代农民工报道比较

比较指标	2012 年主流媒体的新生代农民工报道（N=379）	2012 年《工人日报》的新生代农民工报道（N=57）
报道主题——劳资问题	15.3%	24.6%
消息来源——新生代农民工	16.9%	5.3%
报道主角——新生代农民工	36.7%	19.3%
话语态度——负面/不满	14.5%	14.0%

分别比较表 4-1 与 4-11、4-2 与 4-12、4-3 与 4-13、4-4 与 4-14 中的数据,可对 2012 年主流媒体的新生代农民工报道,与 2012 年《工人日报》的新生代农民工报道的异同之处,有更直接的感知。建制内的所有媒体,无论隶属工会系统与否,报道主题均紧密追随和阐释政策议题、消息来源和报道主角均呈现出鲜明的行政和组织倾向、话语引述方面均未对弱势社群予以必要和足够的空间。此外,如表 4-15 所示,抽取 4 个指标进行具体衡量,可以发现相较于主流媒体的整体状况,工会媒体有其自身特色:一方面行政和组织倾向更为突出,有浓厚的"机关报"气息;另一方面比较关注农民工的代际转换及其对现存劳资关系秩序的影响,在此问题上注意反映新生代农民工的实际诉求,这或与其定位有关。因而,笔者认为:在整个主流媒体系统中,新工人的媒介话语权状况可被视作"主体性表达缺失";而在其间的工会媒体中,呈现出"弱主体性表达"图景,情况虽然稍有改善,但二者不存在根本性区别。

四、寻求平等公民权:新工人的当下真实诉求

与传统农民工相比,新生代农民工的外出务工动机已从经济型转向经济型与发展型并存,即不再单纯为了改善生活,且希望能实现人

生愿景。具体言之,他们开始呈现出由满足生存到寻求发展的转变——就业方面,他们不仅注重工资水平,而且对福利待遇、工作环境、劳动权益和发展机会等有相对较高的诉求;生活方面,他们重视自身的精神文化和情感生活需求,并且有较明显的定居城市的愿望。通过分析存在"负面/不满"话语引述的新闻报道,便可对此有所感知。

表4-16 2012年新生代农民工报道——诉求类型

		频率(次)	百分比(%)	有效百分比(%)	累积百分比(%)
有效	政府举措	3	5.5	5.5	5.5
	劳资问题	6	10.9	10.9	16.4
	日常生活	4	7.3	7.3	23.6
	教育培训	2	3.6	3.6	27.3
	婚恋家庭	6	10.9	10.9	38.2
	维权抗争	1	1.8	1.8	40.0
	城市融入	15	27.3	27.3	67.3
	精神文化生活	17	30.9	30.9	98.2
	其他问题	1	1.8	1.8	100.0
	合计	55	100.0	100.0	

如表4-16所示,通过"百度新闻搜索"获取的379篇相关报道中,存在"负面/不满"话语引述的共55篇,占总量的14.5%。从中可见,他们对当前境遇的不满主要体现在4个方面:"精神文化生活"(30.9%)、"城市融入"(27.3%)、"婚恋家庭"(10.9%)和"劳资问题"(10.9%)。如表4-9所示,在2000年至2013年《工人日报》的319篇相关报道中,存在"负面/不满"话语引述的共28篇,占总量的8.8%。从表4-17中可见,他们对当前境遇的不满主要体现在3个方面:"劳资问题"(28.6%)、"日常生活"(25%)和"城市融入"(17.9%)

表 4-17 2000—2013 年《工人日报》新生代农民工报道——诉求类型

		频率（次）	百分比（%）	有效百分比（%）	累积百分比（%）
有效	政府举措	2	7.1	7.1	7.1
	劳资问题	8	28.6	28.6	35.7
	日常生活	7	25.0	25.0	60.7
	教育培训	1	3.6	3.6	64.3
	婚恋家庭	2	7.1	7.1	71.4
	城市融入	5	17.9	17.9	89.3
	精神文化生活	2	7.1	7.1	96.4
	违法犯罪	1	3.6	3.6	100.0
	合计	28	100.0	100.0	

主流媒体的新生代农民工报道中，话语引述方面，"正面/满意"和"中性/无明显倾向"两类占主要地位；"负面/不满"一类虽然更能反映他们对现状的迫切诉求，但是数量非常有限。无论是横截面的考察抑或是纵贯性的探究，均显示出："劳资问题"和"城市融入"是新生代农民工最为关心的议题。进一步的文本分析还发现，在劳资问题上，他们重视能否具有发展空间和实现体面劳动；在城市融入方面，他们相当不满自己只是所栖身的城市的"局外人"现状。这生动地反映了兼具"代际"和"阶层"双重特征的新生代农民工，已同传统的"农民工生产体制"产生了难以调和的冲突。以公民权（citizenship）的理论视角观察，新生代农民工的真实诉求，简言之是对平等公民权的渴望。

英国社会学家 T.H.马歇尔（Thomas Humphrey Marshall）最早提出"公民权"（citizenship）的概念——"公民权是给予那些一个共同体的完全成员的一种地位（status），所有拥有这种地位的人就这种地位所授予的权利和义务而言是平等的"。基于对英国社会历史的考察，他认为公民权是一个权利复合体，包括民事权（civil rights）、政治权（political rights)、社会权(social rights)三个组成要素,且其中每一种权利的实现均有相应的制度机构,"我把这三个部分或要素称为民事的、政治的和社会的要素。民事的要素由个人自由所必需的各种权利组成:包括人身自由、言论、思想和信仰自由,占有财产和签署有效契约的权利以及寻求正义的权利……与民事权最直接相关的机构是法院。政治的要素,我指的是作为政治权威机构的成员或此种机构成员的选举者参与行使政治权力的权利,与其相对应的机构是国会和地方政府的参议会。至于社会的要素,我指的是从享受少量的经济和安全的福利到充分分享社会遗产并按照社会通行标准享受文明生活的权利等一系列权利,与之最密切相关的机构是教育系统和社会服务"(Marshall,T. H,1992:6)。

这一论述,体现了社会学研究权利的基本立场:"一方面,明确认识到必须从权利和体现权利的制度情境(institutional context)来理解公民权,比起权利是天赋予人的,因而可以用人权(human rights)概念来表达对公民权的理解那种思想来,这是一种真正的改进;另一方面它也表明,研究权利只有在特定的制度化情境中才有意义,因而也只有在特定的物质条件下才能实现"(Marshall, T. H, 1992:6)。他还进一步提出:"公民权在所处的社会中是一种发展中的制度(developing institution),创造一种理想公民权的形象,依照这个可以衡量取得的成就,并引导未来发展的方向。沿着这种方式所设计的道路奋勇前进,就是要努力实现更加充分的平等,构成公民权地位之要素的不断丰富,以及被授予这种地位的人数的不断增加"(Marshall, T. H, 1992:18)。这一论断反映出他所阐述的公民权,蕴含着平等主义的内在潜能,实质上是一种处于不断发展过程中的社会平等制度。

在现阶段中国社会,对于全体公民而言,上述公民权的三个范畴,民事权相对而言获得较大发展,但仍有待完善;政治权的发展仍很缓慢;而社会权则受到严重的挤压,医疗、教育、住房被视为"新三座大山"即是表征。延续超过半世纪之久的城乡二元体制,又将广大农民群体排除在正当的国民待遇之外,使其沦为"二等公民",与城镇居民享有的公民权差距甚远,尤其是社会权方面,更具有差序性和歧视性,形成一种实质上的"公民身份差序体制"。2014年7月,户籍制度进行重大改革,但其真正"平权"效果还有待观察。

T.H.马歇尔敏锐地注意到公民权与社会阶级之间的动态关系,实际上他"将公民权作为一种缓和、减少阶级冲突和阶级不平等的平等制度"(陈鹏,2008)。不过,他主要描述了公民权"浪潮式发展"的历史图景,未对二者关系进行充分阐述,也未提出明确的分析路径。因而,在这一议题上,安东尼·吉登斯对他的批判具有补充作用,值得我们参考(褚松燕,2003:31)——"与其将公民权的三个范畴看成公民权整体发展的三个阶段,还不如把它们理解为斗争或冲突的三个舞台",即公民权诸权利是作为"'阶级冲突的焦点'出现的";与其说公民权诸权利的普及"弱化了阶级分化(但无法消解阶级分化)",倒不如说"阶级冲突"是公民权得以扩展的中介。

在此问题上,较早系统采用公民权视角研究中国农民工问题的美国学者苏黛瑞(Dorothy J. Solinger)的观点颇有洞见。在她看来(1996:6),公民权由两方面构成——第一是"社会成员资格,或者可以说是社区归属";第二是"资源分享权利"。作为都市里的异乡客,当前中国农民工群体的境遇,整体可被视为"在城市中争取公民权"。对新生代农民工而言更是如此,他们对传统乡土社会已无归属感,融入城市社会的愿望强烈,期待能够成为"社区公民",在社会福利和保障方面享有平等待遇;在劳资关系问题上,其诉求由"底线型"向"增长型"转变,即能在法定权利以外分享企业发展成果,期待能够成为"企业公民",有权就劳动条件和报酬问题进行商议。

五、提升传播主体性：媒介话语权的发展路径初探

相较传统农民工群体的"整体性失语"，新生代农民工群体的媒介话语权状况已有局部改善，但依然处于制度性的困境中，即本质上仍是"处在信息活动边缘的弱势阶层"（段京肃，2004），难以自主、能动地在主流媒体中充分表达自己的诉求。以其最为关注的劳资问题为例进行具体考察，对此或有进一步的感知。

通过"百度新闻搜索"获取的379篇相关新闻报道中，以"劳资问题"为报道主题的有58篇。表4-18显示，在7类"消息来源"中，"综合"（37.9%）、"党政机构及其人员"（20.7%）分居第1、2位，"新生代农民工"（13.8%）与"企业单位及其人员"并居第3位。表4-19显示，在7类"报道主角"中，"新生代农民工"（67.2%）居第1位，远超其他。表4-20显示，在4类"话语类型"中，存在"负面/不满"话语引述的仅占10.3%，位居最末。

表4-18 2012年新生代农民工劳资问题报道——消息来源

		频率（次）	百分比（%）	有效百分比（%）	累积百分比（%）
有效	党政机构及其人员	12	20.7	20.7	20.7
	工会组织及其人员	2	3.4	3.4	24.1
	企业单位及其人员	8	13.8	13.8	37.9
	研究机构及其人员	4	6.9	6.9	44.8
	新生代农民工	8	13.8	13.8	58.6
	综合	22	37.9	37.9	96.6
	其他	2	3.4	3.4	100.0
	合计	58	100.0	100.0	

表 4-19　2012 年新生代农民工劳资问题报道——报道主角

		频率(次)	百分比(%)	有效百分比(%)	累积百分比(%)
有效	党政官员	4	6.9	6.9	6.9
	工会人士	1	1.7	1.7	8.6
	人大代表/政协委员	5	8.6	8.6	17.2
	专家学者	3	5.2	5.2	22.4
	新生代农民工	39	67.2	67.2	89.7
	企业人士	5	8.6	8.6	98.3
	其他	1	1.7	1.7	100.0
	合计	58	100.0	100.0	

表 4-20　2012 年新生代农民工劳资问题报道——报道类型

		频率(次)	百分比(%)	有效百分比(%)	累积百分比(%)
有效	正面/满意	12	20.7	20.7	20.7
	中性/无明显的倾向	16	27.6	27.6	48.3
	负面/不满	6	10.3	10.3	58.6
	无话语引述	24	41.4	41.4	100.0
	合计	58	100.0	100.0	

在 2000 年至 2013 年《工人日报》的 319 篇相关新闻报道中,以"劳资问题"为报道主题的有 71 篇。表 4-21 显示,在 7 类"消息来源"中,"新生代农民工"与"研究机构及其人员"并列第 5,仅占 5.6%,远落后于"综合"(38.0%)、"企业单位及其人员"(19.7%)、"工会组织及其人员"(18.3%)和"党政机构及其人员"(12.7%)。表 4-22 显示,在 7 类"报道主角"中,"新生代农民工"(25.4%)位居第 1,分居第 2、3、4 位的是"工会人士"(18.3%)、"人大代表/政协委员"(16.9%)和"企业人士"(15.5%)。表 4-23 显示,在 4 类"话语类型"中,存在"负面/不满"话语引述的占 11.3%,位居第 3。

表 4-21 2000—2013 年《工人日报》新生代农民工劳资问题报道——消息来源

		频率（次）	百分比（%）	有效百分比（%）	累积百分比（%）
有效	党政机构及其人员	9	12.7	12.7	12.7
	工会组织及其人员	13	18.3	18.3	31.0
	企业单位及其人员	14	19.7	19.7	50.7
	研究机构及其人员	4	5.6	5.6	56.3
	新生代农民工	4	5.6	5.6	62.0
	综合	27	38.0	38.0	100.0
	合计	71	100.0	100.0	

表 4-22 2000—2013 年《工人日报》新生代农民工劳资问题报道——报道主角

		频率（次）	百分比（%）	有效百分比（%）	累积百分比（%）
有效	党政官员	4	5.6	5.6	5.6
	工会人士	13	18.3	18.3	23.9
	人大代表/政协委员	12	16.9	16.9	40.8
	专家学者	4	5.6	5.6	46.5
	新生代农民工	18	25.4	25.4	71.8
	企业人士	11	15.5	15.5	87.3
	其他	9	12.7	12.7	100.0
	合计	71	100.0	100.0	

表 4-23 2000—2013 年《工人日报》新生代农民工劳资问题报道——话语态度

		频率（次）	百分比（%）	有效百分比（%）	累积百分比（%）
有效	正面/满意	6	8.5	8.5	8.5
	中性/无明显的倾向	17	23.9	23.9	32.4
	负面/不满	8	11.3	11.3	43.7
	无话语引述	40	56.3	56.3	100.0
	合计	71	100.0	100.0	

第四章　主流媒体的作为：基于新闻框架的考察

前述对所有相关新闻报道的总体研究发现，在整个主流媒体系统中，新生代农民工的媒介话语权状况可被视作"主体性表达缺失"，而在其间的工会媒体中，则呈现出"弱主体性表达"图景。对聚焦"劳资问题"的新闻报道进行具体研究，亦印证了这一结论。在此类新闻报道中，新生代农民工并非实际主体，他们的真正诉求——从满足于实现基本劳动权益转向进一步追求体面劳动和发展机会，未能得到全面而深刻的呈现。

新工人的劳资关系治理是一项系统性工程，了解他们真实的、具体的诉求将有利于解决问题。因而，需要发展他们的媒介话语权，使其媒体表达能尽量反映主体性，在媒介话语空间中实现从"他者"到"我群"的转变，以求在关乎切身利益的公共政策问题中，尽可能地进行有效参与。

发展媒介话语权的路径何在？本研究主张：提升新工人的传播主体性应是可行方向。他们在信息传播活动中是弱势社群，唯有增加他们的社会资本，即组织资源、文化资源和经济资源的拥有量，促使他们向"有条件有能力接近或使用媒介的中间阶层"转化，方有可能提升其传播主体性。实现这一转化，根本上则有赖于破除既有的"农民工生产体制"，使他们能够享有平等的公民权。

对新工人而言，落实平等公民权和发展媒介话语权是一个互相关联的问题。历史经验显示，实现公民权的平等，是一个长期而艰难的过程。期间，如何提升他们的传播主体性？可在话语能力与话语空间两个方面进行尝试。

话语能力建设，是指在有效保障公民表达权的基础上，重在提升新工人的媒介素养水平，以使他们有意识、有能力利用传播媒介自主、能动地进行话语表达。这是富有可行性的一个具体措施。"媒介素养"包括个体从认识媒介、使用媒介到参与媒介的各种批判性反思、理解和行动能力。简言之，它不仅是指公众建立有关媒介社会角色的认知和理解,而且强调培育民主社会所必备的质疑和自我表达能力。已有研究(陆晔、郭忠实,2007)显示:媒介素养具有"赋权"作用,能够增强人际沟通能力和媒介参与意向。中国城乡教育差距明显,尤其在中国向互联网大国迈进的同时,"数字化鸿沟"问题日益突出,已成为城乡教育最严重的鸿沟之一(宜金平,2014)。这深刻影响了众多农村子弟、打工子弟的媒介素养水平,从而对其社会经济地位提升造成阻碍。对此,除了在基础教育中重视对媒介素养的培育,工会组织、劳工社团等机构应积极开展针对工人的媒介素养培训,增强其认知和使用媒介的能力。

话语空间建设,则更具决定性意义。在迈向平等公民权的漫长历程中,作为劳资利益协调机制的有机构成,主流媒体应努力实践公共性,以增强新工人的主体性表达。

首先,政府部门应采取相关措施,落实《中华人民共和国宪法》第二十二条的规定,发展"为人民服务"和"为社会服务"的新闻传播事业,把握主流媒体的公共性方向,保障新生代农民工的媒介近用权。所谓"媒介近用权",是指一般社会成员利用传播媒介阐述观点、发表言论以及开展各种社会和文化活动的权利,涉及政府、媒介和民众三方主体。从利益表达角度看,媒介近用权可被视为"表达渠道权"(李树忠,2003),关乎传播权益公平问题。工会组织更要积极作为,工会系统媒体除了专辟报道空间外,更要注重新闻框架构建,尽力在报道主题、消息来源、报道主角、话语引述等方面,增强该群体的主体性表达。

其次,尽管当前中国主流媒体,整体而言,由于同时受到政治逻辑和资本逻辑的双重制约,在具体新闻生产过程中,缺乏从主体性角度关注新工人议题的动力,但是,一部分有高远追求的媒体,应积极地、能动地尽力实践公共性,增强新工人的主体性表达。为此,媒体报道需要兼具视野与策略。

此处所强调的"视野",意指媒体应在公民权的视野下展开相关报道。有论者(王小章,2009)指出:对于当代中国农民工问题的研究,多采用"生存论预设下的生存—经济叙事模式",而少用"公民权视野下的身份—政治叙事模式"。二者的根本区别在于:前者着眼于农民工的基本生存需求,从农民工与自身的关系中界定农民工问题;后者则着眼于农民工的身份地位,从而倾向于在农民工与其他社会成员、与国家的关系中来界定农民工问题。这一现象在媒体报道中同样广泛存在,诸如上述所分析的样本中,从"企业公民"①角度反映新工人劳资关系问题的新闻报道相当少,其中对"劳动三权"的关注更是缺乏。因而,媒体需要转换报道模式,在生存—经济问题之外,更多关注新工人的身份—政治问题。

此处所强调的"策略",意指媒体应以新闻表达智慧努力突破党政主导框架。具体而言,需要充分利用政策话语和法律话语赋予的空间,在确定报道主题、选取报道主角、引用消息来源等诸方面,通过控制具体报道比重,形成以新工人为主体,党政机构、工会、企业、专家学者等众声共鸣的格局。特别是在话语引述方面,媒体需要改变目前以正面引述为主的状况,要在众声喧哗中尽可能打捞新工人沉没的、真实的声音,尤其是当中相对更为弱势的女性群体的真实诉求。

---

① 此处"企业公民"采用了沈原和郭于华提出的概念,是指工人在工厂中不仅仅是劳动者,受到经理层的管理和约束,还享有公民权利,有权就自己的工资、工时、工作条件和其他相关问题提出诉求。企业公民权利包含很多内容,其中在当前最重要的就是集体议价机制。

第五章　另类媒体的存在：具体行动及其境况

论及新工人在主流媒体中的媒介话语权,相较于老一代的"整体性失语",新生代的境况虽有改善,但仍然是"主体性表达缺失";在工会系统媒体上,亦只是呈现为"弱主体性表达"图景。观察当前中国媒体传播格局,除了倡导主流媒体努力实践公共性外,我们还应关注另类媒体(alternative media)在劳资关系治理中的作为。

一、转型中国语境中的另类媒体：概念及意涵

何谓另类媒体？很难简洁且明晰地予以回答。正如詹姆斯·汉密尔顿所言(James Hamilton,2000)："另类媒体"并非对一种媒体的统称,而是一个"松散的、富有争议性且难以统一界定"的概念。相较于建制内的主流媒体,它们通常处于非主流(non-mainstream)的边缘位置,其冠名在不同时空中有所流变(罗慧,2012:4)——至少存在"地下媒体"(underground media)、"公民媒体"(citizen media)、"激进媒体"(radical media)、"自治媒体"(autonomous media)、"独立媒体"(independent media)、"草根媒体"(grassroots media)和"社区媒体"(community media)等具体内涵同中有异的称谓,充分体现了"另类"意蕴的模糊与动态性。

不过,我国台湾学者成露茜(2009:371—387)认为尽管另类媒体异质性强,但"对抗"是其基本特征,据此她提出"与主流媒体对抗的就是另类媒体",并且强调此处所谓"对抗"不仅指内容取向的不同,而且指整个媒体的目的、运作、产制过程、组织等诸多方面均与主流媒体所奠基的价值观相左。她还综合了 Williams(1980)、Albert(1997)、Atton(2002)等学者的相关研究,归纳出可从 10 个方面检视另类媒体与主流媒体两者的差异,如表 5-1 所示。这一概括较为全面,但只是静态的对照,难以呈现另类媒体在具体历史语境下所表征的社会意义。周翔、李镓(2014)从历史演进的角度,提出:置诸西方反文化运动、新社会运动、媒介改革运动等不同社会实践中观察,另类媒体相应地具有"反文化意识""激进行动"和"民主参与"的具体气质与内涵。

表 5-1 主流媒体与另类媒体的比较[①]

	主流媒体	另类媒体
目的	利润最大化	推动社会目标,而非自我保存
产品	迎合/创造有消费能力的受众	以社会目的为内容取向,保障弱势发声
受众	单向传播,被动的阅听人	双向传播,互动的参与者,信息来源和制作者
收入来源	商业广告	平民百姓及非经营性的订阅、募款、补助
发行	发行公司、派报系统、主流通路	街头贩售、免费发放、互联网及另类书店、咖啡店等各种据点

[①] 本表引自成露茜(2009:373),同时参考罗慧(2012:50)的概括,对一些表述稍作修改。

续表

	主流媒体	另类媒体
内容所有权	归出资者所有,重视知识产权	开放授权,知识及资源共享
观点来源	政府官员、专家学者、社会名流、公共人士等传统消息来源	普通公众,尤其是边缘及弱势社群
组织结构	垂直的等级制,明确的科层与劳资关系,与主流机构有共生关系	平行的合作制,颠覆层级结构,横向关系网络,参与式民主,独立于主流机构
工作人员	专业的新闻工作者,有层级工资	志愿者,通常无工资收入
媒介技术	追求高科技及昂贵的生产工具	大众化的生产方式,低或普及的科技,重视互联网的功用

至于另类媒体的独特意涵,亦存在异同相间的表述。

约翰·丹宁(John Downing,2001:3-99)认为另类媒体精神至少包括以下数点:(1)在流行文化中直接或间接表达出反对立场;(2)最积极的主动阅听人与媒体使用者;(3)反抗文化(oppositional cultures)与抵抗(resistance);(4)寄存于社会运动并与意识觉醒相关联。

卡宾特等人(Carpenter,Lie,& Senaes,2003:56-57)提出,另类媒体与主流媒体不同在于其具有四个特点:(1)小规模,倾向于特定社群,可能是社会上的劣势群体,尊重多样性;(2)独立于国家与市场之外;(3)水平结构,在民主化与多重化(multiplicity)的范围之内,允许推广阅听人的近用与参与;(4)刊载非支配型的论述与再现,强调自我再现的重要性。此外,另类媒体可以补充或对抗主流的新闻论述与再现,同时鼓励非专业人士与义工的参与。

方特斯(Fontes,2010:381)认为另类媒体的一般性原则与共识包括以下五点:(1)媒体制作的科技与参与之近用(access)是核心理念;(2)在媒体生产与决策中,追求民主的社会关系;(3)重视被主流媒体忽视的议题与观点；(4)另类媒体的实践根植于社会凝聚与反抗压迫的伦理；(5)非营利导向。

成露茜(2004)在台湾公共电视《媒体公共论坛》上曾如是阐述自己的理解——"另类媒体最基本的原则是它以推动社会整体为目标……另类媒体认为智慧财产是公共财，它反对私有化，它提倡DIY，任何人都可以做媒体，说自己的话，唱自己的歌……它是多元的，它不需要反映社会上已经很大的声音，而是让许许多多没有发声的人，用自己的形式发声。"

对于上述四种观点，郭良文(2010)进行了概括提炼，如表5-2所示，认为它们在对另类媒体意涵的理解上，既有共同面向，亦存相异之处。在综合的基础上，他归纳出一个相对完整的概念——"一个独立、非商业的平等近用媒介，透过主动阅听人与市民的参与、多元表达的方式来分享信息、建立群体认同与促使意识觉醒。同时，另类媒体透过被忽视观点的呈现，或以对抗主流媒体的新闻论述与再现等方式，形塑反抗文化或进行反压迫，进而弘扬弱势或少数团体之主体性、促进市民社会与民主化的发展。"置诸转型中国社会语境，此界定颇具启发意义。

表5-2 四种对另类媒体的观点[①]

成露茜 (2004)	Carpentier et al. (2003)	Fontes (2010)	Downing (2001)
弘扬主体性	呈现被忽视观点	呈现被忽视观点	多元表达方式
分享信息	补充或对抗主流论述	认同与反压迫	反抗文化
社会发展、非营利	市民社会、独立性	非商业性	社会运动
市民参与	非专业人士、义工参与	民主化	主动阅听人
弱势团体	弱势团体		意识觉醒
	平等近用	平等近用	

---

① 本表引自郭良文(2010)，表格中置于同一列的概念彼此性质相关。

此外，黄孙权作为一位另类媒体的积极实践者，他从"内部人"（insider）角度进行的阐释，亦值得我们重视。他引用迈克尔·阿尔伯特（Michael Albert）的观点，结合自身体验，较翔实地分析了另类媒体的内部运作特质（2010）：首先，在产业结构上，不同另类媒体组织的薪水差距应该缩小；工作人员不应感到沮丧，因为若将其工作价值和生命与一般工作相较仍值得庆幸；决策应强调民主和参与，而非传统的由上而下的阶层管理。其次，在组织结构上，另类媒体应积极消除种族歧视、消灭性别分工，行动者的工作角色应具体实现女性主义和多元主义的目标；与读者的关系应是开放、多元且有广泛社会性，不只是注重收入和广告商。再次，在群体关系上，另类媒体应当积极支持同盟，争取外部支援、强化彼此努力。在此文中，他还引用成露茜在1997年写于台湾另类媒体《破报》休刊词上的一段话，认为这是对另类媒体想象与实践的最好誓言——"每一份主流在某个时期都是另类；每一另类都有可能在某个时期成为主流。正因如此，一个进步的社会必须经营的、持续的、广泛的让各种另类充分的发言；社会里自许进步的人，也必须努力保障另类的发言空间。"

纵览诸多相关研究，可以发现："非主流"都被视为另类媒体的重要属性；不过，在中国现阶段，若仅从这一层面来理解另类媒体，往往失之简单，很有可能陷入"商业化与非商业化""等级垂直制与平行合作制""中心化传播与非中心化传播"等非此即彼的论述陷阱。在此，克里斯·阿顿（Chris Atton, 2002:29）的提醒值得重视：任何对另类媒体的界定，或其与主流媒体的差异，"都不是绝对的"；另类媒体的经营模式、表现形式，甚至批判对象，并非僵化概念，而是"具有某种程度的相对性与流动性"。我们应破除"二元本质主义"的迷障，采取"历史语境主义"①的方法论展开研究。因而,笔者认为探讨转型中国语境中另类媒体的概念及意涵,需要厘清以下三个问题。

其一,另类媒体在现阶段中国社会是否有存在的必要?

曹晋(2007)通过梳理 Williams(1980)、Curran & Seaton(1997)、Roger Silverstone(1999)、John Downing(2001)、Chris Atton(2002)等多位学者的论述,提出:英美学术界已形成研究共识——"另类媒体担负着促进社会公平与社会正义为终极关怀的使命,以及追求建构克服不平等的传播制度和传播行为的目标";"去市场控制的另类媒体生产与不断加速扩张的商业化媒介的垄断经营共存",为主流媒体中失去话语权的群体寻求了"发声的机会"。管中祥(2011)结合自身经验梳理台湾另类媒体状况,提出:"媒体批判与弱势发声是分进合击的媒体改革路径",前者是针对强势群体的意识形态控制,后者强调争取弱势群体的表达权。因而,思考媒体多样性与社会正义的问题,不能忽略"如何促成弱势自主发声、重返公共领域"这一重要面向。另类媒体与文化行动的意义,在于透过展现社会群体的不同生命经验与生活面貌,寻求更平等的社会生活与沟通。

可见,另类媒体在英美及台湾社会有着显著的进步意义;衡诸当前中国社会情状,其更有存在的必要。最根本的意义在于,它对保障公民的表达权、发展弱势社群的媒介话语权均是相当重要。作为一种理念,"保障公民的表达权"尽管早在 2006 年《中华人民共和国国民经济和社会发展第十一个五年规划纲要》中就已出现,但对其的现实保障还亟待加强。因为基于利益分殊的客观事实,当前公民言论趋向多

---

① 在西方思想史领域,以昆廷·斯金纳(Quentin Skinner,1940 年生)为代表的"剑桥学派",主张采用历史的研究方法,强调应将注意力从只关注经典文本转移到语境,认为应当在具体的历史语境中考察思想观念。他们所倡导的"历史语境主义"(historical contextualism),其要旨在于:主张应当将思想家的文本(text)放在其所外的语境中(context)进行研究,将对语境的考察作为解读文本的前提和基础。关于我对此方法论的理解,具体可见《信仰与策略:胡适言论自由思想的双重意涵》,《新闻春秋》2012 年第 2 期。

元,在关乎切身利益的具体问题上,未必就和主流意识形态完全保持一致,以致难以通过建制内的媒体进行利益表达。同时,由于缺乏足够的社会资本,弱势社群难以实现媒介近用,在主流媒体中被排斥或遮蔽,其媒介话语权的状况只能是"整体性失语"或"主体性表达缺失"。利益表达不畅,社会冲突难免。因而,以积极态度对待另类媒体的存在,使之成为必要的替代性表达渠道,对于社会治理颇有裨益。

其二,另类媒体应如何处理与建制内主流媒体的关系?

已有研究文献多强调另类媒体是一种对抗主流价值的机制。如有研究者认为另类媒体是"补充大众媒体不足的小众媒体",是为特定市场对象或消费群体而制作的媒体。管中祥(2011)批驳这一说法类似"资本主义社会分众市场",不仅"分析概念过于空泛",而且"无法展现出另类媒体的批判性"。在他的笔下,另类媒体不是"另一种选择"的市场区隔概念,而是具有高度"对抗性与针对性"的意涵,其经营目的、产出内容在于批判或反思既有政经体系与文化价值,甚至促成民众的社会参与及社会改革。不过,权力的流动性,有可能会改变另类媒体的对立位置,使之成为其原本抗争对象的一部分。因此,尼克·库德瑞(Nick Couldry, 2003:37)认为:另类媒体若要持续"另类",必须站在主流媒体所依恃的政商权力的对立面,提供"另一套社会思维与行动"。成露茜(2009:379)秉持类似思维,提出:另类媒体的"成败"不以能否"存活"抑或"获利"作为标准,而是以其在社会运动中所发挥的功能而定:它应作为"民主发声的管道",说出主流媒体"不愿说、不能说、不敢说"的话,激发民众自发性的参与意愿及行动。

不可否认,另类媒体在本质上的确具有对抗(oppositional)意蕴,其存在的重要意义便是反对信息霸权(counter-information hegemony);但是,在转型中国语境中,若仍纯粹强调这一属性,除了不利自我保存之外,更难以推动其所期冀的社会目标。孙曼苹(2011)通过长期观察台湾"9·21"大地震重建区兴起的社区媒体《员林乡亲报》,发现其在特定社区脉络之下,以参与、报道、媒介素养、社区行动等要素交相运作,形塑了一个"非线性的、动态的"社区传播概貌,不但扩大了"社区公共领域的范畴"——从传统媒体延伸到市民社区行动上,而且显示出,草根媒介也有可能与主流媒体"竞争、协商、合作",进而"通过赋权促进社区及社会改变"。借鉴这项研究,笔者认为:在中国现阶段,另类媒体与主流媒体之间关系的理想形态,应是竞争与合作并存的"竞合模式"。此处,所谓"竞争",是指另类媒体应弘扬主体性,反对霸权论述,致力于呈现被主流媒体或忽视,或遮蔽的事实和观点;所谓"合作",是指另类媒体需要保持开放心态,积极与主流媒体对话并努力争取支持,尝试联手推动一些关乎社会公平正义的议题或行动。

其三,另类媒体的存在对弱势社群究竟具有什么意义?

周翼虎(2009)研究中国内地传媒产业发展,提出:在"新闻业市场化"的背后,始终存在国家"一元独大"的政治权力运作;由此产生"高度垄断和分散竞争相结合"的新闻产业治理政策,造就了一个"根据国家行政恩宠程度来分配经济利益"的新闻市场。因而,"市场"不仅没有成为新闻业独立的推动力,反而成为"强化新闻业自觉对国家依赖的直接原因"。在权威政治和市场经济的双重治理下,新闻记者很容易陷入"忽略价值、注重实利的犬儒主义"。周睿鸣(2014)以华南地区某市党委机关报《HA日报》为个案,抽样访谈该报30名记者,探讨在新闻业市场化改革背景下,中国记者与其所供职的新闻机构之间的互动,以及作为劳动者的记者主体性,发现:单位在制度上的创新——采取"绩效考核制度",不仅"消弭了记者的抵抗",而且"引发了记者之间的资源争夺"。总体上,记者与媒体之间的关系呈现为"无力抵抗"状态。这两项研究反映出同一个事实:在政治、资本和媒介自身三重约制下,主流媒体难以有效呈现反映弱势社群主体性的利益诉求。因而,另类媒体的存在,对于弱势社群的第一重意义便是作为替代性渠道,为其提供部分利益表达空间。曹晋(2007)对同性恋社群另类媒体《朋友通信》的个案研究便是例证。

此外,不少研究均强调另类媒体的赋权(empowerment)功能。关于"赋权"概念,目前存在不同界定。其中,齐默曼(Marc A. Zimmerman,2000)结合教育心理学提出"赋权理论",强调"赋权"乃是个人、组织与社区借由一种学习、参与、合作等过程或机制,获得处理相关事务的能力,包含"社群意识"(sense of community)、"公民参与"(citizen participation)、"协同合作"(collaboration)等概念。运用这一理论,蔡秀芬(2013)提出"赋权"包含将个体原有能力"召唤",培养并协助其行使公民权的意蕴。她通过经验研究发现中国大陆的新媒体另类传播具有"公民社会赋权作用",在"公民意识与观念""公民表达、对话、行动能力"以及"公民表达技巧、管道、创意能力"三个层面均有体现。此外,迈克尔·崔伯(Michael Traber)还提出:另类媒体的目标在于"塑造一个在社会、文化及经济上更公平的整体环境",人在其中"不会被简约化为物质对象"而是"可以实现全面的发展"(转引自罗慧,2012:4)。可见,另类媒体的存在,对于弱势社群的第二重意义便是赋权,使之能够通过参与相关实践促进公民自我教育,从而更有能力代表自己和所属的社区表达观点和意见。

综上所述,笔者认为可从共性与个性两个层面,理解转型期中国社会中另类媒体的概念及意涵。共性层面,它在内容生产、组织形态和社会行动上亦均显示出民主的追求,包括平等近用媒介、主动的阅听人、参与式传播、弘扬主体性、建立群体认同、促使意识觉醒、挑战主流媒体论述、保障弱势社群发声等核心要素。个性层面,必须考量区域的差异性,不应当以学理意义上的"完全独立"作为衡量标准,能够在实务操作中相对保持独立、自主和批判意识即可;并且,其与主流媒体关系的理想类型不应是持续的对抗,而是竞争与合作并存。

媒体在与社会关联的过程中形成媒介权力(media power),从此视角出发,我们能进一步对主流媒体与另类媒体进行"区隔"(distinction)。按照罗伯特·哈克特(Robert A. Hackett, 2006:21-31)的阐释, 媒介权力形态可划分为"经由媒介的权力"(power through the media)和"媒介自身的权力"(power of the media)。当前中国的主流媒体,实质上是政府治理体系的有机构成,其权力形态更多地体现为"经由媒介的权力"。孙五三(2002)分析主流媒体对河北省白沟镇家庭作坊劳资关系状况进行批评报道的"B镇事件",提出:这一类媒体批评报道在市场转型期是作为一种"治理技术"而存在,其实质是将"媒介作为一种行政权力",以"舆论监督"形式进行"超程序运作",打破地方保护主义,直接制裁违纪官员尤其是通常活跃于"天高皇帝远"地域的基层官员,目的在于实施"迅速而快捷的惩戒",并同时在公众面前"树立并巩固党和政府公正无私的形象"。因而,媒体的舆论监督行为,其所实现的乃是"国家权力的意志"。十多年前的这一观点,在当下更是显示出其洞见,笔者深以未然。现有的国家—媒体关系下,无论传播技术如何变迁,都不足以改变主流媒体"作为权力运作技术的本质"。相对而言,另类媒体的权力形态则侧重于"媒介自身的权力",试图挑战信息霸权、争取公平传播权益,颇具皮埃尔·布尔迪厄所论述的"象征权力"(symbolic power)意味。因而,另类媒体实践在公民教育上的潜能,很有可能形成一股滴水穿石的社会力量。

二、劳工领域的另类媒体:一个概况性的描述

在当今世界范围内,主流媒体对劳工问题的新闻报道,基本均处于凋敝的境况。在凯瑟琳·麦克切尔和文森特·莫斯可主编的《信息社会的知识劳工》一书中,克里斯托弗·R.马丁(Christopher R. Martin, 2014:43-64)提出:在一个劳动性质急剧变革的时代,美国和加拿大的劳工报道均呈现出"抹煞劳工"情势。据其研究,自20世纪30年代中期起,美国大部分的报纸均向劳工领域派出记者。其中,从40

年代中期到 60 年代,《纽约时报》一直保持大量劳工报道,还会对即将推出的劳动系列报道进行宣传;劳工记者的地位被正式认可,任何时候"至少都有 4 名"在编,公司的广播电台 WQXR 还为其中的佼佼者开设了劳工广播节目。1951 年哈佛大学尼曼基金会举行了为期两天的劳工报道大会,有与会者认为"应该至少有 200 名劳工记者——至少兼职记者应该达到这个数字"。但是,到了 80 年代末,美国劳工报道失去了昔日辉煌,《纽约时报》只剩一位记者负责报道劳工事务,而其他大部分媒体则完全抛弃了这一领域。截至 2007 年年中,美国发行量最大的 25 家报纸中,只有《纽约时报》《华尔街日报》《芝加哥论坛报》和《波士顿环球报》还有"全职的劳工/劳动场所记者",且他们的任务"更多集中在生活方式问题而非劳动问题上"。加拿大劳工报道始于 20 世纪 40 年代,其发展轨迹与美国相似,但是现状更为糟糕——发行量最大的前 10 家日报中均无"全职的劳工任务安排"。同时,劳工/劳动场所报道在两国的全国和地方广播新闻中几乎不存在,报纸成为唯一可能有常规报道的媒体。为何劳工报道衰落至此?在他看来,归咎于组织化的劳工会员人数下降禁不住推敲,而是"新闻媒体的公司架构""新闻媒体的目标市场"以及"新闻媒体想象力的匮乏"共同所致。这是典型的传播政治经济学分析路径,其核心在于批判新自由主义的市场模式。

的确,新自由主义的转向导致了欧美媒体企业空前的合并浪潮,对新闻生产造成莫大影响。其中,一个直接表现就是商业新闻的崛起与劳工报道的消亡。肯斯基(Linda Jean Kensicki,2004)提出:美国媒体在社会问题与解决方案之间存在"脱钩"现象。因为许多新闻就像"糊在一起的纸浆",基本均源自企业资助的专家、智库、公关公司和政府机构所提供的"廉价信息",新闻的作用已为商业新闻机构所改变。幸存在岗的记者不得不提高工作效率,他们并未获得充分的支持和劳动时间,却被期待依靠自身的力量去生产文字、视频等多种版本的新闻。何况,继续被雇用的这些记者通常科班出身,"几乎没有劳动人民日常生活的经验",以至很少有新闻故事能够体现"草根市民组织"包括工会的集体努力;更遑论投入时间精力去寻找解决社会、经济和政治问题的办法。不过在主流媒体劳工报道衰落的同时,信息传播技术进步带来新的契机——有志之士针对整体性的"民主赤字"新闻,借助于日益增多的动态通讯技术,积极开展另类媒体实践尝试,提供有关劳工和社会正义运动视角的新闻。多萝西·姬德(Dorothy Kidd, 2013)发现:在北美受采矿业影响的社区,就存在劳工媒体、劳工社区媒体、土著社区媒体、公民媒体等多种另类媒体,它们一起超越界限进行"联合抗争传播",而这"无论是对于为抵制圈占资源和媒体而发起的短期和长期竞争运动,还是对于重建基于人类需要和文化的公地"都非常关键。

华文传播圈内,台湾地区另类媒体最为发达,出现了《立报》《破报》《四方报》等另类媒体集团,以及"苦劳网""环境资讯电子报""公民行动影音纪录资料库""上下游新闻市集""焦点事件"等网络媒体,还存在一些积极的"公民记者"和"独立记者"。

其中,论及劳工领域,以"苦劳网"最为突出。它成立于1997年9月,起初在世新大学社会发展研究所的研究室架设网站,收集台湾社会运动相关资料;1998年9月定名为"苦劳网",英文单词"cool"与"loud"谐音构成的"Coolloud"成为网站英文名称,此时尚以资料整理与剪报、短评为主要内容,核心阅读群体为社会运动团体的组织工作者,以及对社运有兴趣的学生和教师。之后,它逐渐扩展关注范围,自我定位为"运动的媒体、媒体的运动",在劳工领域及环保议题上非常活跃。

根据一份"苦劳网"团队于2015年7月整理的"发展大事记",其历程可以划分为五个阶段——1997—2000年是"啼声初试";2001—2004年为"社运行动与媒体工作";2005—2006年为"多元呈现";

2007—2009年是"社会公器";2010年至今,则是"努力追求组织与财务稳定"。这份"大事记"全文一万余字,呈现了"苦劳网"成立以来的重要行动参与,团队成员自述:"那么久了,很多事情都可能遗漏,而这些比较被记下来的,其实还是在我们日常运作之外,比较特殊的事件,有一些,已经溢出了一个'媒体'的传统概念,不过,如果从一个'媒体行动者'(media activist)的角度来看,这些也都还是媒体工作的一环。"

不少活跃一时的另类媒体往往都因资源匮乏而难以为继。作为一家典型另类媒体,"苦劳网"的存续时间已算是相当长。它在日常运作中如何处理资源支持问题尤其是财力和人力问题,值得我们关注。其中,财力方面:2003年,"苦劳网"开始以自主开发的网站"内容管理系统"为基础,大规模承接架构NGO的网站,作为主要收入来源。2007年9月起,因"能力与工作量"难以负担,它逐步放弃承接网站的工作,转以"募款"作为主要经费支持。其创办人孙穷理曾在《南都周刊》撰文介绍(2014):"苦劳网"近年以"分布式的小额募款"作为生存方式以维持其独立。

人力方面:"苦劳网"起初是志愿者"集体讨论"模式,2003年因无法负担成员的生计压力,发展出集中式"秘书处"的工作模式。2007年9月起,由于无法负担稳定薪水,"秘书处"亦解散,将资源集中于一位行政人员,编辑和采访工作自此完全属于"无给职",由义工体系承担。2008年3月起,尝试"轮值主编"制度——由特约记者中产生数名"轮值主编",以"周"为单位轮流担任主编,进行"派线工作"并处理审稿、上稿、平台管理等事务。2009年5月起,开始筹划"薪资基金"制度——从捐款中分配部分金额纳入薪资基金,并视累积金额,分阶段实施轮值主编的薪资发放。2010年1月,由于"薪资基金"累积达到第一阶段门槛48万元新台币,开始正式发放薪资,但是额度仍低。2012年1月起,取消"薪资基金"制度,确立核心编采工作团队,实行

"自报公议计点制"——先由五位参与日常运作的核心成员自主报告工作的具体内容、所耗时间,然后由团队成员共同评议所述工作是否符合个别的工作承诺和集体分工的需求,决定每人可获得的酬劳。由于资源有限,目前每个月发放的薪资总额,以 81000 元新台币为上限①。可见,"苦劳网"机构内部的民主性较为突出——必须通过"共议共决",而非像传统媒体那样结合"劳雇关系"与"科层组织"的权力关系进行运作。此外,为了扩大工作参与、吸引新生力量,"苦劳网"还数次举办"提笔斗阵,独立媒体研习营"和"实习记者培训"等活动。

观其发展历程,可以发现:除了作为社会运动团体信息发布平台、报道主流媒体所忽视的边缘声音之外,"苦劳网"还不断找寻主动介入的路径。它与台湾世新大学社会发展研究所合编《工运年鉴》,自 2006 年起正式出版,记录劳工运动发展,至 2011 年 8 月已出第三辑。它于 2005 年起尝试举办"铁马影展",至 2009 年 7 月已举办了五届。李哲宇的一项研究(载李友梅等主编,2009:41—62)显示:影展活动旨在促进"劳工及其他受压迫者的发声",将"观摩学习"和"主题探讨"相结合,作为一项"从社会关切到社会介入"的文化策略而存在。自 2012 年 5 月起,"苦劳网"还开始发行《苦劳季刊》,至 2014 年 5 月已发行七期,均聚焦于有关弱势社群境况的政经议题。

虽然经历过不少与主流媒体以及国家机器的冲突事件,但是"苦劳网"因始终坚守"运动的媒体、媒体的运动"这一初衷,得到台湾新闻传播界的重视和肯定。2005 年,卓越新闻基金会设立第一届"社会公器奖",它即被多位传播学者提名入围。2007 年,它荣获第二届"社会公器奖",获奖理由在于——"'苦劳网'长期关注社会议题,使用网路媒体讨论劳工、外籍新移民者、残障者等弱势团体在台湾的社会适应及其问题,在主流媒体之外,发表另类观点和相关资讯供社会大众

---

① 若每个月将规定的上限用完,且发出的薪水平均给每一位成员,那么就是每人领 16200 元新台币的"月薪"。这一数值未达到其时台湾地区平均薪资的 1/2。

参考,相当程度上填补了当前主流媒体的若干资讯空档。最近几年逐渐扩及人权、环保、文化议题的报道,并提供网路空间给数十个弱势团体作为交换意见的平台,重视弱势者的传播人权。作为一个媒体,'苦劳网'以极其有限的资源长期为公益发声,其用心与成效,值得肯定"(财团法人卓越新闻奖基金会,2008)。2012年,"苦劳网"出品的《兰屿核废料检整系列报道》《马祖博弈中》,还分别入围第十一届卓越新闻奖的平面报道类"最佳调查报道奖"和"最佳专题报道奖"。

当前中国大陆,鲜见严格学理意义上的另类媒体。随着传播技术的发展,进入21世纪后,多呈现为广义的新媒体另类传播。这与网民数量增长和社交媒体发展有着紧密关联。

据CNNIC发布的《第34次中国互联网络发展状况统计报告》,截至2014年6月,国内网民规模已达6.32亿;其中,手机网民规模达5.27亿,占总体网民比例83.4%。在上网设备中,手机的使用率达83.4%,首次超越传统PC的80.9%整体使用率,其作为第一上网终端设备的地位更加巩固。在"交流沟通类的应用"中,"即时通信"的网民使用率为89.3%,用户规模为5.64亿,在各类网络应用中居于第一位。其中,"博客"的网民使用率为19.3%,用户规模为1.22亿,作为一个内容发布平台,其发展呈现出"精英化、专业化"的特征。"微博"的网民使用率为43.6%,用户规模为2.75亿,已经成为个人、机构以及其他媒体的"信息发布交流平台",同时也为手机应用、社交等提供了平台支持,还开始涌现出一些"垂直化、精细化"的内容。据此后CNNIC发布的同类报告显示,国内互联网普及率逐步提高、网民规模不断增速,且网民的上网设备向手机端集中;移动互联网的确在形塑一种新的社会生活形态。

为网民青睐的"即时通信"中,后来居上的是"微信"(We Chat),一款由腾讯公司于2011年1月推出的面对智能手机用户的实时通信软件,提供好友分享文字与图片、分组聊天、语音和视频对讲功能、"一对多"的广播、消息、照片/视频共享、信息交流联系,以及互联网购物、理财、游戏等多项服务。据市场研究公司 On Device 在 2013 年的调查,微信当时在中国大陆市场的渗透率已达 93%。[①] 迄今,它已经是增速最快的手机应用和互联网服务。上线之后不到两年,用户就已逾 3 亿,其中有超千万的海外用户。方兴东等(2013)预测:"微信的注册用户 5 年内将突破 8 亿,届时将成长为继 Google、Facebook、Twitter、Yahoo、YouTube 之后的第六大世界级互联网平台。"就微信目前的发展状况而言,这一预言基本不会落空。

  2012 年 8 月,微信公众平台正式上线,旨在增加更优质的内容,形成更强的用户黏性,进一步增强了微信的传播力。一年后又进行大幅调整,微信公众号被分为"订阅号"和"服务号"。若运营主体是个人,则只可申请前一种;若是组织如企业、媒体、公益组织等,则两类均可以申请。据腾讯公司公布的 2015 年业绩报告[②],截止到 2015 年第一季度末,微信的每月活跃用户已达到 5.9 亿,用户覆盖 200 多个国家、超过 20 种语言;其中,近 80%的用户关注微信公众号。

  追随互联网发展状况的变化,近几年中国新媒体另类传播,从前些年的电子杂志、公共博客,逐渐更多地应用微博、微信公众号等社交媒体形式。具体到新工人领域及劳资关系议题,除少量的印刷文本外,另类媒体实践主要借助于新媒体技术,开设微博、微信公众号。相较主流媒体,它们在价值取向和内容生产上特色鲜明,从下述两例个案中可窥豹一斑。

[①] 新浪科技:《移动聊天应用全球格局图 WhatsApp 占据主导》,来源:http://tech.sina.com.cn/,访问时间:2013 年 11 月 27 日。

[②] 移动互联网资讯:《2015 年微信用户数据报告》,来源:http://mt.sohu.com/20151030/n424741512.shtml 访问时间:2016 年 2 月 26 日。

三、个案一：聚焦新工人群体的另类媒体 XSD

XSD 是一项聚焦新生代农民工[①]的"关注计划"的组成部分。该计划由来自大陆、香港四所高校关注农民工问题的学者共同发起，旨在促进大学生关心劳动阶层、洞察社会现实。XSD 依托于新媒体进行传播，架构较为全面，含有主题网站、新浪微博和微信公众号三个平台，其宗旨为——"秉承'推动经济民主，维护劳动价值，建设公义社会'的核心价值理念，倡导反思与批判，注重行动参与，力求在信息化、网络化的时代，倾听底层，传播劳工声音。"相较于浏览其网站，更多人是通过微博和微信关注 XSD，以下主要对这二者进行观察。

1. 集体微博@GZXSD

新浪微博@GZXSD 开通于 2010 年 5 月 19 日，是"加 V 认证"的微博，其认证信息为"高校 9 名社会学者集体微博"；其"头像"为一幅女工照片，人物眼神中弥漫着无奈与疲惫；简介则是——"富士康'九连跳'成社会热点话题。鲜活的生命纵身一跃戛然而止。T 大、P 大等高校 9 名社会学者开设此微博客，密切关注新生代农民工问题。"在新浪微博平台上，@GZXSD 的"粉丝数"为 33000 余人，尽管与动辄"粉丝数"过百万的网络"大 V"用户相比并不足道，但在笔者观察的劳工类微博中已是名列前茅，其他诸如@工评社、@时代女工服务部、@打工妹之家、@义联劳动法律援助中心、@城边村—打工者的网络家园、@新工人网、@工通社—农民工社区等，受关注度更是有限。

2010 年劳资关系领域，深圳富士康员工连续的自杀悲剧令人瞩

[①] 本章两例个案描述，为尊重其原貌，在行文中会保留他们所运用的"农民工"/"新生代农民工"称谓。需要强调的是，正如我在第一章所述，用"新工人"（New Workers）指称这一群体，尤其是当中的新生代，会更为准确和中性。

目。1月至5月中旬,短短数月,已经发生9起坠楼事件,造成7死2伤的惨痛后果。在此刺激之下,5月18日,内地和香港共7所高校的9名社会学者联署一封激越的公开信(《中国工人》"本刊特稿",2010),呼吁:"我们从富士康发生的悲剧,听到了新生代农民工以生命发出的呐喊,警示全社会共同反思这种以牺牲人的基本尊严为代价的发展模式。"信中提出四点倡议——(1)"国家立即转变当下发展模式。"(2)"所有企业在提高农民工待遇和权利方面做出切实努力,让农民工成为真正的'企业公民'。"(3)"地方政府为农民工住房、教育和医疗等社会需求提供政策保障,让农民工成为真正的'社区公民'。"(4)"新生代农民工珍惜自己的生命、珍惜彼此的生命,用积极的方式来回应劳动者今天的困境,争取基本的劳动权益,保护自身和家庭的生存权利。"

次日,该公开信发出;为了进一步扩大影响,当日傍晚即在新浪网开通了他们的集体微博@GZXSD。不到两天,"粉丝数"迅速增长为3500人,效果超出预期,来自P大的L君在5月21日的一条微博中写道——"在这个娱乐为王的时代,如此严肃甚至沉重的话题引起这么多朋友的关注,让我们几位公开信的起草者深受感动。很多评论来不及一一回复,唯有感谢!关注就是力量,改变起于足下。"

如表5-3所示,从2010年5月19日至2014年5月19日,新浪微博@GZXSD在4年间,共发了2885条微博,从平均频率看,尚属活跃。初开通时,9位学者基本都曾在这一平台上发言。之后,只有L君最为积极,更新微博内容并与读者进行互动、接受媒体访谈以及参与电视节目,担负着该群体"发言人"的角色[①];此外,T大的G君、香港的P君等也偶尔出现。2011年9月4日,经过学者们的授权,由中山大学华南农村研究中心"关注新生代农民工计划"的志愿者负责维护更新,

---

[①] 2014年3月,我在香港与学者P君进行交流,她提出L君是他们的"发言人",大部分的媒体传播事务均由其负责,证实了笔者已有的观察。

但 L 君仍时有参与。

若以"劳工主体性"作为内容衡量标准,即具体每条微博是否直接关乎到基本劳动状况、劳动权益维护、劳资关系诉求等,如表 5-4 所示,在全部 2885 条微博中,直接反映劳工议题的有 1448 条,相关率为 50.2%。臧否时政、历史问题、见闻感想等其他议题的微博共有 1185 条,占总数的 41.1%,其基本价值取向虽以社会批判为主,但是在严格意义上与劳工无关。具体内容"无法判断"的微博有 252 条,均为发布后不久即遭删除,兼有"原创"和"转载"两类。需要强调的是,少量微博虽已删除,但据其后"评论"中的只言片语,仍可推断出它的具体内容。因而,4 年间@GZXSD 所发布的 2885 条微博,由于微博平台内容审核机制,删除率超过 9%,显现出另类媒体的作为空间受限。

表 5-3 2010—2014 年@GZXSD 的内容数量

时间段	总量(单位:条)	有效时间(单位:天)	频率(条/天)
2010.05.19—2011.05.19	292	66	4.42
2011.05.20—2012.05.19	941	149	6.32
2012.05.20—2013.05.19	1058	241	4.39
2013.05.20—2014.05.19	594	196	3.03

表 5-4 2010—2014 年@GZXSD 的内容特征

时间段	相关	非相关	无法判断	总量
2010.05.19—2011.05.19	243	41	8	292
2011.05.20—2012.05.19	608	257	76	941
2012.05.20—2013.05.19	394	554	110	1058
2013.05.20—2014.05.19	203	333	58	594
总数(百分比)	1448(50.2%)	1185(41.1%)	252(8.7%)	2885(100%)

进一步地分析可以发现,新浪微博@GZXSD 的内容颇为集中,主要涉及制造业和建筑业的农民工,聚焦"富士康工人""尘肺病工人"、

学生工、建筑工等群体,探讨他们的基本劳动状况和劳动权益保障问题。其中,1448 条相关微博,所传播的信息大致可以分为三类。

其一,从专业角度剖析"农民工生产体制"的弊端。对 2010 年"深圳富士康员工自杀事件"的讨论即是典型一例。如前所述,在新浪网设立认证的集体微博@GZXSD,正是学者们在悲剧冲击之下反应的结果。开通后一年内,它所推送的 243 条相关微博,基本均是围绕这一事件,言论相当密集。企业自身、多数主流媒体以及部分公众的"个体归因"论调,即认为酿成自杀惨剧应归咎于新生代农民工的"脆弱""娇贵"所致的心理失衡等个人因素,遭到学者们的严厉批判。他们强调应采取"社会归因"的分析模式,认为在现有的社会制度安排和经济发展模式之下,新生代农民工依然面对着传统的"农民工生产体制",生存困境和认同危机迫使他们以生命来抗争。这从表 5-5 所摘录的 25 条代表性微博中可以有所感知。

表 5-5 @GZXSD——2010 年"深圳富士康事件"微博摘录

序号	内容
1	当看不到打工通向城市安家生活的可能性的时候,打工的意义轰然坍塌,前进之路已经堵死,后退之路早已关闭,身陷这种处境中的新生代农民工在身份认同方面出现了严重危机,由此带来一系列的心理和情绪问题——这正是我们从富士康员工走上"不归路"背后看到的深层的社会和结构性原因。
2	假如像富士康这样实力雄厚的代工企业都将法律规定的"最低工资"执行为农民工的"最高工资",试问:劳动者的出路何在? 富士康 1988 年进入大陆,短短二十年间发展为电子行业的代工领袖,而劳动者仍然在艰难地"跳着生存的舞蹈",其中劳资关系的失衡昭然若揭。
3	个体的苦难源于社会的不公正,源于制度安排的不合理。因而个人的就是社会的,把自杀原因完全归结于个人是在解脱企业的责任、政府的责任和全社会的责任,因此只针对个体的心理辅导不是根本的解决之道。
4	"世界工厂"的发展模式已经走到了尽头,年轻的工人用生命作出无声的反抗! 农民工的存在是一种时代的罪过——罪恶和过失,生命已经为它敲起了警钟! 我们需要一种更具有人性和尊严的社会发展模式。

续表

序号	内容
5	即便只执行底线工资,富士康招聘柜台前仍然排起长龙,人们习惯说它是由劳动力供求关系决定的,是完全的市场行为。其实,劳动关系的背后是社会关系,工资水平的制定,从来都关涉劳资双方力量。在劳动者无法以工会等组织形式与资方谈判的情况下,个体用脚投票的后果就是接受底线工资。
6	驳郭台铭之一:"跳楼事件与工作压力和企业管理无直接关系"。众所周知,自杀是当事人自己主动选择结束生命的一种方式,如果说与自杀有"直接关系"的,只有当事人自己。而说到间接关系,甚至说自杀的主要外部原因,富士康是无论如何不可以凭几个心理专家的"证词"就推卸责任的了。
7	驳郭台铭之二:"我们管不了男女感情问题"。其实,不仅郭台铭管不了员工的男女感情问题,他们的父母恐怕都管不了。这里,郭台铭显然是在王顾左右而言他,没有人会对他提这个要求,他要做的是他应尽而未尽的责任:为员工提供一份有尊严的工资,为员工创造一个人性化的工作环境。
8	"企业员工自杀,是员工个人心理失衡所致"似乎正在形成"共识"。资本家、政府新闻发言人、专家都不愿意去触碰"个人"之外的任何问题,在这种类似"共谋"的遮蔽下,年轻的生命尽管接连纵身而跃,沉重的肉身尽管叩击坚硬的地面,却依然得不到应有的回响,有如砸在一堆厚重的棉絮上。
9	在富士康"连跳"惨剧不断上演之际,有人反而变本加厉地沉迷于对"第二代农民工"的"娇贵化"想象——自杀是个人心理脆弱的表现,是因为他们吃不了苦……对工人"娇贵化"的想象,就是对"血汗工厂"的美化;而对"血汗工厂"的美化,就是对劳动价值和人的矮化。
10	中国制造在全球创造了辉煌的业绩,但倘若这样的业绩是建立在中国员工没有尊严的劳动和没有幸福的心灵之上,这种发展终将难以为继。当下,富士康和广州本田的劳工们,不惜用激烈的方式、以鲜活的生命为权利而抗争,用扑面而来的悲壮,向全社会发出提醒——是时候赋予"中国制造"体面和尊严了。

续表

序号	内容
11	城乡教育资源分配不公所造成的学历局限以及近年来的就业难,使新生代农民工被"锁定"在劳动力市场的底端,被"锁定"在弱势位置上……出事的民工都被看成"有问题"的"他者",企业和某些权威人士以其规则和等级秩序代言了这个群体,他们在被动之中成为无能、失语的问题人群。
12	"十二跳"的这些孩子的行为并非如一些人所理解的那样"脆弱",应该看到,这是他们发出"声音"的方式——用生命来捍卫声音……他们是在用生命为这个群体求救,用生命来纠正社会对他们的误读。现在,生命在呼唤我们赶快听懂和及时地应答,因为眼下的情形告诉我们:悲剧只能止步于理解。
13	富士康的N跳悲剧,逝去的十多条年轻的生命,是对国家、整个的社会,以及我们每一个人的拷问。富士康运用它强大的公关力量,正在将这一系列悲剧扭曲成为"个人问题",无人需要负责,皆大欢喜中"血汗"工厂的生产机器开足马力继续高速运转,并不可避免地在将来制造出更多的"个人问题"和类似悲剧。
14	一个几乎颠倒了的图景:劳动、工作本来是为了过好日子,却成了生活的重中之重;开工厂、办企业、搞经济开发,初衷没有不是为了讨好生活的,却成了核心目标。手段与目标如此倒置,不"失范"、不出事才怪!
15	我认为,罢工虽然是法律不禁止的行为,但并非最好的办法,更不应该是最先采用的办法,它往往造成劳资两伤的局面。我们毕竟还是共产党领导下的社会主义国家,理应将我们先进的工会制度设计真正运作起来,以一种有组织的方式,带领工人与资方进行更理性、更具建设性的集体协商和谈判。
16	对于人类社会存在的各种问题,从来就有两种视角:一种是追究个人的责任(归为个人"懒惰""无能"、人生失败、精神失常等);另一种是指出社会环境、制度、关系、结构存在问题。我持后一种观点。
17	富士康无疑就是"血汗"工厂,十几条鲜活生命的陨落,流的是血;每天在生产线上过度紧张劳动10—12小时的工人,流的是汗。郭台铭如果要狡辩,请他先到生产线上去"体验",哪怕一天。

续表

序号	内容
18	《劳动法》规定:组织工人加班每天不能超过2小时、每月不能超过36小时。现在每月加班100小时是不是富士康组织的?用最低工资驱使工人为维持生存去加班,反过来推卸责任说什么工人"自愿",这是在18世纪的英国、19世纪的美国资本家早已使用过的伎俩,但在21世纪的中国,我们不能允许。
19	对于富士康长期明显违反《劳动法》的生产方式,当地政府不能含糊其辞地讲什么"是快速工业化、城市化、现代化的转型期出现的特殊问题",要旗帜鲜明地指出任何企业不能违反中国的法律,这是对我们多年来讲"三个代表"、讲"科学发展观"、讲"构建社会主义和谐社会"最起码的要求。
20	我们对政府要期待。我们期待深圳市工会纠正它在悲剧之初就提交的错误报告"未发现明显超时加班现象";我们期待深圳市公安局像它在第十跳发生不久就"高效"出台死者自杀原因报告一样,高效调查孙丹勇、马向前等死亡案件;我们期待包括人保部在内的中央调查组尽快公布调查结果。期待也是力量。
21	富士康下一步要做的是改变半军事化的管理方式,再明确一点说要改变工厂权力结构,既然资本、劳动都是生产要素,不能只强调资本家养活了工人,如果没有劳动者的脑力体力投入,资本(钞票)只是一堆纸。在今天的中国,不能"资本在前昂首阔步、劳动者在后唯唯诺诺"(马克思)。
22	我们不仅在揭露一个富士康,而是反对在"社会主义中国",照搬"资本主义工厂制度"。富士康不是劳动条件最差的工厂,要通过对富士康的揭露,震慑对工人剥削更加严重的"血汗"工厂,既包括外商投资企业,也包括本土的私营企业。
23	富士康宣布加薪三成,是值得肯定的一项积极举措。但是,考虑到深圳即将调高最低工资标准(估计在20%左右),加薪后的富士康一线员工的工资水平仍停留在略高于最低工资的水准,如果富士康不能建立真正的工资集体协商机制和正常增长机制,广大一线员工仍然摆脱不了靠加班才能维持生存的困境。

续表

序号	内容
24	工人确实可以选择"自由"地离开富士康,但是,在整个充当"世界工厂"的社会经济体制下,工人只能在这个"血汗"工厂或那个"血汗"工厂之间做出选择、只能在把自己出卖给这个"富士康"或那个"富士康"之间做出选择。
25	我们调查的目的不止于揭露富士康的违法行为或是富士康"集中营"式的管理模式,而是呼吁全社会共同反思这种以牺牲劳动者基本尊严为代价的发展模式。"连环跳楼"事件的幕后黑手是垄断资本的生产方式,这样的生产方式不改变,这样的"世界"工厂模式不终结,悲剧难免重演。

其二,即时传播为主流媒体所屏蔽的劳资冲突信息。2011年的"深圳GX代工厂罢工事件"即是一例典型。GX精密表链厂为日本西铁城位于深圳的配件代工厂,因不满工资和社保等问题,1200余名工人于10月17日起开始罢工。从10月18日至11月2日,@GZXSD对此发布了三十余条微博,其中数条已被删除。目前可见具体内容的有30条,如表5-6所示,其推送时间具体为——10月18日,第1—7条;10月20日,第8、9条;10月21日,第10—16条;10月23日,第17、18条;10月25日,第19—23条;10月26日,第24条;10月27日,第25、26条;11月1日,第27、28条;11月2日,第29、30条。

表5-6 @GZXSD——2011年"GX厂罢工事件"微博

序号	内容
1	求关注。深圳市宝安区沙井镇黄埔第二工业区。GX精密。劳资纠纷大罢工。
2	罢工还要继续,想不明白,日本人做老板怎么是这样解决问题的。不怕再激起工人们更大的情绪吗?痛痛快快赔完别人应得的钱不就可以了吗?这样拖以为别人会放弃吗?西铁城子公司。大罢工。求关注。

续表

序号	内容
3	工人们还是有素质,其实厂门口就是大马路。大家知道去马路上肯定会轰动的,但是大家没有去。
4	化学部工友辟谣说,管理的利益和厂方更近,唯一例外是化学部老大站在工友一边。工友还说,罢工是因为化学部率先拒绝上工而产生的连锁反应,而化学部停工是因为搬厂导致部门将要逐个解散。之前开关部解散只给工友们发了50%的赔偿金,而下一个就是化学部。
5	跟大家说,黄埔公司不是黑势力。大家又在游了。
6	工人们在等待。
7	结果还是没有钱赔。哎。
8	#GX罢工#和一位年轻工友聊了起来,他进厂一周,诉求的他没份,是被裹进来的:"全厂罢工,没事做只能玩啦。"他觉得罢工是当官的发动的,他们不愿出头。"搬厂他们不愿意,想要厂里赔钱,不然工人哪个知道要赔钱嘛",工友说,"昨天车间里发了单,一看就是有水平的写的。"是不是这样呢?我再问问。
9	"搬厂花那么多钱他能掏得出来,给我们他不愿意给,"工友总结说,"西铁城有钱……"
10	刚刚好吓人,高层们想挡住工人们不让通过。今天的通知让工人们很气。就不让他们挡。结果双方都推了。
11	高层不用挡,你们也挡不住,这么气人的时候你挡不是想自找苦吃吗?
12	听说是女生倒地了,工人才这么气。才冲破他们的。
13	工人被打,现在有工人手出血了。
14	很气很气……
15	GX厂罢工新动态!
16	嗯。倒车的时候怎么不多看一下呢?总是听到有人倒车不好好看,轧到人了。
17	被殴员工手臂被打折、脚趾被踩破,鲜血直流!
18	中间穿蓝色衣服、插腰的就是打人的日本人!
19	罢工继续中……

续表

序号	内容
20	【日本手表品牌西铁城深圳代工厂1178名员工罢工】由于不满工资、社保和公积金等问题,日本手表品牌西铁城(CITIZEN)位于中国深圳的代工厂——GX精密表链厂1178名员工17日起开始停工,要求资方依法支付相关费用。截至10月24日下午4时,工人尚未复工。http://t.cn/SPEUcQ
21	#(西铁城)深圳GX厂全厂大罢工#该厂缴纳社会保险费有严重克扣行为:入厂半年内不给缴纳三险一金,半年以后也未足额缴纳,有一员工提供工资单:该员工月总工资为2549元,应缴养老保险个人204,但只缴了106,由此可知厂方应缴255元变为了132元,少缴了123元每月。事实上工人月平均工资不止2550元。(有图片)
22	#(西铁城)深圳GX厂全厂大罢工#罢工第9天,上午有财经1线及广东电视台来该厂采访,见证了罢工现场,直观地否定了有些媒体所说的只是部门员工在罢工。(有图片)
23	#(西铁城)深圳GX厂全厂大罢工#电视台记者来该厂采访,但是(西铁城)董事高桥康明捂脸而逃,当地政府部门也全体玩起了捉迷藏。
24	【员工控诉日本西铁城深圳代工厂为血汗工厂】深圳西铁城代工厂工人爆料工厂是压榨员工的血汗工厂。工厂设下霸王条款:以上厕所饮水为由,每天扣工人40分钟。这40分钟分布在早午晚三个时段。这段时间外,工人上厕所要向领班申请离岗证,否则就会被扣分。扣满15分就会被当作自动离职。http://t.cn/ShvHe0
25	罢工人潮丝毫没减少(有图片)
26	罢工继续……惊动了武警……(有图片)
27	【西铁城工人最新消息】:上周五时工厂与政府协商的结果是三天时间解决问题,今天是最后一天,很多人被逼签复工单,不愿意签的多讲一句话,旁边他们一伙的就严厉威胁"别管他!不签就别签!等会儿把他也抓走行了!"被逼签了"复工单"的就给一份回执单,还说只有拿那个回执单,下午才能进工厂!(有图片)
28	【西铁城工人最新消息】:今天上午,又发生了很多让我们极度气愤的事情!有一些貌似政府人员的带着"工作证"的人,是反着带的,不敢让我们看到,来"劝导"我们复工……我们只是维护自己的合法权益!!!

续表

序号	内容
29	陈玉祥老总与工人谈判:老总大声呼喝,你们在干什么!你们想干什么!他手拿工厂单方面做出决定的通告。通告中宣称与工人"协商过"。所谓"协商过",其实全厂无一人同意。
30	分享@打不倒的西铁城工人的博文:来自西铁城工人的一封公开信:我们的行动还未完结推荐给@头条博客 http://t.cn/S7THw5

上述微博之中,除最后一条为原创外,前 29 条均为转发。它们源自 7 个不同信源,可划分为工人、劳工机构和主流媒体三类。按照表中序号,1—3、5—7、10—14、16 来自该厂年轻女工@ 小米 001 的玫瑰;4、8、9 来自@ 镙丝钉—1,其被称为"左翼工运男";15、19、25、26 来自该厂男工@ 徐凤不止;17、18、21—23 来自@ 止不住多说两句,其身份尚不确定;27—29 来自@ 打不倒的西铁城工人,应为该厂工人;20 来自@ 女工关怀,为 1996 年于香港注册的 NGO"女工关怀"机构微博;24 来自@ 新浪财经视频,隶属主流商业门户网站。事发近 10 天后,主流媒体对此事才公开报道,其中《每日经济新闻》记者 10 月 26 日下午到工厂探访①;相较而言,@ GZXSD 充分展现了其作为"即时传播平台"的功用。值得注意的是,在报道这一事件时,仅有财新传媒《新世纪》周刊等个别媒体直接使用"罢工"进行描述②,其余绝大多数均采用了"停工"一词。

此外,2012 年"深圳欧姆电子厂罢工"亦是典型个案,从 3 月 29 日至 4 月 1 日,@ GZXSD 发布了 70 余条相关微博,且附有 30 余张现场照片。此外,2012 年"山西太原富士康工人骚乱"和"深圳胜技制品

---

① 刘功武、韩海龙:《西铁城深圳代工厂停工 10 天 最终解决方案仍未出》,《每日经济新闻》2011 年 10 月 27 日,其链接为:http://money.163.com/11/1027/02/7HBB0GE600253B0H.html。
② 王婧:《西铁城深圳代工厂罢工始末》,财新网,2011 年 11 月 24 日,http://china.caixin.com/2011-11-24/100331010.html。

厂罢工"、2013年"香港码头工人罢工"等被忽视或被遮蔽的劳资冲突信息,亦借助此平台实现了及时或相对全面的传播。

其三,普及介绍劳动三权理念及劳工权益保障知识。当前劳资冲突频发,使得劳资关系秩序如何重构成为社会各界所瞩目的问题。对此,除了专业著述之外,前述9名社会学者还积极通过媒体进行面向大众的发言。其中,一方面是借助传统媒体,例如:香港的P君等人于2012年"五一"劳动节前夕,在《南方都市报》"评论"版发表长文《再造全新劳动关系,走出尴尬世界工厂》,提出:走出中国目前的发展困境以及由此带来的严重的社会矛盾,关键是在生产方式上调整劳动关系状况,解决广大劳动者的出路问题,使之不致沦为资本赚取利润的工具,重新赋予其主体性的地位。另一方面,则是借助新浪微博@GZXSD这一平台,重点探讨如何保障劳工权益问题。其中,有对劳动三权理念的普及,如曾对"罢工权"问题进行辨析[1];此外,更有对劳工权益保障知识的积极介绍。如表5-7所示,它于2011年9月6日至17日制作专题——"劳动法知多少",共推送了19条相关微博,涉及劳动关系诸方面的法律规定。

表5-7 @GZXSD——专题"劳动法知多少"微博

序号	内容
1	从上班之日起,工人就与工厂建立了劳动关系,应当从上班之日起一个月内签订劳动合同,工厂自工人上班之日起超过一个月不满一年不与工人订立劳动合同的,应该向劳动者每月支付两倍工资,跟工厂订劳动合同,应当遵循合法、公平、平等自愿、协商一致、诚实信用的原则。

---

[1] 2013年3月20日,针对@一杯浓斋啡的微博——"有人鼓吹'罢工自由',不是无知,就是煽动。连以自由国度自居的美国,法律都没有'罢工自由'条款,且罢工须由工会组织。但却有如发生经济罢工,雇主有权雇人去'永久性取代'罢工者职位的法律规定,即允许雇主解雇罢工工人。美国98%以上的劳资纠纷都不是罢工解决,而是用集体谈判,"@GZXSD转发并作了批驳——"罢工权和随意罢工是两个概念,在美国和欧洲的 些国家,确实不可以随意罢工,罢工须经过工会批准。但是,其前提条件是,工会是工人民主选举的组织,工会代表和维护工人的权益。"

续表

序号	内容
2	工厂招工时应当如实告诉工人工作的内容、条件、地点、职业危害、安全生产状况、劳动报酬以及工人要求了解的其他情况,工厂招工时不得扣押工人的身份证和其他证件,不能要求工人提供担保或缴纳押金。
3	工厂没有跟工人签订劳动合同、没有明确约定劳动报酬的,按集体合同规定的标准执行;没有集体合同的实行同工同酬。
4	固定期限劳动合同是指工厂与工人约定合同终止时间的劳动合同。无固定期限劳动合同是工厂与工人约定无确定终止时间的劳动合同。工人在工厂连续工作满十年的或工厂跟工人连续订立两次固定期限劳动合同的,可以签无固定期限劳动合同。
5	劳动合同由工厂和工人协商一致,并经工厂与工人在合同文本上签字盖章才生效;工人和工厂各拿一份劳动合同文本。
6	劳动合同应当写明工厂的名称、住所、法定代表人以及工人的姓名、住址、身份证号码、劳动合同期限和工作的内容和地点、工作时间和休息休假、劳动报酬、社会保险、劳动保护、劳动条件和职业危害等内容,也可约定试用期、培训、保守秘密、补充保险和福利待遇等其他事项。
7	劳动合同期限三个月以上不满一年的,试用期不能超过一个月;劳动合同期限一年以上不满三年的,试用期不得超过两个月;三年以上固定期限和无固定期限劳动合同试用期不得超过 6 个月。试用期包含在劳动合同期限内,工厂只能跟工人约定一次试用期。
8	以欺诈、胁迫的手段或者乘人之危,使工人在违背真实意思的情况下订立或变更的劳动合同,或者在合同中工厂免除自己的法定责任、排除劳动者权利,甚至违反法律、行政性法规强制性规定的合同都属于无效或部分无效合同。
9	对劳动合同的无效或者部分无效有争议的,由劳动仲裁机构或者人民法院确认;劳动合同被确认无效,工人却已付出劳动的,工厂应当向工人支付工资,数额参照工厂相同或相近岗位工人的工资数额确定。
10	工厂应当按照劳动合同约定和国家规定,向工人及时足额支付工资,工厂拖欠或克扣工资的,工人可以依法向当地人民法院申请支付令。工厂应当严格执行劳动定额标准,不得强迫或者变相强迫工人加班,工厂安排加班的,应当按照国家有关规定向工人支付加班费。

续表

序号	内容
11	工人可以拒绝工厂管理人员的违章指挥和强令冒险作业;对于危害生命安全和身体健康的劳动条件,工人有权对工厂提出批评、检举和控告。
12	工厂和工人协商一致,可以解除劳动合同。工厂提出解除劳动合同,需要向工人支付经济补偿。工人提前三十天以书面形式通知工厂,可以解除劳动合同。工人在试用期内提前三天通知工厂,可以解除劳动合同。
13	如果工厂没有按照劳动合同约定提供劳动保护或劳动条件的,没有及时足额发放工资的,没有依法为工人缴纳社会保险费的,或者工厂的规章制度违法法律、法规的规定,损害劳动者权益的,工人可以解除劳动合同,并要求支付经济补偿金。
14	工厂以暴力、威胁或者非法限制人身自由的手段强迫劳动者的,或者工厂违章指挥、强令冒险作业危及工人人身安全的,工人可以拒绝,不视为违反劳动合同;工人可立即解除劳动合同,不需要事先告知工厂。
15	工人因病或非因工负伤,在规定的医疗期满后不能从事原工作,也不能从事由工厂另行安排的其他工作的,或经过培训,不能胜任工作的,或者劳动合同因客观情况而无法履行的,工厂提前三十日以书面形式通知工人或者额外支付工人一个月工资后,可以解除劳动合同,工厂需要向工人支付经济补偿。
16	工厂因破产重整、生产经营发生严重困难、转产、技术革新或经营方式调整需要裁员的,要提前三十天向工会或全体工人说明,并经向劳动行政部门报告方可裁员。
17	工人从事接触职业病危害作业而离岗前未进行职业健康检查或者疑似职业病病人在诊断或者医学观察期的;工人在工厂患职业病或因工负伤并被确认丧失或者部分丧失劳动能力的;工人患病或非因公负伤,在规定的医疗期的,或者女职工在孕期、产期、哺乳期的,工厂都不能解除劳动合同。
18	工厂违法解除或者终止劳动合同,工人要求继续履行合同的,工厂应当继续履行;工人不要求履行的,由工厂支付经济补偿。经济补偿按工人在工厂工作的年限,每满一年支付一个月工资;六个月以上不满一年的按一年计算;不满六个月的,支付半个月工资。

续表

序号	内容
19	劳务派遣公司应当与工人订立两年以上劳动合同,按月支付工资;工人在无工作期间,劳务派遣公司应当按照当地政府规定的最低工资标准向工人支付工资。被派遣工人享有与用工单位的工人同工同酬的权利,有依法参加、组织工会的权利。

2. 微信公众号"XSD"

微信公众号"XSD"是公众订阅号,于 2013 年 11 月 22 日开通,至 2014 年 9 月中旬,经与主编 T 君确认,其时订阅用户人数为 3300 余人。尽管较之"十万级"乃至"百万级"的公众"大号"颇不足道,但是在劳工类微信公众号中已属佼佼者;不过,它的发展充满波折。

微信作为新一代即时通信软件,其崛起的背景是当前互联网正处于第三次发展浪潮——"即时网络阶段"。在传播机制上,微信以个人人际关系为核心,通过"强关系"和"弱关系"两种方式进行信息的生产与传递;其中,两者的区别在于微信用户是否经过"互相确认"而形成网络社交关系(方兴东等,2013)。从强关系来看,微信最基本的关系网络是基于现实生活中的亲缘、学缘、业缘和友缘而形成的关系,都存在相互关注的特性,双方主要以点对点的人际传播方式沟通信息。从弱关系来看,微信提供了进一步扩大社交范围的功能,其所传递的信息大致有两类:一种是用户信息,通过"查找附近的人""摇一摇""漂流瓶"等 SNS 应用,接触陌生用户;另一种是内容信息,通过 APP 和公众账号等方式接收非熟人发布的信息。微信以"强人际关系"作为主要社交关系,使得受众面较狭窄;不过公众平台及"订阅者"之间的"弱关系"属性,在一定程度上可扩大受众规模。微信公众号"XSD"订阅人数虽然较为有限,但考察微信朋友圈、微信群、微博、QQ 等融合传播效应,可以对其传播效果有相对乐观的期待。

截至2014年11月21日,"XSD"共推送了891篇文章。若同样以"劳工主体性"作为内容衡量标准,那么除了一般性的议题,诸如:《十面霾伏中的口罩学问》等,有近30篇外,皆是直接关乎劳工议题的,相关率超过96%;体裁类型颇为多元,其中既有新闻报道、时事评论,亦有调研报告、学术研究,以及文学作品、口述历史等。

　　这些文章基本可分为"原创"与"转发"两类,转发居多,比例超过80%。其中,原创作品,来源有二:一是"关注计划"课题组成员撰稿;另一是关注劳工议题的个人或组织投稿。至于转发作品,来源大致有五:一是国内媒体,可细分为机关类媒体、工会类媒体、都市类媒体。二是境外媒体,囊括港台、欧美以及东亚,诸如《明报》《立报》、苦劳网、《华尔街日报》、FT中文网、彭博社、韩国国际广播电台等。三是劳工机构,如城边村、打工者中心、手牵手工友活动室、北京义联劳动法律中心、广东木棉社会服务中心、工评社、新工人网、北京行在人间发展中心、春风劳动争议服务部、女权之声等。四是互联网,其中有学术思想类网站,如爱思想、观察者网、当代文化研究网、政见网;有关注劳工问题的个人博客,如王江松、黄纪苏、张治儒等人;有微信公众号,如@清华大学求是学会、@支农调研;有行业类网站,如陶卫网、半导体照明网等;以及草根网友的QQ空间、微博等。五是学术著述,如《开放时代》《上海革命史资料及研究》《国外理论动态研究》等刊载的论文,以及《马克思恩格斯全集》《改革开放年代的资本运动》等著作的部分章节。可见,微信公众号"XSD"的内容来源较为广泛。值得注意的是,国内媒体、学术著述等相对主流的原发来源,起初相当程度上保障了该账号的"安全"运营。据公开显示的资料,截至2014年10月底,唯有2014年8月4日推送的文章,"违反相关规定"以致发送失败;查看该公众号的"历史消息",只有8月3日、10月15日和10月16日的三篇文章,因"此内容被多人举报"以致"相关的内容无法进行查看"。

尽管来源相对广泛,但就具体内容而言,遴选标准与其宗旨严格一致,相关内容均是与基本劳动状况、劳动权益维护、劳资关系诉求等议题直接相关;尤其在观点上,并不以中立、客观、平衡为追求,显现出鲜明的另类媒体特质。在开通后近一年内,唯有一例例外——2014年8月30日推送的《中大学子论战:大学生是否应该声援环卫工人》,对于学生是否应该积极介入广州大学城的环卫工维权活动,"XSD"同时提供了两篇观点相异的文章,作者皆为中山大学在读学生,一是《我为何不签名》,另一是对此的回应《客观不是借口》,还配发"编者按",提出"相信读者自有评判"。

在传播内容上,微信公众号"XSD"与新浪微博@GZXSD非常相似,皆力图在以下范畴有所作为:从专业角度剖析"农民工生产体制"的弊端;即时传播为主流媒体所屏蔽的劳资冲突信息;普及介绍劳动三权理念及劳工权益保障知识。同时,由于功能定位以及传播机制不同,前者在内容生产上有其独到之处。

其一,更鲜明的反思与批判。2014年1月1日,XSD团队发表元旦致辞《致敬中国工人》,对此有着全面呈现。该文秉承前述领衔聚焦"关注计划"学者们一贯反对新自由主义的立场,开宗明义提出——"蛇年岁末,在各大门户的财经年会上,自由派经济学家们的声音在喧嚣的2013年底达到了顶点……2.5亿中国农民工的声音依然显得微弱,经济、政治和知识精英对话语权的垄断并未随着新媒体的普及而有所改观,甚至愈演愈烈。"继而,此文回顾1993年的"深圳致丽大火"和2013年"吉林宝丰源大火",指出这两起时隔二十年、吞噬多条生命的火灾事故,原因是如此地相似——安全通道/安全门封闭,充分反映出"资本的强势与工人的弱势"。接着,此文批判作为"专制工厂政体"的富士康,认为主流媒体的普遍漠视、富士康工会的不作为,使"体面劳动"成为遥不可及的生活,工人们一如既往地为生存挣扎。通过梳理2013年的一系列典型事件,此文总结出其核心观点:因为"资本的强势、权力的偏袒和工会的沉默",当前劳资关系领域利益分配格局依旧畸形;而劳动才是价值的唯一源泉,经济发展必须服务于劳动者的福祉;工人唯有团结一致、组织起来,充分发挥蕴藏于阶级自身的力量,才能主宰命运、分享劳动成果,通过寻求经济民主,最终实现公平正义这一社会终极价值。

系统地看,如表5-8所示,27篇代表团队立场的"XSD评论",从修辞到立意,对现实的反思与批判贯穿始终。例如:《谁来为打工子女的教育买单?》直指户籍制度将绝大多数农民工的孩子排斥在城市公办教育体系之外,使其未来发展严重受限,教育平权问题亟待政府努力;《是谁在纵容港台无良企业》则谴责地方政府在政绩观驱使下对港台资本的"竞次"(run to the bottom)行为视若无睹,以致工人的生命权和劳动权益深受"逐底竞争"之害。

表5-8 "XSD"——"XSD评论"文章

序号	时间	标题
1	2014.01.01	《童工:时代罪恶的承受者》
2	2014.01.04	《放弃幻想,团结抗争——2013年度建筑工生存状态盘点》
3	2014.01.16	《科技越发达,人类越解放吗?》
4	2014.03.15	《一部法律救不了的消费社会》
5	2014.04.15	《待遇低、压力大:公交司乘人员的权益如何保障?》
6	2014.04.16	《危机与希望——由阿根廷全国罢工事件所想到的》
7	2014.04.30	《被消费的"五一"》
8	2014.05.31	《谁来为打工子女的教育买单?》
9	2014.06.09	《谁拿走了老王的治病钱?——论被高考作文扭曲的现实》
10	2014.07.01	《裕元罢工的新启示:城镇化与"社保内迁"》
11	2014.07.01	《社保——是企业的阵痛还是农民工永远的痛?》
12	2014.07.28	《女工周建容:深圳转型的牺牲品》

续表

序号	时间	标题
13	2014.07.29	《工人再跳楼,富士康工会安何在?》
14	2014.08.03	《反腐之后,怎么办》
15	2014.08.03	《昆山爆炸案:血色七夕与中国命运》
16	2014.08.07	《是谁在纵容港台无良企业》
17	2014.08.13	《昆山爆炸:工人生命何价》
18	2014.08.16	《左翼自由主义——资产阶级的又一支迷幻剂》
19	2014.08.22	《富士康命案:一部 Iphone6 引发的血案》
20	2014.08.23	《"冰桶慈善"掩盖不了工人被"倒提"的命运》
21	2014.08.28	《致敬环卫工人:广州大学城的圈地运动与工学抗争》
22	2014.09.03	《环卫工罢工 要的不仅仅是金钱》
23	2014.09.10	《为什么学生不想自主保洁——论无组织的学生和产业化的教育》
24	2014.09.11	《欲用劳动加强德育教育 请先善待后勤工人》
25	2014.09.20	《富士康,你的嚣张从何而来?——评富士康白血病事件》
26	2014.11.01	《苹果公司分杯羹?我这不是在求你》
27	2014.11.08	《出租车司机缺的不是正规渠道而是集体力量》

其二,更系统的启蒙与普及。对《铁丝网上的蔷薇》部分内容的连载即是一例。此书(英文原标题为 *Birth of Resistance: Stories of Eight Women Worker Activists*)是一本描写韩国工人运动中女性组织者的著作,由香港社运团体"劳动力"等翻译并发行中文版。在韩国自主工运早期发展历程中,女工承担了带头争取劳动权益的角色,本书8位主角均参与过当年的重大劳资抗争事件,其后亦持续投入女性劳工的组织和教育工作。从2014年1月15日至2月25日,微信公众号"XSD"分10次连载其中李总角、尹惠莲、朴信美、朴泰连和元美贞的故事,她们早年的人生轨迹与今日中国众多年轻女工颇有相似之处,其此后的

抗争与努力、困惑与选择,具有明显的启蒙意味。

此外,连载《罢工的策略》亦是一例。这是根据美国工会教育同盟(Trade Union Education League)于1926年出版的同名小册子翻译而成,该组织由共产党员威廉·Z.福斯特创立,是美国劳工联合会(American Federation of Labor)组织内的反对派。2013年12月5日开始推送时,"XSD"的"编者按"中直接提出——"他山之石,可以攻玉……对比国内,我们可以有所借鉴";至12月3日共分7次连载,系统地讨论了罢工中的诸多问题。例如:第五季"罢工的斗争",该文首先提出老板们准备了"一整套可怕的武器——饥饿、恐怖主义、欺骗,以及欺骗性的小恩小惠";对此,工人的"强大武器"就是"不让老板获得劳动力",不过若要成功实施这一策略,必须"维持团结"。然后,该文从"士气的问题""以进攻的姿态战斗"(含"第一击要狠"和"不断传播的造反"两点)"奇袭的要素""要把斗争搞得轰轰烈烈""罢工的组织体系""纪律""把预备军队发动起来"和"公众舆论及其局限性"八个方面进行了相当翔实的阐述。

除了介绍域外的人物与经验外,微信公众号"XSD"还关注对本土历史与实践的传播,例如《李汉俊与中国工人运动》(共分4次连载)、《李大钊与"到民间去"》《李立三:"立三路线"之外的工运传奇》《马小朵进京30年:从打工妹到NGO》《2013年中国工人斗争剪影:积极的团结起来》《地丁花剧社:女工剧社的艺术赋权与公共空间》等。一些散见于各类媒体中的维权指南和普法信息,"XSD"还将之集纳起来,进行系统普及,相继推送诸如《依法讨薪要注意这些:保留好工资条、考勤表等相关信息》《2013年劳动者有了哪些维权"利器"?》《四种错误观念让劳动者维权失败》《法官授您四个"维权锦囊"》《帮您读懂"五险一金":工伤保险很重要》《加班不给钱?——综合工时制也要给加班费!》《厦门一工厂开除罢工工人 被判违法》《为赶工期疲劳致死 虽有病史也应视为工伤》《女工依法维权记 拿了工资不忘讨赔偿》等实用文章。

其三,更能动地传播劳资冲突信息。自2013年11月开通账号后近一年内,微信公众号"XSD"推送的文章中,关于劳资冲突的有百余篇,按发生区域来划分,一类是国内各地,主要集中在珠三角和长三角两大区域,重庆、河南、宁夏、湖北、河北、江西、黑龙江等内陆省市以及首都北京也时有出现;另一类是其他国家,诸如韩国、英国、意大利、德国、法国、美国、巴西、阿根廷、柬埔寨、希腊、南非、秘鲁等。其中,国外情况,基本均源自境内外媒体的公开报道。国内情况,除个别事件有媒体公开报道外,多由"XSD"的编辑根据博客、微博、论坛等渠道的互联网信息综合而成;此外,少部分由劳工机构供稿;值得注意的是,还有来自"关注计划"课题组的"独家信息",诸如2014年8月16日《江西高安陶瓷工人讨薪追踪:工人被抓不允许探视》、2014年8月25日《北仑集卡司机:前30年拿命赚钱 后30年拿钱养命》等,凸显了"注重行动参与"的特质。

通读上述文章可以发现:国内大多数劳资冲突事件发生的诱因,业已从过往以"底线型利益"为主开始转向寻求"发展型利益"。相较于微博的形式限制①,传播劳资冲突信息,微信的能动性更强,除"即时"这一共同特点外,其内容可以更翔实、更具有接近性。例如:2014年10月26日至28日,上海尚德太阳能电力有限公司因资金周转困难面临破产,其无理由地辞退员工并拒绝赔偿,引发了较大规模的罢工。对此,主流媒体尚无公开关注,微信公众号"XSD"于10月30日零点14分推送文章《上海尚德电力面临破产 拒赔工人引发200人持续罢工》,综合网络信息进行报道,全文近500余字。新浪微博@GZXSD则在当日12点12分发布百余字的信息摘要和全文链接。根

---

① 在新浪平台上,每条微博的长度以140字为限,尽管可以使用"长微博"等方式,但毕竟很有限制。2016年年初,新浪微博曾宣布于2月28日起对所有用户取消140字限制,但是并未如期执行。

据我的个人体验,北京大学校园网系统中,微信文章全文可见;微博链接难以打开。

此外,在日常运营中,其时微博的内容审核机制或许更严格,以致同样一则信息,在微信空间中更有机会留存。例如:2014年8月2日,昆山发生特大粉尘爆炸事故,国内的"劳工界学者"发出联名信《反思昆山粉尘爆炸惨案,全面提升劳工权益》,犀利地指出悲剧根源于"漠视人的权利和尊严的低成本低权利的发展模式"以及与之相适应的"制度安排",此公开信在微博平台上发出不久即遭封禁,但是截止到当年11月中旬,在微信空间中依然可见。

其四,更贴近地倾听劳工个人心声。"倾听底层"是微信公众号"XSD"的宗旨之一。在此方面,相关文章大致可分为三类:一是转自媒体机构,诸如《建筑女工的自述:发工资时最怕听到"再等几天"》《老赵的买房梦:一家三口分散在北京三个地方》《工厂少女:12小时望见一生》《三个打工者"第二代"的故事》等,此类报道彰显了新闻从业者的人文情怀与专业精神。二是来自劳工公益组织人士,诸如《世界变得更平等了吗?——来自打工者的声音》《一个农民工的打工历程与生命期待》《打工者自拍影像记录——身在异乡不为客》《白夜行——我在富士康》《进工厂:做一朵飘零的花》《兜兜转转富士康》等,皆是根据一手资料所撰写,聚焦劳资关系中的真问题。其中,由重庆渝仁爱流动人口社工项目投稿的《一名富士康工人的青葱岁月》,采用第一人称叙述了重庆富士康工人"阿军"进厂以来的经历,通过一个人的生活史,折射出一家工厂的面貌。

需要强调的是,最后一类来自普通工人,数量虽然不多,但是真切叙述自己的所思所感,原生态地再现生活,应予以特别的关注。例如:在2014年"广东东莞裕元罢工事件"中,有工人在现场以诗词、涂鸦等多种表达方式进行抗争。其中,一首《裕元随景》,尽管文学水平不高,但颇生动、充分地反映了他们行动的特征与诉求——"裕元风景独好,几千警力来到。白天工警共处,互不干扰无惧。晚上漆黑一片,警察收队不见。往昔机声隆隆,今朝人影无踪。高埗裕元停产,心里急死老板。如此景象为何,只因欠账太多。工友亲来维权,每日奔波不倦。社保基金补齐,才是大家目的。已经坚持四天,各位还需努力。万万不能歇气,盼盼补齐佳音。"又如:《工厂那些事》一文,诉说个人务工十余年的困境——"没有发家,更没有致富,压力反而越来越大,钱也越来越不够用";以及自己勇于发声但不为工友所理解的困惑——"我们的声音真的没有人听吗?还是我们为了自私怕讲出来。被强加的苦,永远不敢反对,不敢说,永远就有人装聋作哑扮眼瞎。"

上述四点之外,微信公众号"XSD"在原创内容的形式和传播上还不时有创新。例如:《一个劳务工的故事:谁愿意做劳务派遣工!》一文,运用"讲故事"的方式,以工人"小李"的视角,比较劳务工与正式工在收入、福利、归属感等多方面的差异,生动地批判了劳务派遣制度的不合理。又如:《工人与机器——跨越时空的对话》一文,则采取寓言的形式。首先,年轻的工厂农民工"小李"与退休的老国企工人"老王"进行对话,呈现出在不同的生产方式中,工人和机器的关系相异,前者表示"真想把我操作的那台破机器砸了",后者则认为"机器是我的好帮手";继而,"机器"又与"小李"展开对话,讨论人与机器之间为何存在矛盾;最后,形成共识——资本的逐利性使得他们都"只不过是被利用的棋子",唯有工人团结和行动起来"让机器为自己所用",才是破除困境之道。此文探讨的主题,对其核心传播对象新工人群体而言,其实很是抽象且较艰涩,但新颖的行文方式使之相对活泼易懂。

四、个案二:服务于建筑工人的另类媒体 DGD

北京社工机构 RJ 中心,是一家开展专业流动人口服务的公益机构,负责人为 D 君。该机构主办一份"小报"DGD,专门面向建筑工人,始自 2009 年 9 月,存续时间业已超过 5 年。此外,为让工友们能够进一步在公共空间里表达心声,自 2012 年起,RJ 中心还举办过 4 次以建筑业为主题的"DGD 诗歌节"活动。考察宗旨、内容和效果诸方面,小报和诗歌节,共同构成了一个服务于建筑工人的另类媒体。以下对这一个案的分析,所依据的相关资料共有三类:一是 63 份"小报"*DGD* 和 4 辑《DGD 诗歌集》。二是我对 D 君和先后志愿担当"小报"*DGD* 主编 F 君、X 君的访谈①;以及 2014 年 4 月至 2016 年 5 月,我通过邮件、短信、微信等渠道与 D 君的多次讨论。三是相关二手资料,主要包括两篇对 D 君和 RJ 中心活动的媒体报道,均刊于一中央级机关报所辖的《BD 周刊》,该刊具有良好专业声誉;以及 D 君自己撰写的文章。

1. RJ 中心的概况

RJ 中心的负责人 D 君生于 1981 年,长于河北农村。父亲曾是一名建筑业农民工,在北京的工地打工,遭遇过欠薪与讨薪,1994 年全家就过了一个"惨淡的春节"——等到腊月二十八,"老板才发了一点过年费,买完回家的火车票,只剩下 50 多块钱";而且多年的"砌砖"活让其健康深深受损,落下严重的腰椎病,"现在基本不能干活"。D 君本科就读于云南大学的社工专业,毕业后先在云南从事环保公益活动,其时相信"公民社会"理论。

D 君自述:"最初在左翼圈子没有太找到感觉",但是近 3 年后,他困惑于"公民社会无法解决资本问题",一次偶然机会接触到的"自然之友"组织创始人梁从诫先生,向他介绍了台湾的《人间》杂志,并说了一句对他此后的抉择影响至深的话——"真正的环保主义者一定是反资本主义的"。自此,D 君开始转向,理念上信仰马克思主义;行动上则实现"从环保到劳工"的过渡,来到北京从事劳工实践,迄今已逾

---

① 对 F 君、D 君、X 君的访谈,时间分别是 2014 年 4 月 11 日、2014 年 4 月 13 日、2016 年 4 月 25 日,地点均在 P 大校内,每次均超过 1 个小时。

8年。期间,D君曾任职于国内知名大学P大的社会工作研究中心,担任项目专员,当时常去一些工地进行探访,建筑业农民工的生存状况和生活境遇让他深感震惊。2009年,他与伙伴们成立RJ中心,将主要服务对象确定为进城务工群体中"劳动权益最难保障、生活条件最为艰苦、文化生活最为匮乏的建筑农民工"。

据国家统计局的数据,历年来分行业的农民工人数构成,建筑业均位居第二,仅次于制造业。如表5-9所示,2008—2014年间,农民工从事建筑业的比重逐年增加,由13.8%上升至22.3%;不过2015年回落到21.1%。2013年,超过1.25亿的新生代农民工群体中,有14.5%从事建筑业。长期深入建筑工地的D君发现:建筑业农民工的真实数量不止于此,只是由于劳动关系不规范,未被纳入统计范围。其中,新生代建筑业农民工多来自贵州、四川、云南、重庆等西南地区;长远来看,现有比例还将提升,因为目前从事制造业的新生代农民工,到一定年纪后会被工厂"抛弃",只好转向建筑业,工地"只需要力气和一点技术",相对容易生存。此外,目前不少农村地区中学辍学情况颇为严重,那些初中尚未毕业的年轻人,不少也只能在建筑工地务工[①]。

表5-9 2008—2014年建筑业农民工的分布比例(%)

2008年	2009年	2010年	2011年	2012年	2013年	2014年	2015年
13.8	15.2	16.1	17.7	18.4	22.2	22.3	21.1

---

① 这在当前现实中的确不是个别现象。2016年2月,广西一对16岁早婚"夫妻"接受采访,女孩指出"我们初中班级里的同学,据我所知,已经有一半的人都没有再继续念书,现在要找他们,就得去南宁的各大建筑工地,或者广东东莞的各个厂子";男孩就是"在南宁做建筑工,每天挣130元",已经做了两年,但是每个月挣3500元左右,基本只能维持个人花销,感觉生活压力不小。记者问及两人未来如何打算,他们表示"我们会一起出门找点活干,做建筑工……我们都是初中没毕业,只能做建筑工,知道这行很累,知道需要吃苦耐劳,但是是希望可以熬过去"。具体可见罗婷:《广西16岁早婚夫妻:我们一直在考虑怎样撑起一个家》,《新京报》2016年2月25日第12版。

同时,该群体的权益保障状况相当严峻。据国家统计局的数据,拖欠工资方面,2012年平均数据为0.5%;而建筑业的数据则为1.5%;2014年情况并无实质改观,平均数据为0.8%,其他行业均低于平均值,唯有建筑业的比重高达1.4%,仍是拖欠农民工工资的高发地;2015年情况依然不妙,平均数据为1.0%,比上年提高0.2%,建筑业的情形更是恶劣,达到2%,较上年提高0.6%,明显高于其他农民工集中的行业。此外,如表5-10、5-11和5-12所示,2012—2014年,建筑业农民工参与社会保障的比例,总体远远低于其他行业;其中,除"工伤保险"一项略高外,其他各项均为最末。论及这一问题,D君提出:在现行劳动法律体系下,建筑业农民工维权往往"基本无效"。RJ中心接手的一千余起建筑工劳动争议案件,没有一件是能够"依照单纯的法律渠道来完成";2012年以来,他们还遭遇"更为恶劣的法律环境",地方司法行政部门通过实施细则、内部文件和司法解释等方式,"弱化和歪曲"上位法,致使依法维权越来越难。

表5-10　2012年不同行业农民工参与社会保障的比例(%)

行业	养老保险	工伤保险	医疗保险	失业保险	生育保险
制造业	15.2	28.9	18.5	8.1	5.3
建筑业	3.8	14.0	6.0	2.2	1.5
交通运输、仓储和邮政业	24.1	30.6	26.7	15.6	11.3
批发业和零售业	14.3	17.1	15.7	9.3	7.2
住宿和餐饮业	7.0	12.4	8.8	3.9	2.9
居民服务和其他服务业	12.1	16.9	13.3	6.9	5.2

表 5-11　2013 年不同行业农民工参与社会保障的比例(%)

行业	养老保险	工伤保险	医疗保险	失业保险	生育保险
制造业	20.9	32.8	21.7	12.2	8.8
建筑业	3.7	14.4	5.2	2	1.3
交通运输、仓储和邮政业	13.5	17	14.2	8.9	7
批发业和零售业	15.6	25.5	17.4	10.5	7.6
住宿和餐饮业	10.6	17.1	11.9	6.6	3.9
居民服务和其他服务业	11.2	15.9	11.6	6.2	4.8

表 5-12　2014 年不同行业农民工参与社会保障的比例(%)

行业	养老保险	工伤保险	医疗保险	失业保险	生育保险
制造业	21.4	34.2	22.1	13.1	9.3
建筑业	3.9	14.9	5.4	2.1	1.3
交通运输、仓储和邮政业	14.4	19.2	15.0	9.9	7.8
批发业和零售业	17.6	27.8	19.2	12.8	9.2
住宿和餐饮业	10.0	17.2	10.8	5.4	4.0
居民服务和其他服务业	11.8	16.3	12.1	6.6	5.2

面对这一严峻现实，RJ 中心目前主要在两个领域努力作为。一是劳工社会工作，聚焦建筑业农民工群体，其宗旨是：改善他们的劳动条件和生活状况、促进其用工合法化、保护他们的合法权益、增强其权力和能力，以及推动发育建筑业农民工合作互助组织。二是青少年社区工作，其宗旨是：透过为流动人口聚居区的打工子弟及其家庭开展社区服务，构建外来打工者的家庭支持网络和社区支持网络，推动社区资源共享与社区重建。2014 年 6 月，RJ 中心因"致力于建筑业农民工及流动人口子女的社区教育和组织"，荣获国内社会工作领域一项专业奖项的"项目奖"表彰。

作为国内第一家专门为建筑业农民工开展社会工作服务的机构，RJ中心已在北京累计服务十万余名工人；作为负责人的D君迄今已跟踪和调研过百余起建筑业农民工的讨薪、工伤索赔等案例。但是，RJ中心规模不大，并且是"工商注册"类型，相较于"民政注册"类型的公益机构，不能享受税收和公共产品的价格优惠。截止到2014年4月中旬，正式工作人员5人。按其2014年的公开招聘计划，还需补充3名项目干事。2015年，因执行新的项目计划，RJ中心需要在河南开展项目点，6月底发布的招聘启事中，计划招聘2名北京项目干事、8名河南驻点社工。

RJ中心所进行的工地综合服务，主要包括以下三类项目：(1)工人培训——含输入地培训（工地培训）、输出地培训（返乡培训）、劳资争议调解和法律咨询服务、个案的跟进与服务；(2)工地拓展——含工人文艺、工人夜校、工地图书室、工地流动电影放映、工地宿舍探访、口述历史收集；(3)志愿者活动——主要是动员高校志愿者深入工地，发放工友读物、举行联谊活动、开展工地综合志愿服务。

此外，RJ中心还致力于开展专题调研、进行政策倡导。自成立起，他们争取每年年底举办"建筑工人关爱日"，发布调研报告，旨在推动社会对建筑工人生存状况的关注、促进相关法律和制度的完善。该机构的公开资料显示，这一努力颇有成效——2013年，他们发布的"12·5建筑工专题报告"获高层官员重视和批示，成为2014年"两会"全国政协重点提案，而且推动国家人力资源和社会保障部、住房和城乡建设部、国家安全生产监督管理总局、中华全国总工会四部门于2014年年底联合出台《关于进一步做好建筑业工伤保险工作的意见》。2014年，他们发布的《谁在拖欠农民工的血汗钱——当代建筑业欠薪机制与劳资冲突调研报告》，同样受到相关决策部门重视，报告"建议部分"内容为2015年3月公布的《中共中央 国务院关于构建和谐劳动关系的意见》所吸纳。

2015年12月底,在中国社会科学院一研究所举行的研讨会上,D君在发言中将 RJ 中心的工作模式总结为——

> 透过工地探访和工人口述历史,重塑工人对自己劳动价值和尊严的认同;透过工地读书会、兴趣小组突破地域、班组障碍,拓展工人社交网络;透过报纸和工地书屋,教育工人,普及劳工法律政策;透过个案辅导进行意识觉醒和能力培养;透过工人骨干培养工人先锋,建立工人联合网络;推动成立建筑业移民工工会,形成工人集体谈判力量;链接资源,形成联合力量,进行政策倡导和宣传。

2. "小报" DGD

这份小报是 RJ 中心专为建筑业农民工所创办,自 2009 年 9 月创刊以来,其读者定位和服务目标始终如一。2007 年 7 月底,D君在北京市海淀区一个流动人口聚居地进行调查,结识一群建筑工人,他们匮乏的文化生活让其印象深刻。

建筑工地少有公共文化设施;工人宿舍也看不上电视,因为"大部分建筑工棚,施工方只提供 36 伏的低压电,连手机都无法充电"①。此外,建筑工人困顿的经济条件也限制了其对文化资源的获取,他们在农民工群体中属于"最底层",基本劳动权益都难保障——无法按月领取工资,"每月只能领几百元生活费,甚至有工地用饭票、代金券替代工资②,吃饭都成问题,哪有余钱'消费文化'?"

---

① 2015 年 10 月中下旬知名大学 P 大,校园媒体"P 大青年"微信公众号刊发了一篇有关校园工人的新闻特稿,其中有类似的细节——"为了安全考虑,整个生活区的电压都降到了 36 伏,这直接切断了众多娱乐活动的可能,就连给手机充电都成了困难"。

② 这种情况是指在一些建筑工地上,老板用自制的饭票代替工资发给工人,工人拿着这些票据,只能在由老板家人/亲属开设的食堂和小卖部消费,但是其中商品价格虚高,往往高出市面正常价格一倍,工人因而遭受"双重剥削"。

但是，现实条件阻挡不住他们对文化的渴望，D 君在工地探访时经常被建筑工人追问"是否有书借给他们"，因为地摊上的书大多很庸俗，"看多了觉得没意思"。为满足此"精神需求"，RJ 中心和"安全帽"①志愿者想了不少招，如在工地宿舍办"流动书屋"免费租书等。2008 年，他们在一家工地宿舍的走廊中开始启动"流动书屋"活动，很受工友欢迎。据《BD 周刊》2012 年 1 月的报道，当时一位经常来借书的工友提议——"你们的图书没有专门写建筑工人的，能不能办个专给建筑工人看的东西"。这句话背后的渴望，促使了"小报"*DGD* 的诞生。

这是一份四开小报，寒暑假外，起初基本每月一期。2013 年年初，由 T 大学生 C 君，时任 RJ 中心执委会成员的一位志愿者，组织成立由学生志愿者、"工人知识分子"和劳工社会工作者构成的编委会。其中，"工人知识分子"具体是指工人群体中文化水平较高、有参与热情的积极工人，当时共有 3 名。编委会每两周开一次选题会，"小报"由月刊改版为半月刊。改版之后，报纸为"应对建筑工人对未来的想象"，专辟一个社会主义教育专栏，起初名为"社会主义 ABC"，后改称"红色往事"，旨在以更强的故事性来传播社会主义思想。2013 年 9 月，P 大学生 F 君就任主编，报纸整体风格开始"全面转向社会主义教育"，如针对工人的现实境遇，不再只聚焦讨薪、工伤维权、增加工资和保障福利等具体议题，而是"直指缩短工时和将组织化落地"。

至 2013 年 11 月，"小报"*DGD* 共出 52 期；此后，期数不再按照原序列号排列。该报在建筑工地上免费发放，在 2012 年《BD 周刊》的报道中，平均每期印数 3000 份。2013 年改版之后，他们还进行了两项改

---

① 安全帽大学生志愿服务队，简称"安全帽"，成立于 2008 年，是由来自北京大学、清华大学、中国人民大学等二十余所高校大学生志愿者组成的志愿者网络，服务对象主要是建筑业农民工。2011 年，安全帽志愿服务队的工地志愿服务活动被海淀区团委、海淀区志愿者联合会评为"十大优秀志愿项目"。

革:一是发行网络版,主要为无法领取纸质版报纸的工友发行《DGD手机报》;二是扩大覆盖面,降低要求以招募充足的发放人员。在2014年4月笔者的访谈中,F君表示,2013年印刷量是平均每期3500份,最高可达5000份;D君则透露,2014年平均每期可以发行3500至4000份,其中2013年有一期印刷了8000份,不过"很多没有发放下去"。另据2015年12月D君提交给一研讨会的文章显示:高峰时期,报纸的发行网络拓展到包括北京在内的11所城市,每期印刷量达到7000份。

综合估算,"小报"DGD平均每期发行量应是3000至4000份。它的具体运营,主要由RJ中心和志愿者负责;同时还招募"工地观察员",积极吸收工友参与。2013年6月12日,在清华大学举办"DGD五周年读者纪念会",会上主创人员透露:创刊以来,依托学生和工友志愿者累计发放20余万份报纸。除了积极投稿之外,还有很多热心工友进行小额捐助。

直面严峻现状,"小报"DGD的目标很具体,旨在推进建筑业农民工的权益维护和体面劳动。在第1期刊载的《发刊词》中,明确提出:DGD为"新建筑工人"而诞生,它将传递与他们息息相关的社会新闻、国家政策;它将为他们讲解如何更好地维护自身权益的各种法律知识;它还将讲述他们身边工友兄弟的打工故事和打工体验。其中,还引用《国际歌》,彰显出鲜明立场——

> 在夜晚昏黄的灯光下,拖着劳作一天疲惫的身体;/当孤独思念萦绕心头,不安与担忧时而袭来;/我们知道,你们抛家弃子,是为了给家人更好的生活;/我们知道,你们任劳任怨,是为了换来拿到工钱的平安踏实;/我们知道,你们满腹辛酸,是因为哪怕再小心与忍耐,却往往得不到你想的简单;/我们知道,你们心存愤怒,是因为流血流汗,却不能流掉劳动者的

价值与尊严;/我们知道,你们双手有力,是你们支撑起一个个家庭,一座座高楼大厦;/我们知道,你们笑容羞涩,是担心不高的文化,怎样跟上这瞬息万变的社会发展?/可是,你们可曾听见,那嘹亮的歌声唱响着"从来就没有什么救世主,也不靠神仙皇帝,要创造人类的幸福,全靠我自己"!/……在大工地上揭开新建筑工人时代!

我目前手头共收集到 63 份 *DGD*,虽然有所缺失①(见附录 2),但其内在理路相对稳定,因而基本不会影响实际分析效果。这是一份由非媒体专业人士运作的小报,但其栏目设置,不仅比较齐全,而且颇富匠心。整体来看,有 7 个相对固定的栏目——

(1)"卷首语"主要结合当期内容以百字短文阐发编者观点。例如:第 38 期"卷首语"《读懂"挣钱"》提出:建筑工人若要获取合理报酬,不仅需要劳动,而且需要斗争,应像南方工厂的新生代农民工一样进行组织化的维权。值得强调的是,有数期直接用建筑工人创作的诗歌作为"卷首语",如第 14 期署名"工友刘师傅"的《团结一心得胜利》②。

(2)"社会新闻"(或称"资讯快递")和"社会政策"(或称"政策快递")关注当下中国劳工领域的政策法规与相关新闻。例如:第 21 期"社会新闻"摘登《全国总工会:让劳动者体面劳动有尊严生活》《人社部:三年内基本解决农民工工资拖欠》《恶意欠薪入罪 五一起正式实施》《重庆出动武装特警为民工讨薪》4 则新闻报道。第 33 期"政策

---

① 感谢 D 君的信任与惠赐。据其所言,因为 RJ 中心办公室曾被城管"执法",不少资料丢失,他处目前亦无一套完整的 *DGD*。

② 此诗全文——"打工苦,打工累,再苦再累无理会。/生活苦,伙食黑,争抢进度把命催。/斗酷暑,战高温,汗水湿透衣和背。/数九天,寒风吹,额头冒汗手冻溃。/工程完,讨工钱,从此难见领导面。/千般抵,万般赖,工钱不给瞎扯淡。/找部门,不作为,背后留下伤心泪。伤心泪,诉谁人,顶天立地不后退。/志愿者,送爱心。欢乐洒向咱工人。/安全帽,办夜校,平民学校平民笑。/风里来,雨里去,不图名也不为利。/工友情,学生意,团结一心得胜利!"

快递"解读《国务院：2012年抓紧制定收入分配、户籍等改革总体方案》《"首都农民工大学生助推计划"新生开学》《四月起北京市农民工医保享受职工待遇》3项政府举措。

(3)"时事评论"通过分析点评重大劳工事件激发工友思考。例如：第18期"时事评论"评析2010年重大劳工事件，诸如"南海本田工人罢工要求'重整工会'""建筑工人胜利争取劳动合同"等，提出"实现体面劳动需要行动争取"等理念。

(4)"见微知著"则是摘登国内外劳工新闻并对此撰写百字短评。例如：改版后第12期"见微知著"由三篇组成，其中一篇《留守儿童事故频发》，摘登《长沙晚报》有关1岁半的留守儿童误食西瓜中毒的报道，对此进行评论，核心观点是"留守儿童问题是资本主义生产体系的罪恶导致的"。

(5)"知识天地"则以平白的语言普及劳动合同、工伤鉴定等相关基础知识。

例如：第33期"知识天地"《清清白白打工　清清楚楚拿钱》，通过分析"谁才是真正的老板""用人单位不给签合同怎么办""工程总是干干停停，误工费该怎么算"三个问题，引导工友依法维权。

(6)"工地故事"多是讲述其他建筑工人的讨薪、维权等故事，以之作为工友表率。例如：第34期的"工地故事"《智斗》，讲述"董师傅"和同伴如何与劳务公司斗智斗勇，将警方的资源引入维权行动中，最终不仅要回工资，还获得误工费。

(7)"工友心声"全部刊登建筑工人通过手机短信、QQ发来的原创小诗、短文和漫画等，主要"以诗发声"。据D君的介绍，他们截至2015年年底共收到近千首诗歌，绝大多数都是"在难眠的深夜通过手机短信发给我们"，一些工友有极大的投稿热情，其中更有3名工友人均超过了一百首，只是限于篇幅难以一一刊登。

此外，还有《工农讲堂》等其他栏目。2013年改版之后，特刊除外,该报力图在"社会主义教育"方面有所作为,通常的栏目设置为:第1版是《时事评论》和《见微知著》;第 2 版是《工地观察》和《知识天地》;第 3 版是《劳工博览》和《红色往事》;第 4 版是《工友心声》等;报纸中缝则用来刊登北京各区劳动监察大队地址和电话、《新京报》等媒体的新闻报料电话。

这份"小报"DGD 是一例典型的另类媒体。组织形态层面,它从采编到发行的相关事务由 RJ 中心和志愿者共同商定。社会行动层面,它提倡并援助工人维权活动;筹办"DGD 诗歌节""建筑工人关爱日"等活动,满足工友的精神生活和情感需求。2013 年下半年始,编辑部为提升工人的参与度,还决定积极吸纳工人成为"读者俱乐部会员",提出"会员可根据自身对 DGD 报的贡献享受对应的维权、培训、找工作与教育文化服务"。内容生产层面,它积极地追求弘扬建筑工人的主体性,促使其阶级意识的觉醒。

坚持劳工立场、提倡主体性表达、呼唤行动者归来,是"小报"DGD 最为显著的特征,并且随着时间推移不断强化。它的办报理念,初期为"行动改变未来,为有尊严的生活而奋斗";自 2012 年 3 月第 33 期始,变化为"用文字表达心声,用行动赢得尊严";2013 年 11 月之后,又改为"表达工人心声,实现工人当家"。就演变脉络看,其劳工主体性的指向更加明确,愈发强调行动和组织的力量。具体地分析 DGD 的传播内容,可以发现:这一理念得到了较好的贯彻。我们至少可从以下三个方面有所感知。

其一,予工友以充分的表达空间。该报一直积极面向工友征稿,并长期招募工地观察员进行观察和记录,范围相当广泛——"可以是自己工地生活的记录、工地事件的评论;可以是自己的打工生活和感受,人生规划及理想;也可以是身边一起工作的兄弟朋友的故事……"

其中,"工友心声"栏目,自创刊以来几乎每期必有,全部用于刊登工友们未经雕饰的文字,虽然水平参差不一,但真实地呈现了他们原生态的生存状况以及所思所感。2014年7月1日出版的那期,所载山东籍工友CJ的一首《呐喊》堪称典型,具体地描绘了他们日常的哀愁与期盼——"陪着星星起床,伴着月亮入眠。一碗清清茶水,两个干干馒饭。一包黑黑咸菜,吃上十好几天。一天十块饭钱,我们怎把肉见?白酒兑上凉水,抽烟三块零半。泥水溅满全身,沧桑挂满双眼。每顿吃个半饱,双手磨上老茧。何时挣上钞票,回乡全家团圆?"从事建筑业的新生代农民工,其境况与父辈相比改善不大,甚至面临更迫切的家庭生活压力。26岁河北籍工友LJQ的一首《打工十二年,岁岁遭磨难》对此有着生动反映①。

给予工友充分的表达空间,一方面让报纸为工人喜闻乐见;一方面涵育了工人的表达意识。因而,一些人养成了阅读习惯,诸如湖北的谢师傅表示,"每期来了,我先看劳动方面的政策、法律法规,再看咱讨要工钱的故事,最后看看工友心声,能看上好多天"。一些人则积极投稿,主动讲述自己的经历和所见所感,四川籍工友HZW甚至成为RJ中心的一名"编外人员",撰写《酷暑中赢得一丝清凉》《建筑工人年终维权指南》等多篇有一线体验的文章。

其二,给予工友全面的知识启蒙。该报不仅重视"技术"层面的启蒙,讲述维权故事、传授维权技巧,而且非常关注"理念"层面的启蒙,剖析建筑业"包工制"的弊端、唤醒建筑工人的阶级意识。这一特征在改版后得到强化,如表5-13所示,该报重要栏目"知识天地"中的文

---

① 此诗刊于2013年4月第44期,全文为"15初次去打工,一天就给10元钱,到头还是没给钱。/16 卷被去打工,只因身体顶不住,后来查看时劳损。/17还得去打工,一天说是25,到头只给16元。/18实在没法干,进厂去当操作工,小心暗算把我开。/19又去下工地,想当技工多赚钱,最后给我小工钱。/20没法还打工,因为家中房没盖,眼看不小要成家。/21我看还打工,学精木工和瓦工,我看还给小工钱。/22不行还打工,今年家中急需钱,马上就得要成家。/23没法还打工,成家让家穷叮当,还欠外债六七万。/24伤心还打工,人家有儿咱没有,看病花钱在眉睫。/25心烦还打工,人生命运都坎坷,妻嫌家穷我俩离。/26悲痛去打工,我要化悲痛为力量,努力挣钱买小车。/谁知行情不咋地,快和危机一个样,活不稳定心发慌。/只因平时忙又累,细节我就不多讲,想起往事泪满面。"

章,兼顾技术和理念的启蒙。此外,如表 5-14 所示,另一重要栏目"时事评论"更偏重于理念启蒙。这两类启蒙都取得了一定效果。

关于前者,RJ 的中心工作人员 HXL 曾对《BD》周刊的记者介绍,建筑工人爱看 DGD 的首选理由是"里面的法律知识对咱维权管用"。她观察到有建筑工看了几期该报后,对工友说"把出入证留好,有用!拿到工钱前一定得留着,这是咱有劳动关系的证据"。在媒体采访中,河南的曹师傅表示爱看"跟工伤、讨薪有关的法律小文章",因为"说的挺实在,没啥虚东西,有用",觉得自己渐渐成了"懂法"的人。

关于后者,从工友文章的遣词造句中可窥一斑,他们开始使用"阶级""平等""权利""宪法""劳工""社会"等词汇。2012 年 12 月第 41 期刊载的四川籍工友 XZL 的诗歌《劳力者自强》,其中写道"十个多小时的劳动,工期紧张没有假期……机器也有休整时,何况工人是肉身。举起正义的旗帜,争取工权的改进……关爱垂怜不需人,自重自强在自身"。2013 年 10 月第 52 期刊发山东籍工友 LJH 的《如果社会病了,你该如何?》,讲述自己所遭遇的欠薪风波,提出:"社会的病与我们每个人相关";必须坚持帮它治疗——"人不能总放弃,这件事放弃,那件事放弃,你的心就老了"。

就发展趋势看,DGD 未来应会更注重理念启蒙。D 君在谈及改版时,提出增强"社会主义教育"内容,从资本运动、生产关系和阶级分析的视角进行工人教育和社会主义启蒙,引导工人思考诸如"勤劳一定能致富"等制度性的问题。为了避免空洞与说教,他们会力求具象,并与工人的经验对接。同时,他们还在工地上放映《蟹工船》《钢的琴》等聚焦劳工境遇的电影,以及举行读书会,结合现实对"未完成的无产阶级化""新自由主义"等概念进行阐释,带领工人阅读《大工地——建筑业农民工的生存图景》等书籍,会前将要阅读的章节打印出来发给工友,会上要求每个人都上台报告自己的读书心得。他们还提出"小行动+许多人=大不同"的理念,呼吁工友积极参与志愿服务,破解学生志愿者无法覆盖全部工地的困境,进行自我组织和自我服务。

表5-13 "小报"DGD——"知识天地"文章

期数	标题
改版之前	
3	《劳动合同法,保护你我他》
6	《建筑业职业危害及预防措施》
7	《职业病的易患人群及特点》
8	《算一算,你的工资应该拿多少》
10	《集体合同》
11	《如何开展集体协商》
12	《农民工享有的四类社会保险》
13	《农民工工会》
14	《劳动合同:干活干得清楚,拿钱拿得明白》
15	《层层转包迷失双眼　剥去外衣认清老板》
16	《遮蔽真实劳动关系,实现资本灵活积累——建筑行业包工制的历史》
17	《年前,带上工钱回家》
18	《工地打工,谁是你的老板》
19	《建筑工人为什么要有劳动合同》/《劳动合同小常识》
20	《外出务工须警惕"畸形"合同》
26	《出了工伤怎么办》
29	《社会排斥与劳工争权》
30	《你构建了社会,社会给了你保险吗?——农民工与社会保险》
32	《打工路上别含糊》
33	《明明白白打工　清清楚楚拿钱》
34	《劳动节里话劳工——从"八小时之歌"到"上班富士康"》
37	《你需要了解的养老金》/《工会搭台,工人唱戏》
43	《工会角色的变迁》
44	《清明祭:那些非正常死亡工人的春天里》
45	《五一,为了不忘却的纪念》

续表

期数	标题
46	《改革征地制度,路在何方》
47	《谁是当下中国的无产阶级》
48	《"双抢"维权实操指引》
50	《同工同酬,再续惊梦一曲》
51	《"克强经济学"给我们带来了什么》
52	《工农立场看"文革"——"文化大革命"为什么会爆发》
改版之后	
1	《病何所医 老何所养》
2	《一家人为何不进一家门——天安门金水桥恐怖袭击的背后》
3	《建国后农地的分散与集中》
4	《地产的兴起与建筑工的命运》
5	《辛苦一年,不名几钱,为啥》
6	《资本造就的时代伤痛——尘肺病》
7	《从罢工自由谈起》
8	《让五一号角再次响起》
9	《我们的工时为何这般长》
10	《让集体维权成为一种态度》
11	《团结就是力量——浅谈集体谈判》
12	《再谈群众路线》

表 5-14 "小报"*DGD*——"时事评论"文章

期数	标题
改版之前	
8	《富士康连跳和本田罢工:为了啥》
10	《全总:七成职工拥护集体协商》
11	《工资集体协商:劳动者工资共决》
12	《"进不来"与"回不去"的农民工与大学生》/《"硕士农民工"的就业困境说明了什么》

续表

期数	标题
13	《讨薪被打不可怕 组织起来争取权益》
14	《建筑工友何时不再流汗又流血》
15	《工钱有价 生命无价》
16	《包工体制:包了工程包得了大火吗》
18	《2010年重大劳工事件评析》
19	《工友眼中的"用工荒"》/《建筑业为何成拖欠工资"聚集地"》
20	《工资背后的秘密》
25	《你的生活谁做主》
26	《"工伤拒赔"甚于"恶意欠薪"》
27	《建筑工人,我们要怎样的未来》
41	《中共十八大中央政治局常委亮相》
43	《铁道部撤,火车票涨》
44	《中石化下岗职工活不下去了》
45	《"铁娘子"撒切尔:新自由主义与全球化》
46	《新疆恐怖暴力事件解析》
47	《食品安全如何解决》
48	《二十年的火与影,跨不过的生死门》
49	《中国梦与中国痛》
50	《明了方向,才有希望》
51	《论法的把戏》
52	《鲁迅走了,孔子来了》
改版之后	
1	《通往平等之路》
2	《工农立场看"383"改革》
3	《从历届三中全会看中国改革路线图》
4	《由枯井蜗居谈住宅问题》
5	《曼德拉的遗产》
6	《约束无约束的资本 保护伤不起的工人》

续表

期数	标题
7	《暴力的根源》
8	《快乐还是忧伤》
9	《地产联手银行的背后》
10	《农民工,为社保而战》
11	《同一片蓝天,不同的生活》
12	《邪神也是神?》

其三,给予工友以切实的行动指南。建筑业农民工劳动权益保障状况严峻,如何帮助他们有效维权,RJ 中心和"安全帽"志愿者不但积极提供援助,而且注重发掘工友群体中的维权"典范",通过在 DGD 上积极传播他们的经验,以发挥其示范效应。如表 5-15 和表 5-16 所示,该报的重要栏目"工地故事"以及与之有接续关系的"工地观察"栏目,总结了不少维权的理念与技巧。

例如:2010 年 9 月第 12 期刊登的《秋收,带上工钱回家》,通过讲述北京某工地河北、河南工人跨越地域界限联合讨薪的故事,强调"团结"的重要性。这一经验非常必要,因为在建筑工人的集体维权中,组织形式上的困境便是地缘关系易为"包工头"所利用——"拉拢一派、打击一派",从而瓦解工人抗争。又如:2013 年 4 月第 43 期刊登的《大工地上的广东人》,通过讲述北京某工地同一木工班组各地工人维护权益的故事,强调"争取"的必要性——广东地区工人通过积极抗争实现了日工资 200 元/天、工资按月发放、每天工作 9 小时的目标;同一班组的西南地区工人则消极地安于现状,以致日工资 140 元/天,完工后才结算工资,每天工作超过 11 小时。

论及传播效果,D 君认为:对其他工友而言,这些成功案例提供了切实的行动指南。据其所言,2011 年 3 月第 19 期"小报"上刊登的《建筑业追讨劳动合同第一案》,讲述四川籍工人何氏兄弟依法维权的故事,直接激发了河北邢台20余名建筑工人追讨劳动合同并获得成功。当然,能否顺利维权,往往具有很大的偶然性。在2016年2月《BD周刊》的报道中,记者提及其他工友认为,何氏兄弟俩能赢得官司,"只不过是运气好"。对此,D君也承认"确实运气好"。后来,因妻子的工伤赔偿,何氏老大又打了生平第二场官司,深感"官司莫打贼莫做,不死也得脱层皮",因为超过想象的艰难和漫长,足足历时4年半、行程10余万里,方才领取到赔偿的尾款。

表5-15 "小报"*DGD*——"工地故事"文章

期数	标题
1	《打工感言》
3	《家乡的建筑工》
6	《向电焊师傅致敬》
7	《工伤工友的自述》
8	《法律与正义,需要实践来检验》
10	《劳动者的尊严 靠行动来维护》
11	《生命的尊严需要集体维护》
12	《秋收,带上工钱回家》
13	《团结一心讨工钱》
14	《跳桥讨薪,谁在推动"恶的竞赛"》
16	《你的工钱谁做主》
17	《建筑工人也要有劳动合同》
19	《建筑业追讨劳动合同第一案》
20	《包工制度下的讨薪难:即将发生的变故》
23	《"双抢"结钱不再犯难》/《先取一步 步步为营》
25	《一样的高温,不一样的生存》
27	《为正义,不为工钱——建筑工人践行劳动合同法》
30	《争取过虽不完美,但胜过等待与妥协》
31	《团结,不只是传说——安徽、山东、河南等四班组工人联合讨薪记》

续表

期数	标题
33	《以后谁来做建筑》
34	《智斗》
37	《赢得盛夏一丝清凉》
38	《向包工制度说再见》
45	《建筑工人组建工会遭遇"鬼打墙"》
46	《没有了故乡,我们栖身何方》

表5-16 "小报"*DGD*——"工地观察"文章

期数	标题
43	《大工地上的广东工人》
44	《大工地上的棒打鸳鸯》
47	《我看中国工人》
48	《农民工:你为下一代创造了怎样的未来?》
49	《一份简单的劳动合同:触及谁的利益——记首例建筑业农民工集体追讨合同案》
50	《酷暑中赢得一丝清凉》
51	《工会:亲娘还是后妈》
52	《大工地上的少数人》
改版之后	
1	《维权难,难在哪里》
2	《打苍蝇,更要打老虎》
3	《当合同成为维权的障碍》
4	《工地不公 更要发声》
5	《带上工钱 回家过年》
6	《十万里工伤维权路》
7	《暴利的暴力》
8	《涉黑的工地》
9	《大工地上的法定节假日》

续表

期数	标题
10	《工地维权不孤单》
11	《讨媳妇为何越来越难》
12	《失控的资本 失权的工人》

2013年3月19日内蒙古赤峰某工地,湖北籍工友XZC写下《〈DGD〉之缘》一文,其中有云:"四年前一次偶然,我们在北京工地相见……你那尊重关爱建筑工人之举,让我的心灵为之感动,为之震撼。你那敢为劳苦大众代言的文风,令我可敬可叹!谁曾想弱势背后竟有蓝天;谁曾想歧视背后竟有一块属于自己的话语权。这都是我们打工多年的追求,这都是我们打工多年的心愿……我愿一生都成为DGD报最重视的读者与作者……"激越、抒情的笔调虽略有夸张之嫌,但透露出的信息很明确:"小报"DGD的内容实用、立场鲜明,一定程度满足了建筑工人的信息需求、情感期待以及对话语权的渴望,因而才能收获他们的爱戴与祝福。

3. "DGD诗歌节"

前述"小报"DGD设有"工友心声"栏目以刊登建筑工人的文字,其中多数为记录日常生活的原创诗歌,简单、质朴但饱蕴他们的喜怒哀乐,一般均是通过短信、QQ发给D君。报纸篇幅相当有限,而工友们的表达意愿又非常积极,这"刺激"了RJ中心和"安全帽"志愿者们,他们酝酿筹办以建筑业为主题的诗歌节活动,使之能进一步在公共空间里"发声"。

2012年5月1日,第一届"DGD诗歌节"在北京举行。他们选择"五一国际劳动节"作为具体活动日,有其特别用意——

除了劳动节对于劳动者所具有的普遍性意义外,这对于建筑工人来说也有着特殊的行业意义。因为在全国各个行业都已经普及并严格执行五一休假权的大背景下,五一带薪休假的争取对于建筑业农民工来说,仍只是现在进行时。主办方寄期望通过在五一这天举办诗友会的方式,与建筑工友一道争取五一带薪休假权,一道聆听底层劳动者的声音,共同分享下苦人的体历,以此纪念劳动者的五一,奠基建筑者的尊严。

第一届诗歌节由工友 HZW 师傅、大学生志愿者 C 君共同主持。据 D 君的描述,当天有 40 余名建筑业农民工从北京及周边地区赶赴活动现场,其中半数以上都是从 30 公里以外的工地赶来,更有工友早上 5 点钟就出发去赶车;还有数位来自北京各高校的老师,他们一直关注农民工群体,也亲临现场共同探讨劳动者权益问题。HZW 师傅是中国建筑行业首例"追讨劳动合同维权事件"的当事人,近几年来积极在工地普及劳动权益知识,以及在工友中努力推动劳工文化活动。志愿者 C 君为知名高校 T 大学生,自 2009 年加入"安全帽"志愿服务队以来,就致力于工地劳工教育活动。湖北籍工友刘德子,还特意为此次诗歌节活动写了一副对联,既讴歌了建筑业农民工的劳动价值,又表达了他们在现实中遭遇的不公正——

上联:建高楼楼高千米寸铁寸土全是农民工奠基
下联:筑大厦厦有万间单间套间可有劳动者半间
横批:劳者何所获

在工友们朗诵多首原创诗歌过后,中共中央党校 LC 教授现场点评道:"对当前农民工群体所遭受的一切不公平待遇,我也很愤怒,我们的劳动价值需要得到肯定和尊重,而这种价值与尊重不是依靠谁的赐予,而是我们的争取。现在我们只不过刚刚开始,我们就是星星之火,我们要相信星星之火是可以燎原的。"北京大学的 ZXY 教授则肯定这些诗歌写得很好,不少有"一种唐风宋韵的味道";此外,他还提出"从诗歌所传达的诗意来说,不是建筑工人,绝对写不出这样真实的诗歌,我们不论做学问的,还是打工的,都得有思考的。而我们建筑工友的很多诗都是有思考的,我觉得这些诗非常有力道有深度。我们需要将这些诗、手稿出版,让很多人都能够看到。我们自身境遇的改变,除了我们自身的努力,还要引起整个社会对我们这个群体观念的改变。我们要发声!要让我们的声音发出去,被人听到!"

自2012年至今,RJ中心已连续举办四届"DGD诗歌节"。对于为何坚持这一行动,D君表示:"我们更想去建造一些具有永恒意义的东西——尊严";他提出"建造者建造的尊严,不是太阳那般预定升起,但会形成于自身中"。每次现场活动之后,RJ中心还会编辑、印制《DGD诗歌集》,虽然未正式出版,但是能结集成册、图文并茂,对工友们而言也是一份难得的激励。

如今是一个诗歌凋敝的时代,整日在建筑工地上为生计而辛劳的人们为何还要写诗?因为诗能"言志";诗可"兴观群怨"。换言之,诗之所以为诗,在于它是一种源自生命的言说,抒胸中之志,发心头之怨。第1—4辑《DGD诗歌集》共载有219首诗歌,源自70名建筑业工友的投稿,既有年过六旬的老一代,亦有未及而立的新生代。

前述"打工诗歌"("migrant-worker poetry")是农民工群体进行自我呈现的一种文学形式,不过它们能否真正反映打工群体的心声,却是一类常见争议。2015年年底,D君在一次研讨会发言中表示:"其实许立志的诗,工厂工人不太爱读";郑州富士康工业区的工人说"看不懂,太文艺了"。相较于一些被文化评论界和公众关注的"打工诗歌",如纪录电影《我的诗篇》中所收录的农民工诗人作品,此处的建筑工人诗歌整体显得粗糙和直白,但真实地记录了他们的日常生活中的苦楚与情感,是另一种有价值的文本。

这些未经修饰和雕琢的原生态文字,主题大致可归结为6个类别:离愁别意、思乡情怀、怨愤不满、自我认同、批判抗争和感恩敬重。这一首首"我的诗篇",是作为劳动者的他们,在大工地奏响的生命之歌。限于篇幅,以下只能在每类之中选取一二呈现。

> ➢ **离愁别意**

河南籍工友 SS 的《春日别乡》,写于早春赴北京打工之途——离家孤北上,窗外正夕阳。风寒麦苗弱,霜凄老树苍。暝色淹晚霞,飞鸟向何翔。又是千里外,飘零路何长。

工友 LYH 的《钗头凤·别离》——别离秋,上心头,自此化作相思愁。空回首,月如钩,酒醒花落,风淡霞收,忧!忧!忧!快乐否,难猜透,心似秋千人空瘦。念悠悠,何时休,望断高楼,可有来后,候!候!候!

> ➢ **思乡情怀**

河北籍工友 GYQ 的《忍别离》,写于北京海淀三星庄某工地——夜深人静时,佳人渐入梦。冰屋寒月光床冷,忍别离,话忧伤,泪水悄然滑落孤枕旁。谁伴我入梦乡,可有脂粉香。良宵空度!诉衷肠,空悲伤,若有来世,只羡鸳鸯。

河北籍工友 XZC 的《佳节思亲》,2013 年中秋节当天写于内蒙赤峰某工地——中秋喜庆乐万家,欢声笑语作表达。亲人相聚团圆时,庭院落满幸福花。中秋喜庆乐万家,我却悄然把泪洒。漂泊在外心伤痛,归心似箭盼回家。年迈父母我牵挂,小儿在家我想他。一日夫妻百日恩,我更思念孩他妈。一年四季把工打,远离故土走天涯。人情如水遭冷落,何处才是我的家。今日美酒难饮下,佳有怎唤家乡话。一轮明月照山川,勾我魂魄倍思家。

如"绪论"中所述,流动的新工人群体多数深受"拆分型劳动力再生产制度"之困,他们的生计劳作和家庭生活,被迫拆分在城市和乡村两个不同空间中分别进行;其中,建筑业农民工尤是如此,聚少离多几成宿命。因而,在219首诗歌中,抒发离愁别意、思乡情怀的两类共占了将近50%。

> **怨愤不满**

在农民工群体中,从事建筑业的境遇相对更为困窘,这在《DGD诗歌集》中有明显的体现——相当比例的诗歌在表达具体的怨愤与不满,涵盖生活水平、劳作环境、欠薪、工伤、社会排斥等诸类议题。

河北籍工友XZC的《"快"与"块"》,就形象地刻画了建筑工地伙食状况的恶劣——食堂厨刀真叫快,一条小鱼切五块。每份都要卖六块,民工饭票少得快。肉片薄如玻璃块,每片也要卖五块。三口两口咽得快,到了肚里消化快。食堂进账无数块,老板赚钱来得快。可怜民工心不快,怨声载道恨这块。

这首小诗在第一届"DGD诗歌节"上朗诵时,得到了北京某工地总施工单位安全员杨工的回应——"有的工地食堂厨师的刀功真的很好,电扇都能把肉片吹跑。"他还指出建筑工地上存在普遍的"二次榨取"现象,即"工资变饭票"这一通用"潜规则"——工地食堂由老板开设,其饭菜与市场水平相比,往往不仅价格高,而且味道也逊色;老板以自制饭票代替现金发放,使得工人通常只能在工地食堂消费;最后在年底结算工钱时,老板会直接将工人的饭票金额从其工资中扣除。

河南籍工友GGZ的《打工四季歌》,则具体地描绘了一年辗转不同工地的辛劳与生活的沉重压力——春天到来春风刮,我们离开家。北京、西安、哈尔滨;重庆、贵阳或长沙。哪有简易房、哪儿有吊塔,哪里就是我的家。夏季到来夏雨浇,我们四处飘。烈日暴晒身脱皮,蚊虫叮咬不在意。为了多挣钱,为了养儿妻,不惜筋骨血与泪。秋季到来秋霜降,我们心更凉。子女学费一夜清,医院更是阎王账;万儿八千不耐用,物价飞涨我心慌,今年没希望。冬天到来冬雪飘,我们心已焦。破衣破裤破棉袄,脚手冻伤钱难要。劳动仲裁成本高,诉求法律价更高。试问苍天和大地,"和谐何处求?""公平哪里找?"

湖南籍工友 ZXB 的《讨薪词》,2013年端午节写于北京海淀六里桥某工地,饱蕴着讨薪的艰难、无奈和愤怒——任凭风吹火烤,竭尽全力养家小,白发双亲可好? 离乡背井数月,囊中不见分毫,并非不孝,工钱确实要不到。呼天不应,求地也徒劳。钟馗挂一梦,磨双刀,血染六里桥。据称这是其被迫无奈参与"暴力讨薪"行动后所写。对此,D君分析:之所以出现"暴力",是因为建筑工人缺乏结社权利。

➢ 自我认同

尽管建筑工人的劳作很辛苦,但其诗歌并不仅仅只是诉说苦难,自我认同也是不可忽视的主要旋律之一,他们为自己的勤劳骄傲,珍视工友的情谊,歌唱劳动的价值。

云南籍工友 YDP 的《上海滩》,写于上海某工地——一层砂浆一层砖,哥们盖楼上了天。望着彩云擦把汗,对着太阳抽支烟。人言都说打工苦,我把苦来当磨炼。怒发可冲凌云志,双手擎起上海滩。

四川籍工友 ZF 的《苦中作乐》,写于北京某工地——学而亦浅见识薄,一身辛劳苦中乐。早出晚归披星辰,建筑工地任漂泊。

山东籍工友 WYP 的两首小诗,一题为《自重》——莫笑衣陋体不堪,怎知腹内锦绣全。多少鬼斧神工手,能换日月改河山。另一题为《工谊》——地异言别语不通,有缘为伍即同盟。协力图得山河秀,不负家人嘱我情。

吉林籍工友 WL 的咏物诗,题为《可爱的升降机》——绿柳带雨垂垂重,草绿花开温泉美。建筑工地工人忙,长龙运转升降机。载人载物争时间,安全可靠工人爱。司机带证要培训,平安实干来建城。

河南籍工友 WXB 的咏怀之作《平凡人生》——元宵佳节过小年,龙灯雄狮舞团圆。二月花开春风暖,肩扛行李离家园。临走妻儿送车站,出门时难别亦难。父母叮嘱记耳边,挣钱多少早归还。在外打工虽辛苦,为己为国心也安。待到工程完工后,归心似箭回家园。

四川籍工友 XZL 的《建造》,咏叹建筑业之丰功——华屋生辉耀光明,劳工心血建造成。大厦拔地接日月,高楼矗天摘星辰。彩虹横贯江渚上,天堑跨越南北行。昔日荒凉村外村,如今闹市城中城。

第4辑《大工地诗歌集》的"代序"《在大工地奏响生命之歌》一文,曾逐句赏析前述那首《上海滩》,肯定它的"歌唱劳动"之壮美,提出:"正如宗白华先生所言:'美之极,即雄强之极。'这个时代有太多的柔美与浮华,而真正能擎起这个时代和国家的双手是需要有力量的。"的确,这首诗阳光且有力,传递出一种明朗的美感。如何评判这一类"自我认同"的诗篇?我认为第3辑《DGD诗歌集》编辑者的一则按语很是恰切——"劳动者的生活是一种信仰,所以劳动者总是最坚强的。"

> 批判抗争

论及转型期中国工人阶级的力量,大致可以判断:相较于"老工人"即原国有企业工人更倾向于展示出"结社能力"(associational power),"新工人"即农民工则更多表现出某种"结构能力"(structural power)。这在"绪论"部分已有探讨,此处不再赘述。但是,具体到建筑业农民工群体,情况又有变化:他们固然缺乏"结社力量";同时也难拥有"结构力量"——因为"半无产阶级化的状态"影响了他们的阶级意识与行动能力,建筑业特有的"分包劳动体制"又降低了他们在工作现场的议价能力(潘毅等,2012:184—185)。受限于行动能力的缺失,建筑业农民工的生存境遇相对更为严峻。因而,表达对日常困境的不满,是其诗歌重要主题之一。

河南籍工友 LFL 的《华盖运》,感叹时乖命蹇——运交华盖心情沉,如似行船失航轮。无奈世事多有变,背运压身几丢魂。幸福生活难实现,啥时笑迎福贵神。常言富贵勤劳换,缘何劳者终清贫?

一匿名工友的《何时当家》,更是一阕"天问"——中央政策好,下面手段高。工程一出来,层层来转包。转到最下面,所剩无几了。老板心更黑,来把工人找。天天监干活,无视人疲劳。每天十小时,分秒不能少。下班去吃饭,排队像练操。站了半小时,米饭全没了。俩馍一碗汤,堪比血压高。匆忙吃两口,快把班去上。下午熬到黑,排队又匆忙。轮到面前时,见菜心半凉。无油两勺菜,十元你得掏。勉强咽下去,肚子还在叫。拿盆去洗澡,冷水你不要?工棚无电源,手机没电了。枯燥又无味,只好去睡觉。两床黑心棉,冻得直发跳。天还没大亮,又要上班了。日复又一日,苦处何处唠。年年开"两会",民工啥时好。领导莫指望,人民当家早。

这一类批判的诗歌,多数是在个人情感层面纾解愁怀;不过,偶尔在具体情境下,会有意外抗争之效。河北籍工友 XZC 的《充电难》,批判在建筑工地上管理人员和一线工人的生活条件悬殊,哪怕连手机充电这一小事都存在人为的区隔——"红帽"充电不用忙,高压插座屋里装,电器一插灯闪烁,手机时刻都通畅。民工充电着了慌,东奔西找是瞎忙,手机没电通信断,着急生气心不爽。一个工地两个样,阶级划分理难讲,只许州官把火放,百姓点灯你甭想。电线插座被没收,看谁还敢再犯上,公司应树好形象,以身作则是榜样。群众呼声要倾听,民工冷暖要常想,转变作风办实事,尽快督建充电房。

手机已成为建筑业农民工与外界沟通的首选通信工具;然而,不少工地以节约用电和工地安全之名不为工人宿舍安装插座,使得他们为充电而发愁。据 XZC 师傅自述:他所在的工地就是这一情形,大家怨声载道但又忍气吞声。2012 年 11 月 19 日,他将这首《充电难》打印出来贴在食堂门口;待到中午开饭时,工友聚拢起来争相观看,其中也有"红帽"人员围观。"大家对工地管理方的咒骂与抗议很快成为一股浪潮"……当天晚上,他们的充电问题就得到了解决。

工友们的批判与抗争意识,起初源自他们朴素的正义观;如果经由一定的外力启蒙,其内在主体性被激活,那么这一意识会更加鲜明,而且关注的主题会从具体的日常际遇扩展到抽象的本质问题。前述"小报"*DGD*尝试在"技术"和"理念"方面予工友们以全面的知识启蒙,的确取得了一定效果,这在一些工友的诗歌中有所显现,他们往往是"小报"的忠诚读者。

在4辑《DGD诗歌集》中,第1辑收录了16名工友的46首诗歌,多是对家乡的思念、对境遇的不满,以及对黯淡命运的感叹,抗争表达只是其中的点缀。然而,在第2辑《DGD诗歌集》中,所收录34名工友的113首诗歌中,此类显著增多。对此,编辑者在"后记"中特别强调——"在这一辑中,我们惊奇地发现,开始有越来越多的工友开始表达对诸如抗争、尊严、阶级认同以及批判资本主义生产方式等主题内容的关注。"后两辑收录的诗歌分别是38首、27首,整体数量虽然有所下降,但是"批判抗争"一类并未减少,且呈现出一定的文化自觉意识。如第4辑中河北籍工友GGZ的一首《站起来》——数不尽立交桥风格迥异,看不完摩天大厦流光溢彩。那是我们用血汗构筑的城市主体,那是我们用智慧创造的凝固音乐……我们承载了难以承载的重压,我们忍耐了难以忍耐的盘剥……只要我们的心永不沉沦,我们的品格精神就不被压垮……为了自己、为了子孙,向着明天,向着未来,团结一心去抗争。站起来,勇敢地站起来吧!

> ➤ 感恩敬重

为建筑业农民工开展社会服务时,D君和志愿者们以实际行动赢得了工友们的信任与尊重。在2016年《BD》周刊的报道中,HZW师傅说第一眼见到D君时,怀疑他有可能是"老板的人",后来因他们积极援助受伤工友,方才觉得可以相信——"交往时像亲兄弟,不像是跑来忽悠我们的"。对工友们而言,RJ 中心创办的"小报"DGD 内容实用、立场鲜明、情感纯粹;它所举行的"DGD 诗歌节"以及编制的《DGD 诗歌集》,更给予了他们一个公共的表达空间。因而,先后共有 12 首诗歌,表达了对行动的认同,以及对行动者的感恩与敬重。

山东籍工友 NDX 的一首《你的脚步匆匆》,为志愿者所作——

每当工友们下班总能看到你匆忙的身影/迎着夕阳,踏着泥泞/肩背工友们期待的资料/急匆匆、急匆匆/

张师傅的工伤还没有痊愈/李师傅的工资拖欠调解还没有完成/王师傅儿子上学问题还没有落实/诸多师傅的维权意识还没有觉醒/还有、还有……/这些都是你的牵挂/这些都是你急需要的事情/

世上真有一些好人,以助人为乐/工友们称你为新时期的雷锋/遇到你是工友们的幸运/

你帮助了急待帮助的人/——心里那个舒服啊无法形容/工友们都有你的电话号码/他们有千言万语向你诉说/当然也有祝福/祝福你身体棒,学业有成/保重啊,千万保重/

今天下雨了/仍能看到你奔走的身影/肩背手携工友们的期待/仍是那样急匆匆、急匆匆……/

河北籍工友 HQZ 的一首《致诗歌节》,强调"DGD 诗歌节"这一活动对个体的意义——

相爱在三月的春风里,/对我身份的平凡/你不嫌,/对我地位的卑微/你不弃,/却如春风般/抚平我紧皱的双眉,/春雨般滋润我心中的土地。/

相爱在六月的骄阳里,/在燥热难耐的夏夜,/送阵阵清凉的是你。/没有虚伪的言辞,/句句是真诚的话语,/没有华丽的装饰,/只有朴素的外衣。/睿智似圣贤讲道,/清新如豆蔻

少女。/

相爱在九月的星空里,/当浮华掩盖了污迹,/世俗的友情等同于/可以利用的交易。/你却没有得失的考量,/名利的算计。/像天上的星河,/在远处点亮星空,/却丝毫不会索取。/

相爱在腊月的飞雪里,/洁白的雪花是你从天上寄来的信笺,/把真情从象牙塔中传递。/怎能不相爱,/纯情的大工地!/

囿于转型期中国社会具体的政经结构,新工人的制度化的表达空间相当逼仄,他们作为弱势社群在主流话语空间中往往被遮蔽以及被他者化,难以进行能够呈现其主体意识和能动关系的话语表达。因而,RJ 中心创办"小报"*DGD*、举行"DGD 诗歌节"和编印《DGD 诗歌集》,尽管限于规模,其所直接惠及的建筑业农民工还很有限,但其所显示的社会意义相当深远——通过创造一种另类的实践空间,提升他们的传播主体性,使其能够进行一定的"主体性表达",进而可能形成一种积极的交流共同体。D 君曾言:主持"DGD 诗歌节"、编印《DGD 诗歌集》,是一种试图建造"平等与尊严"的尝试,尽管传播范围如此之小,但是"有建筑工友的在场、认可与传诵就已足够"。在他看来,当每位建筑工人师傅将自己的作品放置于工友、公众面前时,就标志着他们已经历了一个质的飞跃——"从被动、沉默中醒来,走向主动、发声的跨越性变化"。

一位年轻的新工人"扬尘",他是"小报"*DGD* 的编委会成员之一,也是第 2 辑诗歌集的编辑主力,在该辑"序言"中如是写道——

鲁迅先生曾描写过一种病,叫做"因聋而哑",就是说一个人本身不是哑巴,但是因为是个聋子,从小听不见别人讲话,还以为别人讲话不过是"嘴巴对着嘴巴动几下"而已了,时间久了自然就失去了说话的能力。如今我们似乎又要落入这样的窠臼。现实已经让我们不容易听到社会的声音，假如我们自己相互之间再不交流交流，恐怕真有人以为我们已经变成"哑巴"了呢！

幸而，事情还没有那么糟糕。当我走街串巷，和广大工友接触的时候发现，我们的"听"的途径虽然少，但我们毕竟可以"自言自语"，所以还不至于成为"哑巴"。更让我感到兴奋的是，天长日久之后，我们的"自言自语"也逐渐地有了成就，这第一点值得肯定的就是，交流起来亲密无间。我们不但"自言自语"，说的人多了声音就开始大起来，我们还要把声音传得更远些呢！

五、在缝隙中发声：劳工另类媒体的意义与境况

限于非商业化的定位及其与新社会运动的关联，另类媒体不仅规模有限，而且生存周期相对短暂，往往呈现出"阶段性绽放和悄然消亡"的特征（罗慧，2012:173—174），它们基本难以撼动主流媒体的位置，此点中西皆然。但是，相对于西方另类媒体作为体现市场自由主义民主逻辑的"点缀性存在"，现阶段中国社会中，鉴于主流媒体是党政权力的延伸，另类媒体被赋予了更丰富的意义。在劳工领域中，主流媒体的新闻报道难如人意，几乎是世界范围内的普遍问题。另类媒体能否成为替代性渠道，以及能在什么层面发挥影响，则需根据其所寄身的不同环境进行具体分析。

本书对两例个案进行了考察。个案一 XSD 是一项聚焦新生代农民工的"关注计划"的组成部分，该计划旨在促进大学生关心劳动阶层，从而了解底层境遇、洞察社会现实，由内地、香港两地四所高校中关注农民工问题的社会学学者联合发起。他们主张：有关中国现状与

未来的几乎一切重要议题,都离不开对农民工群体的认知——"三十年改革尘埃未定,中国已经成为'世界工厂',农民工是这一历史过程的新兴主体,他们承受了中国走向全球化过程中伴生的矛盾与苦难,同时也承担着影响中国社会转型的历史使命。"为促进社会公众的关注与了解,参与该计划的学者和学生,除了寻求与主流媒体合作外,还积极利用新媒体技术,依托主题网站、集体微博、微信公众号等多个平台,尽可能地传播"推动经济民主,维护劳动价值,建设公义社会"的核心理念。个案二 DGD 则由 RJ 中心主办,旨在推动实现建筑业农民工的权益保障和体面劳动,其主创人员不仅在价值观上与发起"关注计划"的学者群体高度一致,而且双方在现实关系网络中联系紧密。因而,尽管在媒介形态、传播机制等方面有具体差异,但可以将它们视为一个"传播共同体"进行分析,以此探讨当前中国劳工另类媒体的存在意义及其发展境况。

1. 存在意义:培育抗争公共领域

在通常意义上,另类媒体一般存在两种类型:一为"倡导性"(Advocacy),即为特定的族群或团体争取公平对待,或提倡、宣扬特定社会目标的媒体;另一为"草根性"(Grassroots),即由在政治、经济、社会上相关的且通常由弱势群体自己运作的媒体。按此标准,在当下转型期,受限于新工人群体的"社会原子化"生存状况,难以出现"草根性"的另类媒体。前述两例个案,均为"倡导性"的另类劳工媒体,其存在具有双重意义。

从专业分工角度看,另类媒体的实践是一种"公共社会学"努力。麦克·布洛维(Michael Burawoy)提出:社会学可划分为专业社会学、政策社会学、批判社会学和公共社会学四个理想类型。如表 5-17 所示,它们在知识类型上各有具体特质。其中,公共社会学强调与公众的对话和交流,但内部仍存在分际。在传统(traditional)的公共社会学中,被研究的公众往往是"不可见的""微弱"和"被动",社会学家能激起但"自身并不参与"公众辩论;然而,在有机(organic)公共社会学中,社会学家与一个"可见的、稠密的、活跃的、地方性的而且往往是对立的公众联系紧密",他们与公众之间存在一种"对话"和"相互教育"的过程(麦克·布洛维,2007:11—12)。本书所关注的两例另类媒体个案,其核心成员大多有社会学的学科背景,他们均运用专业知识剖析"农民工生产体制""建筑业分包制"的弊端,与社会公众一起探讨"劳动力再生产中的国家缺位""地产资本主导下的城市中心主义"等问题,在一定程度上既激发了公众的参与,亦丰富了学科的相关内容。

由中华全国总工会主管的《中国工人》杂志,曾访谈领衔"关注计划"学者P君和L君。两位均强调:知识本应服务于现实社会,然而当下的知识专业化和学术化却脱离了社会。非常专业的知识产出,如不断地发表国际论文,只是"服务于小学术圈",而非"大的社会关爱"。研究团队近年以来持续批判"富士康"并非出于"个人恩怨",而是希望通过关注这一"世界工厂发展模式"的典型和缩影,揭示其内在的结构性问题。学者的良知不是"一个狭隘的观念",需要联系到宏观的背景"认真地研究中国的实践问题",应当对更多的人有影响。他们还提出:希望跳脱学术话语体系藩篱,"写一本富士康工人看得懂的书",剖析富士康的"劳动霸权体制"。可见,这一"传播共同体"的努力,正是在实践公共社会学的精神主旨——"使不可见的变得可见,使私人的变为公共的,使这些有机的联系成为我们社会学生活的一部分"(麦克·布洛维,2007:12)。

表 5-17　社会学的分类及其知识类型①

	学术的	非学术的
工具性的	**专业社会学**	**政策社会学**
知识	理论的/经验的	具体的
真理	一致性	实用的
合法性	科学的规范	有效性
可说明性	同行	客户
政治	专业性自利	政策干预
病理学	自我指涉性	屈从性
反思性的	**批判社会学**	**公共社会学**
知识	基础性的	沟通性的
真理	规范性的	认同
合法性	道德视角	相关性
可说明性	批判的知识分子	指定的公众
政治	内部辩论	公共对话
病理学	教条主义	时尚性

　　从社会治理角度看,另类媒体的实践则是一种"社会重建"的努力。权力和资本对社会的合力侵蚀,使得当前中国的社会建设面临着双重呼唤——既需要制约权力的"公民社会"(civil society),也需要驾驭资本的"能动社会"(active society)。有研究者(清华大学社会学系社会发展课题组,2010)提出:"公民社会以民主为第一要义,有助于避免葛兰西意义上国家吞没社会的'政治专制主义';能动社会以民生为第一要义,有助于避免波兰尼意义上市场吞没社会的'市场专制主义'。"本书所关注的两例另类媒体个案,在内容生产上均致力于以下三个方面:传播被遮蔽的劳资冲突信息、表达彰显出劳工立场的观点、培养新工人阶级的主体意识。这与主流媒体形成鲜明对照,在一定程度上挑战或补充机关类媒体和都市类媒体的论述,除了吸引到部分社

---

① 此表源自〔美〕麦克·布洛维:《公共社会学》,沈原等译,北京:社会科学文献出版社 2007 年,第 30 页。

会公众关注之外,重要的是涵育了新工人群体中的不少精英,进而浸润更多的人。改革开放以来,"总体性社会"已逐渐成为历史,尽管目前仍是"强国家—弱社会"的不均衡格局,但期冀重建传播公地的另类媒体毕竟有了些许生存空间,其理想的自我期许在现实层面得以部分实现,从而有利于推进自治意义上公民社会和能动社会的建设。

从建构公共领域的角度考察①,上述双重意义可归结为一种尝试培育"抗争公共领域"(counter-public sphere)的努力。现有权力关系之下,与主流话语相异或对抗的观点和诠释,在主控公共领域中往往会被遮蔽,因而需要一个"抗争公共领域"。其间,那些为主流话语所排斥或边缘化的"议题、声音、身份、位置则得以流传、讨论和阐释"(Lincoln Dahlberg,2007)。弱势社群能否拥有属于自己的抗争公共领域,以形成自我的诠释与认同,并与主控公共领域展开互动和抗争,对于其寻求实现正义有重要影响。就其本质而言,另类媒体在事实上是抗争公共领域的重要组成部分。前述两例个案,它们有着共同的自我期许——底层发声、弱势赋权和阶级启蒙,在理念和实践上均致力培养新工人群体的"抗争公共领域"。那么,如何具体评估其努力的效果?

关于如何衡量任一社会中公共领域的特征,Peter Dahlgren(2005)提出过一个相对完善的分析框架——从结构(structural)、表征(representational)和互动(interactional)三个维度进行综合考察。其中,结构维度是指正规制度特点,包括媒介组织的所有权、定义传播自由的法

---

① 2015年6月初,在浙江大学举办的"2015传播与公共性国际学术研讨会"上,中山大学李艳红教授宣读论文《培育劳工立场的在线"抗争公共领域":表征、互动及结构——对当代中国一个关注劳工议题之新媒体的个案研究》。应我之求,2015年11月初,她惠赐已修订好的未刊稿。此文中所分析的个案X与本书关注的个案XSD为同一案例,但关注的具体内容和研究方法很有分际。我首次对这一案例的详细分析见于2014年11月完成的北京大学博士后工作报告《媒体与劳资关系治理研究——以新生代农民工为核心对象》。李艳红教授在文中引用Peter Dahlgren(2005)的观点很有启发之功,我以此为线索去读文献,进而在原有基础上增加了相关分析,特此致谢。

律框架等；它往往与政治制度相关联，因为其不仅构成媒体运作的"政治生态"背景，还为信息流通的内容和形式"设定边界"。表征维度是指媒体的产出，即媒体所提供的内容，包括议题设置、表征方式、意识形态倾向等具体标准。互动维度则主要包括两方面——公众与媒体的互动，即公众如何理解、诠释和使用媒体内容，以及公民之间的互动。

借鉴这一框架，结合前述内容，我们可以判断：本书所关注的两例个案，作为重视劳工主体性、倡导批判与反思、呼唤行动者归来的另类媒体，在表征维度上，已建立起与主流媒体差异化的话语模式，不仅在内容上持续高度再现劳工议题，而且形成了一套具有鲜明劳工立场的诠释框架。概言之，在进行抗争性的"发声"这一事实本身上，它们有所成效。相较而言，在互动维度和结构维度上，情况要复杂得多——不仅整体上理想与现实很有距离，而且这一"传播共同体"内部也存在具体分际。这在它们的生存境况中有充分显现。

2. 生存境况：在缝隙中辗转腾挪

当前中国另类劳工媒体，兼具专业分工和社会重建的意义，有助于培育一个新工人群体的抗争公共领域，长远而言能够促进改善劳资关系、实现体面劳动。然而，其生存境况颇艰难，一言以蔽之，可谓是在缝隙中辗转腾挪。"小报"*DGD* 的突围与困境，或可让我们对此有具体感知。

首先，是政策问题。这是"小报"*DGD* 面临的"最大困难"，按照《出版管理条例》《报纸出版管理规定》《期刊出版管理规定》等中国现行相关法规规章的要求，报纸、期刊均由正规出版单位出版，且必须经过新闻出版行政部门批准并履行登记注册手续，条件严格、审批复杂；若无批准擅自出版，则可视之为"非法出版物"。"小报"*DGD* 未经新闻出版行政部门批准，尽管以公益交流内部资料的形式存在，相关机构仍然可以将其视为"非法",进而施行处罚和取缔。政策层面的风险使其存续面临巨大不确定性——不仅在派发报纸的过程中,会遭遇"城管的收缴",甚至可能会有不虞之灾。

2012年1月,北京一家中央级机关报所辖的《BD》周刊刊发了一篇新闻特稿,报道D君等人创办"小报"的行动及其对建筑工人的积极意义。对此,他们非常欣喜,在第32期 DGD 进行了摘要转载,并且特别强调"XX 中央机关报对 DGD 给予高度评价与肯定"。然而,这一纪实的正面报道刊出后,由于主流媒体的影响力,反而引起了城管部门的警惕,为 RJ 中心招致"麻烦",不少资料在查抄中丢失殆尽。

此后,该报一直低调运行,D君自述"倾注了很多心血,不愿它有什么闪失"。他们会通过网络推荐重点文章,但是不会"全报上网";对媒体的采访及与之的相关合作也是非常谨慎,如《人民政协报》记者H君[①]曾在其中寻找选题,但公开发表的报道在形式上做了必要的技术处理。此外,RJ 中心的"身份"也是一个棘手问题——尽管是致力服务于流动人口的公益机构,但只能以工商名义注册。D君曾对记者倾吐心声:迫切希望该机构能成为民政局正式注册的公益机构,让小报 DGD 有个"更稳定、可靠的'娘家'"。

其次,是资金问题。出于"安全"风险考虑,D君明确表示 RJ 中心拒绝境外资助,因而机构运营资金并不宽裕。"小报"DGD 无经营性收入,主要支出是印刷费,据称主要来自公益人士、大学师生与建筑工地热心工友的襄助。按每期最少印制 3000 份算,2012 年前 D 君能够寻到的最低报价是 800 元;此后,价格更是上涨。自 2013 年 4 月第 43 期起,该报头版开始印上"公益资料免费赠阅欢迎小额支持/捐赠印刷费"一语,公开寻求资助。当年 11 月初,关于印刷费的问题,还发生了一起富有戏剧性的事件。改版之后 DGD 的风格转向"社会主义教育",受到印刷厂工人(包括保安)的欢迎,成为必看读物,他们被"启

---

① H君已于 2015 年 6 月辞职,离开媒体行业,前往海外留学。

蒙"后采取维权行动抗议低薪;行动成功,印刷厂老板转嫁上升的人力成本,致使 DGD 印刷成本攀升。

限于资金,这份"小报"一度印制份数不足,只好采取所谓"通货紧缩"策略:一间住有 7 至 8 名工友的宿舍,只发 2 至 3 张让大家共享,再由志愿者来宣讲报纸内容。不过,相较于政策困境,资金难题尚可以破解——热心人士的小额捐赠外,他们曾寻求到一家"企业家基金"赞助;此外,也可通过开展其他社工项目申请官方基金会的资助以补日常之需。

再次,是发行问题。"小报" DGD 在建筑工地免费发放,坚持每期都有大学生志愿者到工人宿舍探访,亲自将报纸送到工友手上并为之进行导读。它的发行受到三方面因素的综合影响:其一源自政策风险,它可能会被相关执法机构以"非法出版物"名义没收。其二源自施工单位,它多刊登与建筑工人讨薪、工伤相关的维权普法文章,工友对此普遍喜闻乐见;但是少数用工状况极差的施工方,对其较有敌意,往往以"闭门羹"待之。其三源自机构本身,RJ 中心工作人员极为有限、"安全帽"志愿者队伍流动性强,使得报纸发放"人手很缺",在近郊工地还比较方便,但是远郊工地只能"周末过去"。

该报一度曾在 30 多个工地传布;2014 年 4 月中旬之际,只能固定在北京的 8 个工地发放。F 君提及 2013 年每期的具体发行量,认为其实取决于能联系到的工地以及承担发行工作的人数。在她看来,学生志愿者的工作,存在着时间和激情两大困扰——大四学生在忙"毕业论文",低年级的本科生"使不上劲";还有些人"相对比较小资",以致"不太愿意下工地"。D 君在访谈中透露:到工地发报纸无技术含量,但是"恒久性差";济南甚至有一学生社团,将收到的报纸都积压着,未发放到工地。然而,这项工作又迫切需要学生来开展,因为工友基于"对学生的信任和好感",更易接受 DGD 的内容和观点;建筑工友志愿者和 D 君自己去发放时,不时由于"年龄原因"被怀疑为传销或邪教组织。总的来说,发放队伍难以有效配合,一直是个困扰。D君曾在一篇提交给研讨会的文章中,直言"很多同学不去做实践,不去工地发放 DGD 报纸,而沉溺于从书本中寻找中国的出路";较之积极工友,他们是"畏首畏尾或行动落后于头脑"。

最后,是内容生产。由于并无先例可循,"小报"DGD 的编辑方针起初由 RJ 中心和"安全帽"志愿者共同商定——力图贴近建筑工的生活,关注其生存状况和未来发展。按此思路,该报的内容生产在摸索中前进,并逐步得到工友好评。但是,采编队伍的专业性始终是个问题。D君从具体内容如何"接地气"的角度出发,提出需要"吸收工友进来",以"原汁原味的建筑工视角"来办"工地故事"和"工友心声",这对其目标群体来说就是"最专业的"。工人投稿一般通过 QQ、短信发来诗歌或短文,不过活跃工友人数有限。

编辑 F 君则从采编流程中的实际困难来探讨这一问题。她自述于 2013 年加入编辑部,其时是知名学府 P 大的社会学专业一年级硕士研究生,前一任主编离职后,目睹 D 君事务过于繁杂,出于"心地善良",主动要求帮忙审稿,遂担当了主编。期间,F 君需要写稿、审稿以及协调内部事务,感觉"做一两次很新奇,但是成为一项日常事务过后,就非常累"。写稿任务繁重,有次"一个星期要写 4 篇稿件"。审稿之事也是相当麻烦——"有时已经审了三遍,提出了具体意见,但交来的修改稿,却依然没有任何改善",有一次甚至到了"告诉他们去翻《资本论》哪一卷哪一页";自言平时"很温柔"的 F 君,对此实在"忍不住要发火"。由于学业紧张,F 君逐渐退出审稿工作。

此外,"小报"DGD 的立场相当鲜明,改版后更是转换他们自谓的"中规中矩"导向,致力于进行"社会主义教育",发展"面向社会主义的劳工文化",所刊载的一些文章主张"工人联合"、提倡"政治斗争",基调激越。在我的访谈中,尽管 D 君和 F 君都认为内容不是"特别大的问题",因为相对于网络中的那些激烈言论已经算是"平和",且只

203

是"说出了实话而已",但是,以笔者之见,虑及当前社会情境,它其实已游走在危险的边缘。

综上所述,可见"小报"DGD 的存在和发展受到政治威权、资本压力和媒介生产的三重制约,能够持续经年非常不易。每重制约所产生的效果,需要具体考虑。截止到 2014 年年底,政治威权的影响最为显著,是否被视作"非法出版物"成了一柄"达摩克里斯之剑",让其生存充满不确定性。媒介生产紧随其后,不管采编抑或发行,能够"热情"和"能力"兼具的志愿者并不多见;更何况据 F 君透露,近年来安全帽大学生志愿服务队发展势头变缓,亟待补充足够新人。相较于前两者,资本压力反倒没有想象中的巨大,经过多方努力,资金来源相对稳定,由于多依托志愿者,开销主要是印刷费,相对于人工费,只是小额支出;不过如果寻求持续性的发展,资本问题依然严峻。

但是,自 2015 年至今,这份"小报"几处停滞状态。因为开展有关留守儿童和职业学校教育的新项目,D 君需要离开北京常驻河南;C 君业已毕业三年,由于家庭原因已不再参与此领域的工作;F 君忙于撰写学位论文,从 P 大硕士毕业又前往英国继续求学;P 大城市与环境学院硕士研究生 X 君自 2015 年年初接手负责"小报",由于缺乏足够人手,"事实上只主持了两三期"。

2015 年 9 月中旬,我与 X 君联系,她表示"报纸已经停刊了,后面怎么办还没定"。继而,问及 D 君,他也表示"X 君所在的社团并不支持,没有为她配备助手,一人难以独立支撑";不过稍后就会"商量对策",将会继续坚持。2016 年 4 月中旬再度联系 X 君,她表示已经不再负责 DGD 之事,而且"好久也不参与工地活动了"。4 月下旬,她同意接受了我的访谈,透露更多细节。

X 君本科毕业于 T 大建筑学专业,2010 年大一的暑假在一位师姐的带领下,去学校附近的工地进行探访,开始接触 RJ 中心团队;大二学年都热心于这一活动,因为感觉与在网上"指点江山""吵来吵去"

相比,此事"很务实",对建筑工人感觉也很"亲切"。大三、大四两年,她主要参与 T 大"求是学会"社团活动,并担任了一年会长;大五那年,发起成立一个关注城市劳动者的社会组织。来 P 大读研后,再度志愿参与 RJ 中心工作,如 2014 年年底曾与一社团合作,筹划"建筑工人关爱日"的晚会活动。2015 年春,开始担任"小报"*DGD* 的主编,3 月、4 月各出一期,5 月那期"编到一半",接到 D 君消息,告知"不能出了",具体原因不详;直到 10 月份,才又出了一期①。F 君在担任主编时负有很沉重的写稿任务,有时甚至"承担一张报纸四分之三的内容";X 君与之不同,主要进行文字修改和排版工作,只写过一篇综述性的文章,她笑言自己"排版更好看",还会"特地将字印大一点"以照顾工人实际需要;期间,印制和发放工作主要由 D 君负责。

据其所言,X 君自己去工地上发放过报纸,感觉"大部分工人还是很友好的",因为他们的业余生活"很匮乏"。她在担任主编时,曾设想设置一"读者反馈"栏目,根据工人的阅读意见再刊文回应,但是实践发现"施行不了"。至于应如何评判 *DGD* 传播的效果,X 君认为可能体现在"维权援助""思想意识启蒙"和"情感认同"三个方面。在访谈中,我提及"P 大青年"公众号曾刊文描述 *DGD* 与 P 大校园工人的"疏离"关系,她认为"很真实",其原因除了工人在工作上"求稳定"的现实考虑之外,他们的心理感受也非常关键,她所接触的不少工人就觉得"在家也是吃苦,出来目的是挣钱,顾不了要求生活条件"。

在一些具体问题上,X 君有自己不同的判断。对学生志愿者积极性不够的问题,相对于 D 君的批判,她提出学生群体也是"具体分化",他们的"出发点不同",目标取向也迥然有别,并不是都会认同工地探访等工作的"意义";应在正视这一现实的基础上让工作更细致。

---

① 2015 年 10 月份这期小报,X 君在访谈中,似已完全忘记,未曾提及;之后,应我所求,发邮件提供相关资料时,才想起来。截止到 2106 年 5 月,这是小报 *DGD* 纸质版印行的最后一期。

不过,她也坦言志愿者新生力量不充足,的确是个严峻问题,究其原因可能出于三种状况:个人兴趣点转移,不再关注劳工问题;感觉工地探访之类活动"既累"且又"不培养人";与工人之间没有建立自然沟通的感情,尤其很多新成员"不深入",以致"做不下去",进而感觉"无法改变现状",有"挫败感"。关于"小报"DGD 的风格转型,F 君在担任主编时,提出发展"面向社会主义的劳工文化",X 君对此也持保留意见,她认为这与建筑工人的现实身份认同有差距,他们更觉得自己是"农民工"。具体观点虽然有所出入,但是 X 君认为 RJ 中心作为行动者的意义"非常值得肯定"。

这份顽强持续经年的"小报"今后会何去何从?就此询问 X 君,她表示如果 D 君有需要,会提供一定支持,但是精力实在有限,"本科的社团活动其实影响了成绩,现在的专业方向很喜欢,希望在学业上多努力"。问及 D 君,他则透露:目前正在"转型之中"。2015 年 5 月期的出版突然中止,其实由于影响力的提升,以致遭到"教育官僚体系和地产资本的联合围剿,发放体系遭到破坏"。至于具体情况,他指出压力主要来自教育系统——"几乎所有参与过此项工作的学生都被找去谈话",P 大有一家积极参与实践的学生社团在 2016 年春节期间被勒令"暂停活动一个学期"。为了应对危机,这份"小报"已在进行"转型"——不再印刷、发行纸质版,但通过"网络联系"继续向一些工友推送信息。此外,他们开始试水"互联网+装修产业化"社会经济实践,成立以"工人持股委员会"为核心的"工人合作社",实施按劳分配与工人控股,期冀通过生产力的发展来促进生产关系的变革。相应地,DGD 也将结束过往的"历史使命",承担起工人合作化运动的新角色——担当"工人合作社机关报"。

上述"小报"DGD 的困境,只归因为单一因素并不恰切,是上述三重制约的合力所致。它的存在状况并非单一个案,而是当前中国劳工领域另类媒体的共同境遇;即便是广义的新媒体另类传播,其情形亦不例外。

集体微博@GZXSD在其开通的第5年中①共发了425条微博,在内容上依然坚持"劳工主体性",但就数量而言,则自2013年来一直呈下降趋势;它所吸引的"粉丝数",始终在33000余人左右徘徊;早期曾积极发言的学者也是难觅其踪,似乎已放弃了将之作为个人发言平台。2016年前三个月,它所发出的微博更是不足10条。整体而言,集体微博@GZXSD呈现出"凋敝"之态。新浪微博平台整体"衰落"固然产生影响,然而根本还是受制于前述的三重制约。

微信公众号"XSD"更为活跃,但同样面临资金拮据和人力不足的问题。每年运营经费极少,基本来自于领衔"关注计划"的学者资助,大多用于建网站和租借服务器的开销,而且这一经济现状在短期内都缺乏改善的可能性。它的核心运营人员均为兼职,薪酬来自于所服务的公益机构,能够投入的时间和精力有限;也无法额外增添采编、推广、技术等人员,以致原创能力较弱。前述分析中有统计,其转发的内容超过了80%,可见更多是承担劳工信息传播"集散者"而非"生产者"的角色②。

相较于经费的掣肘,源自政策的风险更是不确定。在开通将近一年之际,微信公众号"XSD"于2014年11月21日突然遭遇"封号"——订阅用户不再能够继续接收它更新的信息,其过去所推送的内容亦无法正常显示。由于一直跟踪观察,当天我就联系主编T君问及缘由,她表示也并不知情,因为微信的服务系统只发布了一条语焉不详的简单告知——"您的微信账号被大量用户举报,被永久封存"。事后,辗转探悉其因,可能由于"支持女权运动"所致。近十天后,他们

---

① 考察的具体时间段为2014年5月20日—2015年5月19日。
② 2016年4月中旬,XSD团队发布招募志愿者的公告,其中对工作任务的要求为:(1)搜集整理工人资讯、事件,大事无遗漏;(2)进行工友访谈,以网络或电话形式为主;(3)协助进行各平台的维护与管理;(4)协助网络推广;(5)协助编辑完成其他事项。从这一表述看,他们主要是通过"集散"相关信息,以达到"展现工人生存困境"的目标。

重起炉灶,于12月1日起开始运营一个新的微信公众号"XSD-2",提出:"在这样一个劳动者无法主宰劳动的时代里,我们深深体会到为劳动者发声的局限与艰辛。我们却不会被这种困难吓倒,更不会停止我们在关注工人、关注底层上的努力!一次被封,我们会总结经验教训,搭建一个新平台,继续奋斗。我们的调整不是恐惧与逃避,而是以更成熟的策略迎接更大的挑战。"为尽量确保"主号"/"大号"的安全,他们还专门开设了一个"小号",名为"XS",以传播相对更敏感的信息与观点。

然而,账号封禁和重设"新号"的博弈"游戏"此后又几度再现。2015年7月5日,他们的"小号""XS"由于报道"广东庆盛工人维权"被封,稍待时日后又重新运行新号。2016年2月19日,新浪微博@GZXSD发布一则通知——XSD的微信公众号,"大号"和"小号"因"报道鞍钢联众罢工事件,于昨夜至今早先后阵亡!目前编辑正在努力力争新的公众号早日上线"。截止到2016年4月中旬,新设立的"大号""XSD-3"仍然在正常运营,但"小号"在不足一月中又经历了一番更替。在现有的制度空间内,固然能够通过再三开设新的账号进行"转世回归",但是"旧号"所累积的用户资源毕竟有所流失。他们对此有感知并采取防备措施,在最近的"小号""XS-8"上有告示——"本微信号容易阵亡",提醒大家需要关注"大号""XSD-3"以保持"长久联系"。这一举措实际效果如何,目前尚不确定。

以上述Peter Dahlgren(2005)提出的概念框架,分析"小报"*DGD*和微信公众号"XSD"的境况,可以发现:在结构维度层面上,当前中国劳工另类媒体能够存在,有赖于宏观的政经结构中技术、政治、人三者之间的具体互动。其一,信息传播技术发展降低了内容生产的准入门槛,尤其是微博、微信公众号等新媒体应用,使得普通行动者在一定范围内能便捷地按照自己的意愿传播。其二,中国政府对互联网的态度相对开放,不仅采取了一种"积极的、先发制人的政策",还与用户"在新的疆域里不断地对新的边界进行磋商"(周永明,2013:23—24)。因而,当前中国网络空间由此呈现出一定的流动性与复杂性,这为依托社交媒体的另类传播兴起提供了机会。其三,人类行为的主体性必须高度重视。近些年来得益于公民间的网络连接,围绕劳工议题初步出现了一个"劳工界",主要由劳工非政府组织及其成员、学者、律师、记者等构成;虽然组织相对松散且具体观点存在分际,但价值观基本倾向于积极保障劳工权益。

然而,机遇之外,限制更多,劳工另类媒体的进一步发展,面临结构性的制约。微观方面,就其内部的组织架构而言,资金和人力的匮乏,使它们的弱小和松散近期之内难有改观。这一现状固然可能会使其具备一种所谓"结构上的韧性",能够相对灵活地辗转腾挪,但终究会严重限制其尝试培育"抗争公共领域"的作为效果。当然,宏观层面的限制,更为根本和关键。这由当前中国大陆"分类控制"的国家—社会关系所决定。

此种"分类控制"形成于20世纪90年代,是"一种新型的国家—社会关系模式",国家控制社会是其根本特征,但控制策略和控制强度,则取决于"政府的利益需求以及被控制对象的挑战能力和社会功能"(康晓光,韩恒,2005)。换言之,在国家与社会权力格局中,国家主导地位不变,依然控制公共领域,但与以往"总体性社会"制度有着明显区别,允许有限的结社自由,出现了不少社会组织,且依各自类型拥有不同的自主性。不过,媒体行业和劳工组织均是当前国家的重点控制领域。

媒体行业因产出的"符号商品"具有特殊意识形态功能,如何对其进行规制向来是政府治理的核心议题。其中,互联网作为一种新的传播方式,为社会公众提供了"互动的、非等级制的和全球性的媒介",潜在政治意义突出。目前政府趋向以"重新集中化"的控制方式应对互联网重要的"去中心化"特质,将其"等同于传统媒体"进行规制(胡泳,2010)。国家互联网信息办公室于2014年8月7日发布的《即时通信工具公众信息服务发展管理暂行规定》(简称"微信十条")即是一例。微信公众号应当具有"公众意识",传播内容当然不能逾越"遵守法律法规、社会主义制度、国家利益、公民合法权益、公共秩序、社会道德风尚和信息真实性"等底线。不过,这一规定的内核是从"资质"和"内容"两个层面同时对微信公众号进行监管;同时,相关条文不够具体清晰,易使监管机关拥有较大的自由裁量权,可能出现过度监管情况。此外,新浪和腾讯作为上市公司,当然以商业利益为重,在运营微博、微信时均会尽力使政策风险降至最低。政治和商业的交互影响之下,以微博、微信公众号所传播的内容,若与主流论述相悖,便易遭遇"限制发布"乃至"封闭账号"等惩罚。

由于涉及公民社会发育与政体类型转换这一现实政治议题,劳工NGO组织的注册和发展处于严格监管之下,整体而言多数面临"制度合法性不足"和"组织资源匮乏"的双重困境(和经纬等,2009),发展举步维艰。此类组织与国家的关系也是相当微妙,不同研究者的观察存在具体分际。其中,Spires(2011)认为二者之间是"权变共生"(contingent symbiosis)关系——当NGO保持小规模和避免政治诉求而运作的时候,政府与之"合作";如果NGO无意中跨越或是挑战了政治"红线",就会遭遇政府惩罚乃至关闭。这种"共生"关系非常脆弱,具有很强的权宜性,政府掌握更多的主动并可以随时采取管控行动,因而可概括为"权变共生"。Howell(2015)则提出二者是"与王共舞"的关系——他关注2012年民政部和广东省开展的对劳工NGO组织的"福利吸纳"(welfarist incorporation)行动,主要通过开放登记注册和购买服务两项举措进行,认为这意味着国家试图将这种非正式的、不稳定的基层国家—社会互动关系重新纳入法团主义(corporatism)框架。对于上述两项观察,南京大学"社论团队"(2015)认为:可将"权变共生"视作一种过渡形态,而"福利吸纳"是对其的一种调整尝试。笔者认同这一判断,不过就近两年劳工 NGO 组织的现状而言,"福利吸纳"式调整策略只是很有限的尝试,二者之间更多还是"权变共生"的互动模式。

劳工领域另类媒体,既涉及敏感的议题,又挑战主流的论述,其存续所面临的风险系数很高。概言之,在结构维度层面上,无论何种介质,它们均难以充分地发展而且易碎,在可预见的相当长时间内,都将会是在缝隙中求生存。那么,劳工另类媒体如何距离其"培育抗争公共领域"愿景更近一点?置诸现实进行考量,除了表征维度的努力即建立差异化的话语模式之外,它们更需要在互动维度进一步地行动。本书所考察的两例个案,整体上在此层面的作为均很有限。

按其理想设定,新工人群体是其设立的核心目标受众,但是两者都未吸引到足够多的关注,更未能成功动员较多的人积极进行"参与传播"。当然,它们之间存在具体分际:"小报"*DGD* 和 "*DGD* 诗歌节",较之 XSD 团队的微博和微信公众号,相对更有成效。依托于无远弗界的互联网,劳工另类媒体固然能扩展所接触的空间,但是若不能有效地"嵌入"目标群体的日常生活,往往会处于一种"悬浮"的状态,难以吸引关注乃至进行有效互动。那么,如何实现有效"嵌入"?

进行线下拓展非常必要,这是"小报"*DGD* 有启示性的实践经验,其负责人 D 君不仅以实际行动协助建筑工人权益维护,而且注重感情投入,努力成为他们日常的"倾听者"和"陪伴者"。然而,需要强调的是,这并非是充分条件,能否培育出能动的"抗争公众"(counter-publics)还受多方因素影响,如地方文化传统的影响可能即是其一①;不过最关键的,应该还是目标对象所具体嵌入的政治经济结构。

这从"小报"*DGD* 与 P 大校园内建筑工人的关系中可窥一斑。

---

① 这是 D 君的一个观察,他表示:他们在工地上接触到了几乎全国所有省份的建筑工人,但有几个省份的工友不团结、自我、见利忘义,是多年来他们在实际工作中比较难以团结的群体,看来"一方水土养一方人"的确有它的道理。

2015年10月19日,校园媒体"P大青年"的微信公众号刊发了一篇新闻特稿,记录P大工地上建筑工人的生活,描绘同一个校园中工人和学生之间存在难以逾越的"围墙和屏障"。其中,一段提及"有社团给工人发过DGD等报纸,上面登着维权的文章和热线,但没有人多留心,对他们来说,'无产阶级剥削资产阶级'这样的话太遥远了,他们不愿意为了口号砸了饭碗,甚至对前来探访的学生也有几分闪避"。就此,我与D君进行交流,讨论阶级话语与工人的疏离。他坦承这段话"说得很真实";然而"原因很复杂"。以他们的经验,在别的工地进行类似活动,"基本三个月就能出来几个积极工友,但P大做了6年,一个都没有出来。P大工人工资不高,但工作稳定,大家都是大大的良民,太安于现状,所以对我们的基本维权宣传是比较闪躲的"。

据D君的描述,P大的工地住宿条件糟糕,在其8年建筑工人社工服务实践所见之中位列"倒数第二",欠薪事件和工伤事故也时有发生;然而,积极维权之人很少①。工人整体太"不争"了,他们"既不关心自己的权益,也不关心别人的事情"。D君提出有几个细节可佐证他的观感:其一,RJ中心团队连续三年发放报纸和放映电影,2012年有一次志愿者因疏忽将音响落在工地,但是工人发现之后既不联系他们,也不帮忙暂时保管,以致设备遗失。其二,2014年RJ中心在P大校园内举行的"关爱日"活动,30多位建筑工人现场参与,除了北京本地之外,还有人从天津、廊坊和西安赶来,但是没有一位P大工地的工人,"大家舍不得一天的工钱"。其三,自2009年"小报"DGD创办以来,6年之中P大工地的工人只投过一篇作品,主题还是描写校园湖景。

---

① 2015年P大的工地上还是发生了数起"讨薪"事件。其中,10月26日动静较大,P大学生观点基本分为两派,在校内BBS论坛上争论激烈:一派认为P大并未拖欠工程款,讨薪是建筑工和承包商之间的博弈,P大是被舆论裹挟的牺牲者;一派则对建筑工人表示同情和支持,认为欠薪是劳资地位极度不平等所致,P大虽无法律责任,但应对弱势群体予以"道德支持"。由于事发在国内知名高校P大,澎湃新闻和"新京报书评周刊"微信公众号,议题从"欠薪"本身演变成探讨"学生与工人之间的距离"。

关于何谓"积极工友",D君认为一个重要界定标准就是爱管"闲事",不管是否直接关乎自己,"只要觉得不公平都想评论或介入",而非"怨而不争"。条件糟糕的工地为何反而没有培养出积极工友?似乎可从两个方面尝试进行解释:一方面,P大工地工人的思想意识与行动力本就很弱,他们对生活质量要求相对不高,普遍"怨而不争",成为"驯服工人"。另一方面,近些年来,P大一直加大校园基建投入,不断有新项目开工,对于流动性强的建筑工人群体而言,是一份不多见的"稳定"工作,可以满足他们尤其是其中非技术工人的"求稳"之需,在近两年建筑业普遍不景气的状况下更是如此①。然而,当前建筑业的分包制下,流动性低又影响了他们所能认识的"包工头"资源,只能继续在此为生计而奔波。可见,"驯服"与"稳定"之间存在着一定程度的"互构"关系,形塑着他们的日常生活状态及其具体抉择。

上述另类媒体与劳工群体的关系,涉及一个更本质的问题——劳工NGO组织能否成为促进中国劳工政治发展的社会力量?对此,研究者的观点存在歧异,有积极和消极之分。② 许怡(2013)在《动员外来工》("Mobilizing Migrant Workers")一文中,侧重于考察劳工NGO如何接近和组织外来工群体,总结目前存在"法律动员""文化动员"和"联合工人进行反血汗工厂运动"三种形式,提出:尽管这一工作在国家的监控、吸纳等策略之下遭遇很大障碍,但是确实有助于提升工人的法律权利意识、培育工人群体的文化和认同感。Franceschini(2014)则要悲观得多,他在《一股真正的政治变迁力量?》("A Real Force for Political Change?")一文中,侧重于考察劳工NGO与工人的

---

① D君在P大的工地上有过一次遭遇——他们在一个工人宿舍里讲解 *DGD* 报纸,招致一个三十岁出头的工人讥讽——"这个工地再不好,至少我们有一碗饭吃。你有本事,你给我们介绍一份好工作"。没等他们回应,这位工人拂门而出。一个值得关注的细节是:D君在文章中用"被好好'羞辱'了一把"描述他对此事的心理感受。

② 南京大学"社论团队":《寒冬煮酒:带你走进学者眼中的劳工NGO》,微信公众号"社论前沿论文大推送",2015年12月10日。此文为我提供了文献阅读线索。

疏离和目前政经结构中限制其作为的因素,提出:由于缺乏与政府组织、组织成员、资金捐助方,以及社会组织之间的"信任和正常化的互动关系",当前中国的劳工 NGO 并不具备担当"公民社会组织"使命的"社会资本",因而将不能成为中国政治变迁的进步力量。结合个人探究劳工另类媒体的实践,我的想法介于两种论调之间,长远而言是一种"审慎的乐观",不过现阶段的判断侧重"审慎"。外来者的推动力量效果,关键还在于能否激发工人群体内在的能动性。

王汎森先生有一段关乎"风"的论述(2014:202)——"风的吹掠不一定有物质的直接接触,也不一定是线性式的因果关系,有时是示范性的,有时是仿佛性作用,有时候是'铜山崩而洛钟应'式的影响,有时是'化',有时是'熏习',有时是一种'空气'……"他的本义是探讨一种历史观念,不过此处可以借来表述我的观感①:另类的论述与行动,在众声喧哗中可谓"执拗的低音",其影响未必会立竿见影,更可能像"万状而无状,万形而无形"的"风"一样,在各种介面之间永不间断地、"不能以一瞬"地交互作用着,而且因缘际会之时,"小风"也有可能转成"大风"。

---

① 2015 年 12 月,4 位中国"90 后"学子获得著名的"罗德奖学金"。其中一位接受访谈,提及大一在社会工作实践中接触过 D 君和 RJ 中心后深受触动。D 君致力服务建筑业农民工的行动与情感,让她"内心特别无法平静",反思自己"其实一直生活在一个幻想的泡泡里",认为今后应当力所能及地回馈和服务社会。此事一定程度上可佐证我的观感。

第六章 结 语

当下中国,农民工群体代际转换所致的结构性压力,使劳资关系秩序重构的挑战迫在眉睫。在应然层面上,媒体是劳资利益协调机制的重要构成;但在政治威权、资本压力和媒介生产的三重约制下,其在劳资关系治理中的实际作为不足。在国家发展主义战略以及由此所衍生的"强资本—弱劳动"格局下,农民工成为弱势社群,纵使是"新生代",亦难经由传统主流媒体实现凸显其主体性的利益表达。多依托于新媒体传播的另类媒体,在"分类控制"的国家—社会关系和"安抚性"的国家—劳工关系下,尽管发挥了一定的祛魅、启蒙与赋权之功,但整体是在夹缝中生存,腾挪和施展的空间非常有限。自20世纪90年代中期以来,中国社会的劳资关系持续地处于紧张状态,已演化成为社会治理潜在的"重大风险"。能否形成健全有效的劳资利益协调机制,关乎中国社会能否实现平稳转型。基于上述研究发现和相关思考,以下将扼要探讨国家—媒体关系如何调整以及媒体如何具体努力,方能在新工人劳资关系治理中有积极作为。

一、商议民主:重构社会话语空间的可能进路

经验研究显示,新工人作为弱势社群,在社会话语系统中,他们的利益表达空间非常逼仄,新媒体技术的赋权,对此状况有所改善但未

产生结构性的撼动。鉴于劳资关系日益呈"显性冲突"的现状,需要从社会稳定的高度重视利益表达问题。由此,笔者赞同"维权就是维稳,维权才能维稳"这一判断,新的稳定逻辑确实应是"维护宪法所赋予的公民合法权利,有权利的保障才有相对的利益均衡,有利益的均衡才有社会的稳定"(孙立平等,2010)。在依法保障表达权的基础上,本研究进一步认为:需要提升传播主体性、发展媒介话语权。

刻下频发的劳资冲突尤其是劳资群体性事件,主流话语中多强调其"违法性"与"危害性",其实参照许章润(2008)等学者的灼见,应当"去事件化"和"非政治化",将其视作"公民基于利益表达的集体行动"。集体行动只是"有许多个体参加的、具有很大自发性的制度外政治行为"(赵鼎新,2006:2—3),与革命和社会运动相比,它的制度化、组织化以及所追求的社会变革程度相对很低。在社会治理中,我们应摒除传统"维稳观"。就此,学者孙立平的一段论述深具启示意义(2006:9—10)——"在一个利益分化和利益主体多元化的社会中,一个好的制度往往并不表现为其中没有或很少有矛盾或冲突,而是表现为它能够容纳矛盾与冲突,在矛盾和冲突面前不至于显得束手无策或过于脆弱;同时,能够表现出很强的解决冲突与纠纷的能力。和谐社会并不是一个没有利益冲突的社会,相反,和谐社会是一个有能力解决与化解冲突,并由此实现利益大体均衡的社会。"因而,积极将劳资冲突纳入体制轨道加以化解,可能是寻求"稳定"的理想路径。"一个国家的整个集体性抗争方式的发展,以及一个国家中某一具体的集体性抗争事件的动态,在很大程度上取决于国家社会关系以及以此关系为基础的国家对集体性抗争事件的制度化能力"(赵鼎新,2006:304)。那么,如何提升国家对劳资冲突的制度化能力?根本在于建立健全有效涵盖政府、资本、劳动者三方的劳资利益协调机制。因而,在新工人劳资关系问题上,需要重构弱势社群的话语空间,使之能实现充分的利益表达。那么,又应如何实现这一相当理想化的目标?在当前中国的语境中,商议民主理论提供了方法论意义上的有益启示。

作为最近一波民主理论的新浪潮,商议民主(deliberative democracy,又译为协商民主、审议民主、慎思民主等)理论勃兴于20世纪90年代,如学者庄泽克所言(John S. Dryzek,2000:1)——"1990年前后,西方政治哲学经历了一个商议的转向"。不过,其精神可上溯至公元前5世纪雅典直接民主所重视的决策前参与和讨论。在民主理论系谱中,商议民主在定位上可解读为"民主内部的修缮工程",它是对选举民主的一种反拨和补充,在西方社会的复兴与发展有其内在逻辑——现今的民主体制往往极度仰赖于多数决来裁决争论和定夺公共决策的走向,但是究其本质,"多数决乃是在全体意见一致(unanimity)不可得的情况下,用以裁定决策走向或选举胜负的量化比较(quantitative comparison)";针对"多数决在现实的实践中往往流于不同偏好的数量对决"这一缺憾,商议民主倡导"通过公开陈述理由的议论与相互理解"进行修补(许国贤,2000)。扼要而言,这一理论认为:民主不仅仅是单纯的投票,在投票前应有一个公共商议的过程,使得公民可以通过自由而公开的讨论,深化他们对共同利益的理解。它既和参与民主理论一样倡导普通民众对决策过程的参与,以提高政策制定的合法性和政策执行的有效性;另一方面它又强调通过公共商议来提升参与的品质、改善决策的质量。

商议民主的重心何在?此理论的两位重要倡导人物古特曼(Amy Gutmann)和汤普森(Dennis Thompson)认为(2004,3—12):根本而言,它主要是强调"公民及其代表需要对决策之正当性进行证明";其基本目标是"为处理政治生活中的道德分歧提供最具正当性的证明"。"资源的稀缺性""褊狭的气量""无法调和的道德价值"和"不完善的理解"导致了此种道德分歧。有鉴于此,商议民主致力于四个相互关联的目标——"力图促进集体决策的合法性""鼓励公民本着公共精神来考虑公共问题""促进决策过程中的相互尊重"和"纠正失误"。

需要强调的是,商议民主理论的众多倡导者从不同学术脉络出发,对商议的价值、地位、目标和范围有不同看法。截至目前,虽然仍未整合出一个具有高度共识的理论架构,但他们基本均认为商议民主要求"公开性(publicity)""平等性(equality)""非专制性(nontyranny)"以及"相互性(reciprocity)"四个原则(黄惠萍,2005)。超越他们之间的诸多观念歧异,商议民主可界定为这样一种治理形式:在公共决策过程中,平等而自由的公民在广泛考虑公共利益的基础上,相互陈述能够理解并接受的理由,说服他人或者转换自身偏好,从而赋予决策以政治合法性。

商议民主是否适用于中国?中国的现实国情,包括诸如政治文化传统、公民政治素养以及民主发展阶段等方面的独特性,致使当前民主政治建设从发展目标、制度安排到路径选择,乃至所面临的问题,都具有非常鲜明的"中国特色",与生发商议民主理论的西方社会极为不同。然而,民主政治的发展毕竟有其共性的一面。商议民主理论对于中国的民主政治建设同样具有特定的理论价值和实践意义。在转型期中国的社会治理应以"善治"为目标已逐渐成为现今社会共识的前提下,在现有的制度框架内引入商议民主更有现实意义。

所谓"善治",是指使公共利益最大化的社会管理过程,本质特征在于它是政府与公民对公共生活的合作管理、是现代国家与市民社会的一种新颖关系,是两者的最佳状态。据政治学学者俞可平的梳理,实现"善治"需要包括 10 个基本元素(2003:10—13)——合法性(legitimacy)、法治(rule of law)、透明性(transparency)、责任性(accountability)、回应(responsiveness)、有效(effectiveness)、参与(civic participation)、稳定(stability)、廉洁(cleanness)、公正(justice)。商议民主的基本精神是强调参与,其前提在于承认并接受多元社会的现实,以及不同利益主体之间存在差异和分歧;它的核心理念是强调面对争议性的公共政策时,应基于理性进行公共商议,参与各方应对其所持的论点提供合理的证成理由,并通过互相讨论寻求共识。可见,商议民主和"善治"二者之间有内在的契合性。"善治"有赖于公民自愿的合作和对权威的自觉认同,没有公民的积极参与和合作,至多只是善政,而不会有"善治"。在现阶段的中国,倡导和发展商议民主,有利于构建合理的利益表达和利益协调机制,进而改善公共治理的质量,使其趋向"善治",实现中国社会的稳健转型。

当前在劳资关系治理中,非常有必要引入商议民主理念,以妥善协调各方利益关系。① 其间,媒体何为?哈贝马斯(Jürgen Habermas)的"双轨制"(two-track)商议民主理论提供了一个观察视角。所谓"双轨",一是弱公共领域(weak public sphere),一是强公共领域(strong public sphere)。

在于1961年初版的《公共领域及其结构转型》中,哈贝马斯就借助汉娜·阿伦特(Hannah Arendt)的洞见,用"公共领域"这一概念分析资产阶级统治结构的变化;在其晚近的著作如1992年出版的《在事实与规范之间》,他进一步将公共领域区分为"弱公共领域"和"强公共领域"。② 在他看来,"弱公共领域"是一种非组织化的舆论形成的载体,与之相应的是市民公共领域(civil public sphere);"强公共领域"则是高度结构化和形式化的,与之相应的是政治公共领域(political public sphere),特别是立法机构。二者的具体功能不同:"弱公共领

---

① 浙江"温岭羊毛衫行业工价集体谈判"是一个可资佐证的个案。在当地政府组织下,雇主和工人进行了深入的商议,并签署了协议书。此后,温岭似乎正在形成稳定的业缘关系,劳资冲突事件减少;利益增长客观上促成了农民工群体的自我凝聚,在空间和时间上固定了与雇主的雇佣关系,稳定了职业劳动状态,逐步形成从"无序抗争"到"有序遵守"的内部国家机制。参见闻效仪:《集体谈判的内部国家机制:以温岭羊毛衫行业工价集体谈判为例》,《社会》2011年第1期。

② 有研究者认为:最先进行此种区分的是南希·弗雷泽(Nancy Fraser),他于1989年《重思公共领域》一文的初稿中,指出"弱公共领域"存在于国家之外,其任务是对国家进行批判性审查,其商议实践仅限于舆论的形成之中,而不及决策的制定;相反,"强公共领域"则存在于国家之中,其话语既包括在舆论形成之中,也包括在决策的制定当中。二者之间存在一种责任或义务关系(accountability)。参见谈火生:《民主审议与政治合法性》,北京:法律出版社2007年版,第227—228页。

域"主要是意见/舆论的形成;"强公共领域"则主要是意志的形成/政策的制定。

在"弱公共领域"中,通过市民社会的各种社团、协会的积极审议而产生出公共舆论。哈贝马斯认为(2003:441):"这些是形成意见的团体,专事于提出议题、做出建议、笼统地讲发挥公共影响;它们属于由大众传媒所支配的公共领域的市民社会基础。由于其非正式的、多重分化的和错综交织的交往之流,这种公共领域构成了真正的边缘背景。"在此,他提出了一种颇复杂的"边缘—核心"政治想象:在位于边缘的"弱公共领域"中经过充分审议的各种主题,最终会被推向处于核心的"强公共领域";后者必须认真对待那些从前者中产生并已被主题化的各种议题。高度结构化的、以讨价还价(bargain)和妥协折中(compromise)为特征的"强公共领域",其任务就是将产生于"弱公共领域"中松散的公共舆论转译为一种民主意志。为保证这一转译除具备"合法律性"之外还应有"合法性",在"弱公共领域"中,哈贝马斯强调信息和沟通的自由流动;在强公共领域中,他则强调公平的、制度化的游戏规则。

简言之,"双轨制"商议民主理论可作如是理解:发端于"弱公共领域"的各种议题,经过提炼成为公共舆论;再将具体舆论转移至"强公共领域"中,经过审议形成正式决策。在此过程之中,"弱公共领域"和"强公共领域"需要分工合作。可见,哈贝马斯既倡导公民应学会用理性进行自我约束,不使民主的冲动干扰"强公共领域"的合理决策,又强调需尊重来自"弱公共领域"的舆论调控,使得合理的决策成为合法的决策。

依据这一理论视角,本研究主张:媒体需要充分发挥使"弱公共领域"活跃的功能。同时,媒体还应致力于实现"弱公共领域"与"强公共领域"之间的顺畅沟通。当然,这是一理想的规范期许(normative expectation)。

哈贝马斯指出(2003：445)："弱公共领域"应当是"一个预警系统，带有一些非专用的，但具有全社会敏感性的传感器"。在一个运作良好的民主体制之中，活跃的"弱公共领域"还必须把"问题压力放大"。此即"不仅仅觉察和辨认出问题，而且令人信服地、富有影响地使问题变成讨论议题，提供解决问题的建议，并且造成一定的声势，使得议会组织接过这些问题并加以处理。"

这一论述对"弱公共领域"达成活跃状态至少提出以下要求：其一，它必须善于感知和领悟公民在日常生活中所感受到的各种相关问题。其二，它必须植根于充满活力的市民社会和开放而多元的文化之中。唯此，才有可能具备上述的感知和领悟能力。"组成市民社会的是那些或多或少自发地出现的社团、组织和运动，它们对私人生活领域中形成共鸣的那些问题加以感受、选择和浓缩，并经过放大后引入公共领域。"不过，"一种有活力的市民社会只能形成于一种自由的政治文化和相应的社会化模式的背景之下，只能建立在一种未受破坏的私人领域的基础之上"。其三，由不同社团产生的各种非正式的公共领域之间必须保持相互开放。它们对同一议题的相互辩难可以促使公民转换视角，从而促进公共商议，唯此"弱公共领域"中的交流和论证方才成为可能。其四，它必须保证沟通渠道的畅通，并避免信息在沟通过程中被扭曲。这意味着在信息传播和意见沟通过程中至关重要的大众传媒，不能为有权势的社会利益集团所控制及限制。"大众传媒应该把自己理解为一个开明公众集体所委托的代理人；这个公众集体的学习愿望和批评能力，是大众传媒同时既当作预设，也提出要求，并予以强化的东西；像司法部门一样，它们也应该保持对于政治行动者和社会行动者的独立；它们应该公平地接受公众的关切和提议，并根据这些议题和建议把政治过程置于合法化强制和被强化了的批判之下。这样，传媒权力就被中立化了——行政权力或社会权力向政治舆论权力的转换就被阻止了"(哈贝马斯，2003：454—468)。

他还非常强调"弱公共领域"的导向调控(steering)功能。"政治意志形成过程——其组织形式为政府立法部门——如果阻隔自主的公共领域的自发源泉,如果切断在自由流动和结构平等的民间领域中的主体、建议、信息和理由的联系,就会破坏使它能合理运作的那个市民社会的基础。议会团体应当在一个某种程度上无主体的公共舆论之参数中进行活动,当然这种公共舆论并不是在真空中形成的,而是在一个自由的政治文化背景下形成的"(哈贝马斯,2003:441)。这一论述表明:"弱公共领域"和"强公共领域"之间其实存在一种"参数"关系。此处,"参数"(parameter)一词尽管有些令人费解,但也并非无迹可寻。我们可作如此理解:公共商议可以形构立法过程;公共舆论将对立法者的偏好产生约束。因而,"强公共领域"尤其是其中的立法机构,应不断从"弱公共领域"中汲取各种议题、信息和论证,使公共舆论中反映出来的社会问题和政策建议接受理性检验。

那么,媒体如何才能使"弱公共领域"活跃,以及实现其与"强公共领域"之间的顺畅沟通?扼要言之,媒体应致力于成为社会系统中多元主体利益表达与聚合的公共空间。其中,不同类型的媒体各有具体努力方向——主流媒体除担负"党和人民的耳目喉舌"体制角色外,还需努力成为"社会的耳目与喉舌"。另类媒体既要积极补主流论述之不足,还应力戒不负责任的放言高论。

二、公共性与责任伦理:媒体行动的价值理念

若将中国改革开放视作一个历史项目(historical project),传媒改革既是其有机构成部分,亦是实现其目标的核心举措。如学者潘忠党所言(2008):"中国的改革是执政党运用组织力量和意识形态话语主导权(discursive hegemony)以及它所掌握的国家机器所展开的历史变迁项目,改革的进程是党的利益、国家利益、市场内生发的集团或阶层

利益等相互间博弈、协调的政治过程,其结构呈现出国家法团主义(state corporatism)的形态,即在以表述和实现公共利益为名的国家这个公共政策制订与执行的场域,各利益团体——包括执政党——相互博弈,达成互依和互益的交换格局。"其中,主流媒体成为"依赖党—国政治权威庇护而在市场运作的实体"(Lee, C. C., He, Z., & Huang, Y., 2007),并由此获得所谓双重属性,受制于不同的逻辑。

1. 主流媒体:公共性的自觉

纵观三十多年以来的传媒改革,得益于市场经济和科技所带来的解放力量,媒体在相当程度上发挥了公共空间的功能,诸如公共事件和公共议题的公众参与中普遍存在的"媒体驱动"现实(展江、吴麟,2009)、"舆论监督"话语变迁显示出媒体为民代言的意识日渐清晰(雷蔚真、陆亨,2008)等皆是具体表征,拓展了社会的场域,推动了国家—社会二元结构中社会一极的成长。但是,若以规范理论来衡量现实情状,那么媒体的公共性实践还很不足。因为,媒体的公共性是指媒体作为社会公器服务于公共利益的形成与表达的实践逻辑,其有三个核心要素:媒体服务的对象必须是公众;媒体的平台必须向公众开放;媒体的使用和运作必须公正。由于当前中国传媒改革具有"体制变迁中高度政治化的、临场发挥式的'路径依赖'和'有限创新'"的特征(潘忠党,2007),以致在当前的语境中,传媒公共性的表现虽然已是现实的存在,然而都只能是"脆弱的、不确定的、局部的、并非设计使然的(by design)"(潘忠党,2008)。主流媒体中新工人群体的媒介话语权呈"主体性表达缺失"的图景,即反映了这一局限。

按照"党管媒体"的一贯原则,以及近期一系列新闻政策精神,主流媒体担负的体制性角色会进一步强化;不过"党性和人民性从来都是一致的,统一的"①,主流媒体需要增强公共性的自觉,坚持"以民为本、以人为本",努力成为社会的耳目与喉舌。

探讨媒体的公共性,按照潘忠党(2008)的观点,需要排除几个赋予这一概念遮蔽功能的预设。首先,公共性不是媒体的天然属性。媒体的国有或私有体制与媒体的公共性之间无必然的逻辑关联;需要超越原则性安排具体地考察媒体是否以及如何作为社会公器。其次,公众并非是自然存在的主体。若无自由、开放、平等和理性的交往过程,那么将难以具备主体性,所存在的只是"聚众(crowd)"或"大众(mass)",而非"公众"(Blumer,H.,1948)。在缺乏公众主体性建设的体制条件下,所有为公众代言的宣称,均无必要的正当性(legitimacy)基础。再次,公共利益不可能独立于个体利益。任何个人、党派或群体都不可能单方面界定或永久地代表公共利益,其只能存在于具体历史场景中,经由理性交往才得以界定并维护。经验事实显示,这些论述基本能够成立。因而,主流媒体增强公共性的自觉,在于具体地服务于以公众为主体的多元意见的形成、表达与聚合。

体现在新工人劳资关系治理问题上,鉴于媒介话语权的不均衡现实,主流媒体应致力于重构弱势社群的话语空间,呈现反映劳工主体性的利益表达。在笔者视野中,已出现令人欣喜的个案。

例一:2005年《中国青年报》的"新生代农民工"系列报道。如表6-1所示,在9月6日至23日,该报刊出一组专题报道,以"报道+

---

① 2013年8月19日,在全国宣传思想工作会议上,习近平同志发表重要讲话,提出"党性和人民性从来都是一致的、统一的",并作出如下的阐释——"坚持党性,核心就是坚持正确政治方向,站稳政治立场,坚定宣传党的理论和路线方针政策,坚定宣传中央重大工作部署,坚定宣传中央关于形势的重大分析判断,坚决同党中央保持高度一致,坚决维护中央权威。所有宣传思想部门和单位,所有宣传思想战线上的党员、干部都要旗帜鲜明地坚持党性原则。坚持人民性,就是要把实现好、维护好、发展好最广大人民根本利益作为出发点和落脚点,坚持以民为本、以人为本。要树立以人民为中心的工作导向,把服务群众同教育引导群众结合起来,把满足需求同提高素养结合起来,多宣传报道人民群众的伟大奋斗和火热生活,多宣传报道人民群众中涌现出来的先进典型和感人事迹,丰富人民精神世界,增强人民精神力量,满足人民精神需求。"

述评"的方式,多角度、立体化地呈现了青年农民工群体的生活境况、人生追求以及现实困境。这些报道皆在"经济版"以头条的位置刊发,所涉及的地域宽广、所关注的主题丰富,以问题为导向,采取普通人的视角,按照前述报道主角、报道类型、话语态度三个指标进行分析,可以发现:这组报道的确称得上是"倡扬人本精神,表达社会关怀"(刘畅,2006),其间新生代农民工基本实现了能反映主体性的利益表达。截至今日,它们仍是同类报道中的精品。

表6-1 2005年《中国青年报》"新生代农民工"系列报道

编号	刊发时间	作品名称	
		报道	评论
1	2005.09.06	《拥有了打工户口的北京青年感叹:我们这一代人很不同》	《这个人——新生代农民工的精神气质》
2	2005.09.07	《长沙农民工公寓为何无人住》	《让微弱的声音响亮起来——新生代农民工的生存诉求》
3	2005.09.08	《民工子弟学校入驻高档小区遭抵制》	《让平等的阳光照耀心怀——新生代农民工的生活渴望》
4	2005.09.12	《这一路,我走得很辛苦——一个杰出外来务工青年的自白》	《让成功的笑容不再凝重——新生代农民工的人生感受》
5	2005.09.13	《员工委员会:实现权利的沟通实验》	《让理性的精神引导诉求——新生代农民工的权利意识》
6	2005.09.15	《"当最低生存维持不下去时,他们就可能铤而走险"——乖孩子进城为何变成了抢夺团伙》	《让人生的方向不再迷失——新生代农民工的生活观念》
7	2005.09.16	《王晓桥申请建立农民工工会捍卫权益 湖北省云梦县总工会批准当地第一个农民工工会成立》	《让正义的力量不再缺席——新生代农民工的维权期待》

续表

编号	刊发时间	作品名称	
		报道	评论
8	2005.09.20	《工伤不赔偿、工资拖欠,被视为劳资纠纷中的"火灾隐患"——义乌市尝试破解农民工难题》	《让希望的号角声更加响亮——新生代农民工的社会关怀》
9	2005.09.22	《92%的农民工认为自己曾受歧视 山城热议"棒棒"改名》	《让冷漠的眼神变得温暖——新生代农民工的时代环境》
10	2005.09.23	《为农民工融入城市创造条件 小陈热线映照打工青年生存景象》	《这梦想,很长,很远》

例二:2010年《经济观察报》倡导的"户籍改革联合社论"。当年全国"两会"前夕,11个省、自治区和直辖市的13家媒体于3月1日刊发共同社论《提请"两会"代表委员敦促加速户籍改革》。这一较罕见的媒体直接表达,其时引起很广泛的关注。关于发起动因,时任《经济观察报》副总编的张宏(2010)撰文指出,是出于媒体参与并推进中国改革进程的强烈期望——"在历史发展过程中,媒体更多的是以见证者的身份出现,其被寄予的期望是客观公正地记录历史。但媒体的角色从不仅限于见证者,他们更是历史的推动者与开创者。"这是当前国内媒体业罕有的行动,业内人士评论(章剑峰,2010):此种主动寻求议题设置,并通过一种与之相契合的形式表达出来,是"顺应了社会发展对公共媒体的要求"。

例三:《南方都市报》的"中国农民工三十年迁徙史"专题。该报组成庞大而有执行力的"特别报道组",重点追溯中国农民工"迁徙"的历史。2011年6月至2012年1月,半年中共刊发出42篇"编年史系列"报道,记者足迹遍及26个省份40多个县市,采集了大量翔实的资料,通过口述故事、记者访谈、个案剖析、历史图谱及社会学分析,从"人"的角度去呈现改革开放以来农民工群体像洪流般迁徙流动的鲜活历史(《南方都市报》特别报道组,2012:372—378)。这组系列报道被《看历史》杂志评为"国家记忆 2011·致敬历史记录者"唯一"年度历史写作大奖",授奖词中写道——"以底层的视角,真实地再现了 30 年间中国农民工的生活变迁,并从中探究中国社会巨大改变的原动力,很好地诠释了'新闻是明天的历史,历史是昨天的新闻'的媒体使命。"后以《洪流》为名结集出版,收获诸如 2013 年南国书香节"首届非虚构写作大奖之'公共关怀奖'"等不少荣誉。此后,"专门史系列"的报道,选取若干样本,从村庄史、家庭史和个人命运史三个方向,进行更细致深微的社会学记录挖掘。这组系列报道后以《呼吸》为名出版,意为"呼吸,是细致入微,是攸关生死,你必须要以此方式去贴近去静听,才能了解他们理解历史"。此书出版后亦收到广泛的好评,如学者党国英称赞"六个农民家庭走向城市的故事,形象地勾画了一部当代中国农民与命运抗争的历史。"

例四:财新传媒及时跟进、报道和平衡地分析劳资关系问题。财新传媒是提供财经新闻及资讯服务的全媒体集团,其"一网四刊"的格局——财新网、《新世纪》周刊①、《中国改革》月刊、《比较》、财新英文周刊——全方位拓展财经新闻空间。其中,《新世纪》周刊以经济、时政及其他各社会领域的动态分析为内容核心。关于当前中国社会劳资关系问题,财新传媒能及时关注,并尽可能地公开报道,而且注意平衡原则。在由关注劳工问题的学者、律师、媒体人和 NGO 人士组成的微信群"LGXZQ"中,笔者通过长达一年的参与式观察发现,群内的记者中,财新传媒的政经记者 W 君最为活跃,每有劳资冲突事件发生,便积极通过群内知情者寻求信息;以及当有相关劳工政策发布,会主动请求学者和律师提供解读。自 2011 年 6 月至 2014 年 11 月,W 君

---

① 该刊自 2015 年第 10 期(总第 645 期)开始更名为《财新周刊》。

在财新网和《新世纪》周刊发表了50篇关于劳资问题的报道,其努力得到劳工界的认可。当笔者在这一有百余名成员的微信群内,问及哪些国内记者在劳工事务报道领域表现突出,大家均很推许W君,认为其报道专业且富有情怀。

上述可喜的现象,体现了少数主流媒体及记者的"新闻专业主义"①努力,重视媒体社会公器职能,自我定位为社会的观察者及事实的报道者。新闻专业主义已经成为西方新闻传播学研究的核心概念之一。陆晔和潘忠党(2002)将其基本内容归纳为:(1)媒体是社会的公器,新闻工作必须服务于公众利益,而不是仅仅服务于任何政治或经济利益集团;(2)新闻从业者是社会的观察者、事实的报道者,而不是某一利益集团的宣传员;(3)他们是信息流通的"把关人",采纳的基准是以中产阶级为主体的主流社会的价值观念,而不是政治、经济利益冲突的参与者或鼓动者;(4)他们以实证科学的理性标准评判事实的真伪,服从于事实这一最高权威,而不是臣服于任何政治权力或经济势力;(5)他们受制于建立在上述原则之上的专业规范,接受专业社区的自律,而不接受在此之外的任何权力或权威的控制。这一阐释从社会责任、身份识别、社会公用、职业价值取向、专业自律准则5个方面,对专业主义内涵进行了相对明晰的判断。

在域外,新闻专业主义被认为具有服务于既定体制的功能和保守趋向;而在当下中国,这一理念及其实践却具有"解放"的作用。著名记者卢跃刚就提出专业主义"不仅可以给有职业追求的记者以标准,还可以给自信"(张志安,2007)。在当前的新闻实践中,有职业追求的媒体机构和新闻记者,开始自觉遵循新闻专业主义准则。当然,由于历史传统以及传媒体制,新闻专业主义在中国的发展有其自己的特

---

① 新闻工作是一门职业(occupation),当称之为专业(profession)时,特指从事专业工作必需特定的专业技能、行业规范和评判标准。美国学者盖伊·塔奇曼(Gaye Tuchman)认为:19世纪90年代出现了新闻工作的专业主义。

征。如表6-2所示①,它的三个核心观念——自由度、社会责任和客观性,在自由主义新闻业和中国特色新闻业中被赋予了相当不同的含义。在转型期中国社会,以新闻专业主义为理念,还是一种颇高远的职业追求,尽管可圈可点,但仅仅是个案。

表6-2 新闻专业主义话语中三个核心观念的不同意涵

新闻专业主义话语	自由主义新闻业	中国特色新闻业
自由度	不受各种权力的控制和干涉地报道事实真相	在党和政府政策允许的范围内,揭露社会阴暗面和监督政府时,不受利益集团的干涉和控制
社会责任	防止权力滥用,促进民主	为普通百姓说话,解决百姓遇到的问题,尤其是不能够或者比较难通过平常合法途径解决的问题;促进民主,推动社会发展
客观性	在报道中采取中立立场,不存在党派意见和个人态度,客观地反映新闻事实	有记者立场和态度的平衡报道

当下,新技术环境下的新闻业正在发生深刻变迁,"新闻业面临危机"成为中国新闻业界与学界均积极关注的话题,有研究者考察已有对新闻危机的言说,发现:呈现出"商业主义"统合与"专业主义"离场的特征(李艳红,2016);现有讨论基本倾向于将当前新闻业的境遇"诊断"为"商业危机与挑战",占据其讨论重心的是新闻机构读者流失、赢利下滑、广告萎缩、员工辞职等议题;所开出的"药方"相应地多是种种直接或间接的"商业策略"。其间,这场危机对新闻专业化的挑战与

---

① 此表源自童静蓉:《中国语境下的新闻专业主义社会话语》,《传播与社会学刊》(香港)2006年第1期。

应对,则鲜有论者关注,专业主义话语整体上被"排除""抑制"乃至"消失"。① 笔者认同这一判断。但是,在严峻的现实境遇中,新闻专业主义理念依然具有"解放的力量"和"规范的能力"(陆晔、潘忠党,2016)。因而,那些构成新闻专业内核的信念与原则,迫切需要重新倡扬和阐释,这可能才是危机中的新闻业真正救赎之所在。

2. 商议式民调:可能的进路

在当前中国的具体社会语境中进行专业主义努力之外,推动商议式民调发展,或是主流媒体实践公共性的一种进路。

商议民主思潮自勃兴以来就颇受瞩目,其中赞成和批评皆有之。在批评的声浪当中,共同的质疑是指其言易行难。的确,商议民主的不少倡导者将基本运作原则构思得很美好,对制度层面的具体实践方案却设计不足。但是,费什金(James S. Fishkin)教授却是一个例外,由他于1998年首创的商议式民调(deliberative polling,又译为协商式民调、慎思民调),被认为是能有效地实践商议民主理论的一种制度设计②。按照他的观点(James S. Fishkin,2008:1-8),达成商议民主关键是兼顾"政治平等"(political equality)和"商议"(deliberation)这两种很难以相容的基本原则。前者强调包容(inclusion),即考虑到不同人的偏好;后者则强调慎思(thoughtfulness),即需要权衡论证不同的观点。

---

① 李艳红:《关于当前新闻业转型的话语分析》,《中国社会科学报》2016年5月5日第3版。此文的完整版,由公众号"复旦大学信息与传播研究中心"于2016年5月6日推送,题为《"商业主义"统合与"专业主义"离场:关于当前新闻业转型的话语分析》。

② 2008年,费什金教授出版 *When the People Speak*:*Delibrative Democracy & Public Consultation* 一书,对商议式民调的理论基础以及诸多实践进行了详细的阐述。部分商议民主的批评者指出受教育程度较高的民众可能从这种民主形态中获益更多,一般公众并没有能力很好地理解公共政策,他们的意见并不应该被考虑;另一些批评者则提出商议的形式会增强意见的极化。在本书中,费什金对这些观点一一进行批驳,通过理论辨析和实践检验,展示了商议式民调的可行性与吸引力。此书已有中文译本,题为《倾听民意:协商民主与公众咨询》,孙涛、何建宁译,中国社会科学出版社于2015年6月出版。

如何才能在民主实践中使审慎的公共商议和公众的政治平等相协调？商议式民调就旨在回应这一问题。在一个"民主实验"的时代，尽管存在多种技术和方式进行的民意调查，但是仍难完善地反映公众意愿。有些民意调查所呈现的甚至是"哈哈镜"式的图景，对公众意愿进行了扭曲变形。费什金教授从古代雅典人通过抽签选择法官及立法者的民主实践中获得灵感，提出了商议式民调的设计理念：在现代可以采取随机抽样的方式选举一部分民众作为一个国家或地区的微观样本(microcosm)；然后提供适当的环境，让其有机会思考公共议题，在获得均衡全面信息的基础上，经由相互讨论再形成深思熟虑的民意。

商议式民调将镇民会议(town meeting)、准实验设计(quasi-experiment)、焦点小组讨论(focus group discussion)以及统计分析(statistical analysis)等多种形式进行了有机的结合。为了能够有效克服诸如"理性无知"(rational ignorance)、"幽灵观点"(phantom opinion)、"观点聚类"(selectivity of sources)和民意"易被操纵"(vulnerability to manipulation)等传统民意调查中常存在的问题(James S.Fishkin, 2008:25)，商议式民调的实践运作有着一套规范严格的流程，保障调查科学、准确的关键在于随机抽样、均衡信息和商议过程。

进行商议式民调，首先得有两项准备工作：其一，组建委员会——由主办机构选择合适的人士、组织参与，以负责商议式民调的开展。委员会通常由商议式民意调查中心、一般民意调查组织、媒体和政府机构组成，委员会应保持中立以确保公信力。其二，确定议题——以普通民众关心、具有争议性、范围适中为选择标准。议题对效果有决定性的影响，应当慎重选择。之后，商议式民调的具体执行流程可分为5个步骤：(1)根据议题以科学的方式从公众中随机抽取一个有代表性的样本，并对其进行第一次问卷调查。(2)从第一次民调样本中再随机抽取一个有代表性的样本参与商议过程。(3)商议之前，参与者会收到并需先阅读由专家审读过、与议题相关、均衡的说明材料。(4)商议当日,参与者先进行第二次问卷调查,然后再被随机分配到小组进行讨论,由经过培训的中立、客观的主持人负责主持;参与者所在小组讨论结束后确定想要提出的问题,然后在大组交流中向专家和决策者提问。(5)商议之后,进行第三次问卷调查,以获得经过深思熟虑的民意。专业人员将会分析参与者在商议前后态度的转变,为显示商议式民意调查的效果,通常还设计将"实验组"(experiment group)和两个"控制组"(control group)进行对比分析。其中,"实验组"为参与商议的人士,"控制组"一为未参与调查的人士,"控制组"二为接受第一次问卷调查但未参与商议的人士。最终,调查结果将通过媒体公布。

商议式民调的一个基本理论假设是商议的过程可能会影响参与者的态度和意见。按照费什金教授的分析,商议过程的质量通常取决于下列要素(2008:33—34):信息(information)——参与者了解与议题相关的、合理而确切的信息的程度;实质性的平衡(substantive balance)——从某一视角提出的论点获得从其他角度回应的程度;多样性(diversity)——公众主要立场被参与讨论者代表的程度;尽责(conscientiousness)——参与者真诚负责地权衡论点的程度;以及平等考虑(equal consideration)——所有参与者论点被平等对待的程度。上述诸要素实现的程度越高,越有可能形成高质量的商议,从而才能有效避免出现部分参与者"主导"(domination)讨论以及观点"极化"(polarization)的现象。

自1994年至今,商议式民调已在英国、美国、丹麦、澳大利亚、意大利、北爱尔兰、巴西、保加利亚、希腊、泰国、中国等多处得到实践。其中,既有全国性的议题,例如丹麦是否加入欧盟;亦有地方性的议题,诸如美国德州的能源政策。既有面对面的商议,也有虚拟空间的网络商议。此外,还超越了单个民族国家界限,欧盟2007年以"明天的欧洲"为题,从27个欧盟国家中抽取362位公民举行了一次商议式民调。①

截至2012年,中国的相关实践集中在地方性议题上。其一,浙江省温岭市泽国镇自2005年起已进行了三次商议式民调,并且民调结果被用作当地政府财政决算决策的重要依据。其二,澳门特区政府委托民意调查机构就是否修改《出版法》和《视听广播法》进行商议式民调,于2011年12月4日举行,分为公众组和专业组,共有277名市民代表和29名媒体代表参加,另外还有近60名来自全球各地的专家学者、媒体人士作为活动过程的观察员。

关于商议式民调效果,具体可用政策态度的变化(changes in policy attitudes)、投票意愿的变化(changes in voting intention)、公民能力的变化(changes in civic capacities)、集体行动一致性的变化(changes in collective consistency)、公共对话的变化(changes in the public dialogue)、公共政策的变化(changes in public policy)等进行衡量。实践显示,商议式民调能在不同程度上实现这些指标(James S. Fishkin,2008:131-158)。实现的程度主要取决于议题是否合适,以及上述具体流程执行是否规范。

商议式民调的主要目的并不仅仅在于"预测民意",更重要的是"一个实践民主政治的过程",即"提供一个思辨的场所,尝试了解在一个资讯充分以及民众能够审慎思考和互相辩难的理想状况下所呈现的民意"。因而,与传统民意调查相比,它有着明显的优势,但是同时也存在着不容忽视的缺陷。除了耗费成本过高、执行程序繁琐之外,"样本的代表性"(representativeness of sample)和"对实验安排的反应"(reactive arrangement)等方法上的限制也常为人所诟病;不过,这些问题都在可控范围之内(黄东益,2000)。总体而言,商议式民调

---

① 斯坦福大学商议民主研究中心网站http://cdd.stanford.edu/对商议式民调的实践状况有具体介绍。

具有可行性，是一种有效落实商议民主理论的制度设计。

近些年来，主流媒体主导并策划实施的民意调查方兴未艾，如《中国青年报》的"青年调查"、《新京报》的"京报调查"等。此外，新浪、搜狐、网易、腾讯、凤凰等网站也频繁地操作各种议题的网络调查。尽管可称道之处不少，但是仍然亟待提升。其中，一个关键的问题就是调查方法的科学性程度。目前，绝大多数媒体民意调查在形式上都可归结为"自愿参与的民意测验"(self-selected listener opinion poll，缩写为 SLOP)一类。SLOP 的参与者并非通过随机抽样的方式选择出来，而是通过毛遂自荐的方式产生，他们主要是那些热情高涨或怀有特殊动机的人，有时候还会是有组织的。因而，所获取的数据可能是误导性的，所提供的并非是"草根"民意，实际上甚至只是"人工草皮"。社交网络的兴起和参与甚至助推了这一趋势(James S. Fishkin，2008：21-23)。因此，对于一些重要议题，主流媒体可尝试进行商议式民调，通过提供多元的资料，加强公众对议题的认知和了解，让他们在获得较为全面均衡信息的基础上，进行深化的讨论和深入的思考，从而形成深思熟虑的民意。

由于需要投入一定成本、执行流程较为复杂，媒体可与学术机构合作开展商议式民调。一个可仿照的案例是：2010 年香港电台和"香港大学民意研究计划"以商议式民调理念为蓝本，合作推出两档节目"政改慎思"和"申亚慎思"，分别就政治体制改革和香港申办亚运的议题举办辩论会。以"政改慎思"为例，其目的是"鼓励市民大众就政制改革的议题明辨慎思，让他们深度接触政改问题的细节及论点"。具体操作流程如下——(1)由"民研计划"于 1 月 18 日至 31 日期间进行全港性的电话随机抽样访问，征集了约 220 位有兴趣参与的公众；之后随即进行第二轮电话跟进，并按照被访者的年龄组别(18 岁至 29 岁、30 岁至 40 岁、50 岁或以上)和自称社会阶层(归纳为上层、中层及下层)两个指标进行分类，以确保参与者具有代表性。最终，在 2 月 2

日前得到约120人的确认名单。(2)香港电台将辩论会邀请函、第一次调查问卷、政改咨询的背景材料文件,通过邮寄或电邮送达每位参与者。(3)在2月4日至5日,"民研计划"进行第三次电话跟进,确认约100位参与者表示会如期出席辩论会。(4)在2月6日下午2时至5时在香港电台广播大厦举行商议,参与者抵达会场时先交回已填妥的第一轮调查问卷。参与者旁听对议题持正反态度的政坛人士进行激辩,期间亦会受邀参与讨论以及自由提问。之后,再进行第二次问卷调查,两次问卷内容完全一样,共由6个问题组成,意在分析出席市民在辩论会前后的意向变化。(5)当日共有92位市民出席,其中88人填妥并交回第一、二轮调查问卷,"民研计划"以88人作为样本,在现场进行分析并公布调查结果,发现参与者对政改方案的变化有明显转变。(6)香港电台将当日整个辩论会制作成电台录音节目,并由香港电台第一台于2月13日早上8时至10时进行转播。需要强调的是,调查问卷由两家机构共同设计,但所有操作、数据收集及分析皆由"民研计划"独立进行。

当前国内媒体民调报道,往往通过网络实施SLOP式的民意调查,主要是因为其易于操作,不过此种调查方式既难顾及政治平等,更难实现商议,呈现的是浅表层次乃至扭曲变形的民意。与之相比,商议式民调的操作虽然较为复杂且成本颇高,不过此种强调基于"知情""深思"和"讨论"机制而获知民意的调查方式,能够兼顾政治平等和商议,有益于探究真实的民意和改善决策的品质、有利于提升普通公民参与公共事务的意识和能力。因而,有一定实力、有高远追求的媒体可以选择合适的议题,组织商议式民调。鉴于互联网技术的发展以及中国庞大的网民数量,还可积极开发专门的网络平台,进行网络商议式民调。

当然,组织商议式民调不易,需要相当的投入,因而期冀在民调报道方面有所作为的媒体可以尝试为之。对于大多数媒体而言,参与、报道亦是一个理想选择。斯坦福大学商议民主中心所进行的一系列商议式民调实践,在美国的活动为 PBS 紧密跟踪并制作出 *By the People* 的节目;在日本的项目则有 NHK、《读卖新闻》与之广泛合作。它们的关注有其商业上的考虑,因为商议过程是普通公民就争议性公共政策议题进行讨论,直白的语言、激烈的论辩,且参与者的观点是否变化不可预知,因而报道能够吸引受众关注。此外,还明显体现了对公共性的追求,充分发挥媒体的平台功能,让政策议题能被透明公开地讨论,民众也可全程参与思考。

对于商议式民调,国内主流媒体首先需要加强关注和了解[1];在此基础之上,观察借鉴域外以及港澳同行的经验,积极报道、参与、组织以推动商议式民调的发展。这是民调报道的一个新机缘,媒体有可能在经济效益方面收获新的"增长点";同时,参与建设多元和健全的民意表达空间,以推动公众利益的充分表达,更是实现媒体公共性的一种路径选择。具体在劳资关系问题上,有公共性自觉的媒体,可在现有的制度空间内尽可能地作为,就诸如劳务派遣、最低工资、集体谈判等重要议题,与学术机构等合作尝试举行商议式民调。

3. 另类媒体:重视责任伦理

在转型期中国社会,另类媒体在内容生产、组织形态和社会行动上亦均显示出对民主的追求,它们努力反对信息霸权、争取公平传播权益。在劳工领域,本研究所关注的"倡导型"另类媒体,尽管具体的传播机制与功能定位有别,但均补充乃至挑战了主流媒体论述,弘扬了弱势社群的传播主体性,专业社会学人的行动和热情,使之呈现出

---

[1] 2011 年,澳门特区政府就是否修改《出版法》和《视听广播法》举办的商议式民调,当地人士不乏争论、质疑与异议。检索"慧科全文报纸数据库"发现,从 9 月 13 日至 12 月 12 日,《澳门日报》《新华澳报》《新报》《大众报》《濠江日报》《正报》《市民日报》《华侨报》《讯报》等澳门本地媒体有广泛的报道与争论,但内地主流媒体基本只刊发简讯《澳门特区政府首次举办商议式民调》,错过了一个传播与普及商议式民调理念及其实践的良好机缘。

一种"公共社会学"的努力。在"分类控制"的国家—社会关系以及"安抚性"的国家—劳工关系之下,它们尽管是在"缝隙中求生存",但一定程度上发挥了底层发声、弱势赋权和阶级启蒙的作用,在社会治理层面则是一种"重建社会"的努力。概言之,在重构弱势社群话语空间中,另类媒体已成为一股积极力量。

为进一步实践公共性,更好地担当替代性渠道,拓展弱势社群利益表达空间,另类媒体在具体实践中应当重视责任伦理。

这一理念源自马克斯·韦伯(Mark Webber),1919年他在《政治作为一种志业》的著名演讲中,对"信念伦理"(通常又称"意图伦理""心志伦理""信仰伦理"等)与"责任伦理"进行了区分(2004:259—261)——

> 一切具有伦理意义的行动,都可归属到两种准则中的某一个之下;而这两种准则,在根本上互异,同时有着不可调和的冲突。这两种为人类行动提供伦理意义的准则,分别是心志伦理和责任伦理。这不是说心志伦理不负责任,也不是说责任伦理便无视于心志和信念。这自然不在话下。不过,一个人是按照心志伦理的准则行动(在宗教的说法上,就是"基督徒的行为是正当的,后果则委诸上帝"),或者是按照责任伦理的准则行动(当事人对自己行动[可预见]的后果负有责任),其间有着深邃的对立。

可见,"信念伦理"强调人们坚守内心某种抽象的信念;"责任伦理"则强调人们关注行为本身的可能后果。"信念伦理"以动机决定行为的正当性;"责任伦理"则以行为的后果来判断行为的正当性,既强调对目的和结果负责,也强调对手段负责。施路赫特(Wolfgang Schluchter)教授辨析二者的区别在于:它们对"能为"的评价方式不同,即"信奉责任伦理的人,考虑他的行动之后果的价值,从而将行动获得实现的机会以及结果一并列入考虑;接受心志伦理的人,关心的却只是信念本身,完全独立于一切关于后果的计算"(马克斯·韦伯,

2004:123)。

韦伯所提出的"责任伦理"的概念,要旨是强调"责任"概念的道德内涵。有论者指出(冯钢,2001):在韦伯的论述中,"责任伦理"要求的是"无条件地"对自己的行为承担责任,而没有什么"为了……所以要负责任"的逻辑。换言之,即"责任伦理"作为道德原则,它所关注的不是工具理性的"目的—手段"的事实关联,而是承担行为后果的"当为",即价值关联。若要本土化地理解这一概念,我们可以参照胡适提出的"敬慎无所苟"的议政理念。

胡适一生言论实践丰富,毕生创办、主编或参与编辑的《竞业旬报》《新青年》《每周评论》《努力周报》《新月》月刊、《独立评论》《大公报·星期论文》《自由中国》等,当年的"同人刊物",以今日标准视之,在一定程度上亦可被归为"倡导性"的另类媒体。在议政实践中,胡适一贯主张发表"负责任"的言论;1933年,在《我的意见也不过如此》一文中,他将此主张升华为"敬慎无所苟"的议政理念(欧阳哲生,1998:325)——

> 作政论的人,更不可不存这种"无所苟"的态度。因为政论是为社会国家设想,立一说或建一议都关系几千万或几万万人的幸福与痛苦。一言或可以兴邦,一言也可以丧邦。所以作政论的人更应该处处存哀矜、敬慎的态度,更应该在立说之前先想象一切可能的结果——必须自己的理智认清了责任而自信负得起这种责任,然后可以出之于口,笔之成书,成为"无所苟"的政论。不能如此的,只是白日说梦话,盲人骑瞎马,可以博取道旁无知小儿的拍手欢呼,然而不是诚心的为社会国家设计。

在现阶段中国,以笔者的感知,劳工领域另类媒体实践尤其需要倡导这一理念。它们坚持劳工立场,可圈可点之处甚多,但是,不少论述颇有纯粹地强调"信念伦理"的危险倾向。

例如劳工小报 *DGD* "知识天地"栏目曾刊发的《工农立场看"文

革"——"文化大革命"为什么会爆发》一文,作者化名为"红旗卷起农奴戟"。此文完全从"官僚"与"工农"阶级对立的角度分析"文革"以及运用同一视角解读"改革开放"。对于这篇文章,即使以"了解之同情"的态度观察,笔者认为其观点仍是想当然的误读,缺乏对历史的省思,为了所谓"工农立场",以政治浪漫主义和历史虚无主义来编织"神话",为特定社群提供"精神鸦片",陷入了启蒙的误区。

按照胡适的观点,贯彻"敬慎无所苟"的议政理念,至少需要具备三个必要条件(吴麟,2007):其一,"独立的精神",指"不倚傍任何党派,不迷信任何成见,用负责任的言论来发表我们各人思考的结果。"其二,"研究的态度",指在尊重事实的基础上进行研究,"是有几分证据,才说几分的话"。其三,"清楚的思想",指思考与写作均应"明白清楚",不可滥用"抽象名词"。据笔者的观察,当前中国劳工领域的不少另类媒体实践者,强烈批判现今公共政策的"新自由主义"取向,对"一大二公"的"红色往事"充满向往。

在西方语境下,"新自由主义"(neo-liberalism)是指一种经济理论倾向,强调经济政策应以扩张市场的自主、私有化国营行业、减少政府干预、扩大自由贸易为核心;以此标签概括中国改革开放政策中的意识形态,是否具有充分的历史有效性和充实的学术支撑仍然需要再讨论(潘忠党,2008)。至于对"红色年代"的浪漫想象,萧功秦(2013)的一段话很能引起笔者的共鸣——"这种知识分子往往有悲天悯人的责任感,对问题与矛盾深怀解决的渴望,但他们却把解决问题的方法,投射到某种与经验世界无关的'第一原理'与不证自明的'公理'上;并且以浪漫主义的激情,把某个个人或理论加以审美的理解,而并不关注这个事物本身究竟如何。"有鉴于此,另类媒体固然以补充或挑战主流论述为底色,但是需注重责任伦理,发言时应当注意"无所苟"——"凡立一说,建一议,必须先把此说此议万一实行时可以发生的种种结果都一一想象出来,必须自己对于这种种结果准备担负责任。"此即倡导改造生活与社会时,应立足于经验世界及其逻辑,不能将自己一厢情愿地制造出来的"神话"作为"社会施工蓝图"。

在古罗马时期的政治生活中,"责任"概念具有两重含义:一是指个体的行为因违反国家法典而必须承受相应处罚;二是指个人必须清楚自己行为的可能后果并且为此要担负起道德上的义务。法律层面的内涵沿用至今,但道德层面的内涵则被逐渐湮没。置诸转型期中国的复杂语境,不论主流媒体抑或另类媒体,都应将"责任"作为一种自律性质的伦理准则。

现代中国的"立言"者缺乏"责任伦理"往往会造成不良后果(余英时,2004:259)——"在一个已有共识而久已安定的社会中,放言高论尚无大碍,因为这样的社会有自我调节的功能,人民有文化典范可依,也知所抉择。但不幸近百年来中国始终在动荡之中,文化上从来没有形成一个共同接受的典范。由于对现实不满,越是惊世骇俗的偏激言论便越容易得到一知半解的人的激赏。一旦激荡成为风气之后,便不是清澈的理性所能挽救的了。"回顾20世纪的中国历史,确是"信念伦理"泛滥而"责任伦理"稀缺,那些往往以崇高名义出现的"信念"更具道德诱惑性。这种状况当今依然存在。鉴古思今,媒体在与政治或资本逻辑抗争时,纵是弱势一方,也需将"责任"内化为理念。自由与责任实不可分,正如哈耶克(Hayek)所言(1997:89),我们对"社会秩序的运作的整个态度"都与"对责任的看法有紧密的勾连"。一个自由的社会应当做到下述两点——"一是人的行动应当为责任感所引导,而这种责任在范围上远远大于法律所强设的义务范围;二是一般性舆论应当赞赏并弘扬责任观念,即个人应当被视为对其努力的成败负有责任的观念。"

三、宽容与法治:国家与媒体关系的调适准则

在转型期中国社会,媒体能否成为社会系统中多元主体利益表达与聚合的公共空间,诸种影响因素之中,最具决定性的还是国家—媒

体关系。在关乎公共政策或社会冲突性议题上,主流媒体能否作为,更是有赖于此。

前述2010年"户籍改革联合社论"事件就是一例现实注脚。尽管文章主旨符合政府改革的方向①,主事者认为此议题"风险应该不大",然而事情发展超出预期。当时直接促成此事的《经济观察报》副总编张宏,事后撰文自述(2014):尽管"社论文字激越",但自己是"一位温和的建言者","无意挑起巨大的波澜",只不过事态的发展超出了预想。事后,他本人获得了"相应的处罚",同事以及合作媒体"也受到连累"。为推动户籍制度改革鼓与呼,他自认是在"尽媒体人的责任与义务",但他能理解供职机构的处理规定——"这不能归咎于报社,因为面对的是不可抗力,我们在做事时总要考虑到还有许多人的饭碗应该保全。"

张志安等(2014)对四川日报报业集团、华商传媒集团、浙江日报报业集团、南方报业传媒集团和《中国青年报》5家媒体机构2109名新闻采编人员进行的问卷调查,也为这一论断提供了更普遍的例证。他们发现:在"工作自主性"方面,若以10点量表(1表示非常有限、10表示非常充分)进行衡量,新闻从业者的评分一般,均值为5.31。当报道受到社会控制时,针对不同控制因素,应对措施相应有所不同——"对于政府部门打招呼的稿子和经营部门打招呼的稿子,新闻从业者多数都倾向于考虑他们的要求。不过,比较而言,从业者更在乎政府部门打招呼的稿子,而对经营部门打招呼的稿子的顾虑稍微少一些。"在媒介机构内部,当与领导的想法不一致时,新闻从业者很难有争取或博弈的空间,"不太可能完全按照自己的判断去处理"。此次问卷中还设置了一些具体情境,以考察新闻从业者的工作自主程度,发现:和

---

① 共同社论刊发的前一天——2010年2月28日,国务院总理温家宝在与网友的交流中明确表示:"对新生代农民工要给予高度的重视,最重要的问题就是推进户籍制度改革,让那些长期在城市生活和工作,并具备一定条件的农民工融入城市。"

领导意见冲突时,从业者更多采取"妥协"态度,较少坚持自己的意见。他们最可能采取的应对措施依次是"陈述自己的意见但服从主管指示""和主管沟通达成共识",以及"默不做声,按主管的意见处理";而"委婉表达自己的想法"和"坚持自己的意见"的处理方式较少;最不可能采取的应对是"放弃写稿"。

上述调查发现具体地反映了新闻从业者在理想与现实之间的抉择困境,其内核是:新闻劳动控制。这并非是当前大陆新闻体制下的独有现象。例如蔡惠钧(2009)分析8位台湾记者的劳动生活和生产过程,发现:媒体机构透过"时间""空间"与"生产的社会关系"控制新闻记者的劳动过程,对其进行全天候的监视、将其收编进结构性牢笼,以及促使其自动参与"赶工"竞赛。新闻记者虽会采取"劳动时间的偷渡""小团体的结盟""资源共享"和"出走"等策略,局部地展现主体性,但是,无法跨越的空间限制,以及利益的纠葛与冲突,使其劳动主体性的展现存在着虚拟自由意识的危机,以致无法转化成彼此团结的基础。不过,在当前大陆主流媒体中,"挣工分"的政治使得劳动控制的宰制性更为显著。夏倩芳(2013)通过访谈分布于国内12个城市27家媒体的67位新闻从业者,发现:以量化考核和计件制的绩效薪酬制度为核心的"挣工分"制度,并非一种"单纯的媒体内部分配制度",亦非一种"单纯的媒体组织对新闻劳动过程的控制策略"。这一制度本身就是国内复杂的市场政治构成部分,而且具有极为重要的"意识形态效果"。它与政治体制及市场体制相交织,构成了中国媒体复杂的新闻产制环境,导致"新闻人以自由的方式向权力依归"。

此外,随着传播新科技的迅猛发展,信息社会的传播劳动力价值被重新定义,新闻从业者日益成为"知识劳工",且稳定性与安全感日益消失。周葆华等(2014)调查全国60家新闻网站(含中央、地方和商业三类)的1631位网络新闻从业者,在"工作满意度"方面,发现:以5点量表(1表示非常不满意、5表示非常满意)进行衡量,他们的评分均值为3.26,"对目前工作的满意度处于百分制的65分水平";在13项具体指标中,最满意的是"人际关系",最不满意的则是"薪酬福利"。曹晋、许秀云(2014)综合采用民族志与问卷调查的研究方法,以上海某综合性网站为个案,发现:网络编辑群体作为网络知识劳工的一种类型,因遭遇宏观社会保障体系的瓦解(尤其是房地产的彻底商品化)、弹性雇佣、强制性消费主义等制度权力的剥夺与宰制,逐步陷入"无产化、贫困化"的困境。

当然,并非所有的新闻从业者都放弃了争取劳动主体性。王毓莉(2012)采用詹姆斯·斯科特(James C.Scott)和米歇尔·福柯(Michel Foucault)关于"权力"与"反抗"的论述,通过对《南方周末》《南方都市报》和《南方日报》8位主管和记者(含现任及卸任)的深度访谈和文献分析,探讨中国政治权力控制下的新闻专业抗争策略。他发现:在中国新闻组织与管理机构当中,存在着接近福柯所讨论的规训机制;新闻媒体管理阶层同时扮演着"支配者与被支配者"的双重角色。一线新闻工作者则透过"时空转换、责任转移、报道事实、合纵连横、反客为主、钻研漏洞"等"隐藏文本"的抗争策略,期望能争取更大的新闻专业表现空间。据笔者的观察,相对开放的组织文化、相对高远的职业追求,以及相对显著的议价能力,会使少数媒体机构和媒体人能够在一定层面上超脱陷于实利的犬儒主义,关注颇敏感的劳资关系议题。例如:2012年4月29日,《南方都市报》"评论"版刊登香港学者P君与他人合写的文章《再造全新劳动关系,走出尴尬"世界工厂"》,理念和文字均非常犀利。一家有影响力的媒体,能在"五一"劳动节前夕发表该文实属不易,《开放时代》执行主编吴铭在其微博中透露P君对此"有望外之喜"。

前述关注劳资关系问题的财新传媒记者W君,曾因某篇劳工事务稿件招致有关部门的"关注",被"雪藏"了数月没有写稿,主编只嘱咐以后要尽量少写"罢工",未透露"有关方面"施压的具体信息,她认为这是编辑部对一线记者的"保护措施"。此外,尽管在当前中国劳工政治中,劳工 NGO 尚未成为一种重要政治力量,但是"女性联网""打工族文书服务部""春风劳动争议服务部"和"深圳当代社会观察研究所"等活跃者,通过采取"混合性策略"(黄岩,2012)——以法律为抗争武器,以工业公民权为价值倡议,进行"创制公民权"的抗争。它们仍能通过与媒体的合作,有策略地建构出有制度挑战意味的议题。例如:2014 年,围绕《广州市取缔非法社会组织工作细则(征求意见稿)》和《广州市社会组织管理办法》,财新传媒进行追踪报道①,探讨社会组织管理问题,劳工 NGO 人士成为报道的一个主要信源。

但是,若无国家—媒体关系的积极调整,在劳资关系议题上,媒体只能有零星的、局部的作为,难以成为转型中国社会中劳资利益协调机制的重要构成。在本书撰写过程中,笔者曾对 6 位关注或报道过劳资关系议题的媒体人进行访谈,其时②他们的身份是——《工人日报》记者 Y 君、《人民政协报》记者 H 君、《21 世纪经济报道》记者 T 君、《财经》记者 Y 君、财新传媒的记者 W 君和"澎拜新闻"记者 Z 君。根据与他们的交流,可以发现:总体而言,"风险"是最主要的限制性因素——劳动关系议题相对"敏感",劳动争议尤其是劳资群体性事件,作为典型的社会冲突性问题,更是"难以脱敏"。在日常的新闻采编中,"风险控制"成为最重要的准则——如果涉及劳资关系尤其劳资冲突,报选题时就会有更多的斟酌;审稿件时亦会有更多的流程;即使如此,最终能否刊出,相较其他选题,会有更多的不确定性。具体地说,与所涉的人物、事件有直接关联。

---

① 财新网和《新世纪》周刊刊出 4 篇报道——《广州市调整取缔非法社会组织细则》(10 月 31 日)、《广州 NGO 接受境外经费将面临合规风险》(10 月 31 日)、《广州规定 NGO 接受境外资金需报告》(11 月 5 日)和《广州"非法组织"风波》(11 月 10 日)。

② 笔者在进行非结构性访谈时,6 位人士均供职于新闻媒体,其中 3 位后来情况有变动。其中,H 君从《人民政协报》辞职,前往法国研修;Y 君从《财经》辞职,现供职于某公立慈善基金会;Z 君现供职于北京一思想评论类杂志。

在这一议题上,现时国家—媒体关系的影响,使得大众媒体总体上呈现出"制度性沉默";另类媒体的"边缘发声"又充满不确定性。质言之,在当前中国的劳动关系治理中,尽管媒体应成为劳资利益协调机制的重要构成,但实际上只是边缘角色乃至缺席者。当然,我们可以看到:部分主流媒体有公共性的自觉,已出现令人欣喜的个案;另类媒体会充分利用现有的制度空间并互为奥援。但是,就劳资关系议题而言,媒体远未真正成为社会系统中多元主体利益表达与聚合的公共空间。

自20世纪70年代末以来,中国的中央、地方政府及社会经济诸领域之间的结构关系,呈现出"从总体支配到技术治理"的运行逻辑(渠敬东、周飞舟、应星,2009)。具体在国家—媒体关系上,更是微妙。有研究者发现:对冲突性议题而言,"国家"是主导性的控制力量,但并非"铁板一块的整体",其内部存在着权力的分化,从而为其传播提供了有限的空间,主要存在三种机会结构——"报道对象位于权力体系的底端""突破属地管理"和"政府有治理需求";其间,媒体往往采用"脱离属地的权力体系""用合作换取自主"等行动策略(夏倩芳、袁光锋,2014)。观察近年来多例环保运动、业主维权等都市抗争议题的新闻生产,媒介逻辑确是如此,但是在劳资关系议题上,鉴于议题的敏感度及抗争主体的社会资本,媒体作为更需要制度性的支持。

在现时基础上进一步积极调整"国家—媒体"关系①,媒体方有可

---

① 对此问题,展江老师有过探讨,他曾撰文认为(2008):在国家—媒体关系上,1985年胡耀邦的讲话《关于党的新闻工作》,反映出"从国家主义到国家法团主义的转型";2008年胡锦涛的《在人民日报社考察工作时的讲话》,可能意味着"从国家法团主义到社会法团主义过渡的开始"。不过,"法团主义"是否是一个适用的概念,还有待进一步讨论。有社会学者(吴建平,2012)提出:"法团主义作为一种国家与社会关系模式,并不适合用来理解、解释或预测中国的国家与社会关系。"改革开放以来中国的社会空间得到了较大发展,社会群体日渐活跃,并且自20世纪90年代以来日益呈现出与法团主义高度相似的制度特征,但由于缺乏相应的社会组织基础,此种制度相似性呈现出来的不过是一种"形似神不似"的法团主义表象。

能成为转型中国社会中劳资利益协调机制的重要构成。如何具体调整,是一个相当困难的问题,需要系统探究,此处尚不能明确地作答。不过,调适的方向则基本可以确定,以"宽容与法治"①为基本准则;其间,各方力量都需要克服"社会恐惧症"②。媒体需要增强公共性的自觉,逐步提升专业素养、高度重视责任伦理,但关键是政府能够尊重新闻传播规律,尽可能地允许媒体的创新尤其是"试错"。在当前社会治理中,基于社会、政策与媒介均有变迁的现实背景,中国媒体已然担负着兼具"组织性"和"主体性"的双重角色,然而二者之间存在着深刻的冲突,如何在实践中良好运作,有研究者坦言是"目前苦思却无解的难题"③。对此,纯粹从理论上进行宏观设计,的确难以寻求到理想方案;媒体在一次又一次的微观实践中积累经验及教训,聚沙成塔、集腋成裘,或许更有可能"破题"。具体在劳资关系议题上,唯有秉持宽容原则、践行法治理念,降低新闻生产风险,方有可能改善目前媒体境况,使之作为多元主体之一参与新工人劳资关系治理,在现实权力关系中通过促进社会保护、促成社会对话,成为推动体面劳动实施的"社会赋权器"和"公共商议场"。

---

① 若干年前,在与陈力丹老师合作研究一系列"因言获罪"事件时,我们主张:宽容与法治是切实保障公民表达权的两个基点。对言论应尽可能宽容,尤其是涉及公权力机构及其官员的言论。同时要有法治精神,在处理有关意见表达的案件时,考虑遵循"实际恶意"准则、公众人物准则、"明显而即刻的危险"准则以及罪刑法定准则。此外,借鉴罗尔斯"宪政危机"准则的思路,为推进我国民主政治建设,不妨对言论采取"最小限制准则"。参见陈力丹、吴麟:《论人民表达权的法治保障》,《新闻大学》2009年夏季号。

② 所谓"社会恐惧症",其根源在于"对主体性社会的恐惧",即对独立于国家和市场并能对之形成制约的社会的恐惧;其主要表现为"对社会主体性的怀疑、排斥和否定",以及将主体性社会"误认为一种具有破坏性的威胁力量"。这一概念引自清华大学社会学系社会发展课题组的研究报告《走向社会重建之路》。

③ 1995年,李良荣教授提出中国传媒的"双重属性"——形而上的意识形态属性和形而下的信息产业属性,应以"事业性质,企业化运作"作为操作方式。2014年,他认为中国传媒新的定位应是"双重角色"——"党和政府喉舌的组织性和代表社会多元利益的主体性"。但是,这一定位含有来自多方的压力与张力——"传媒既要大力推行党和政府的一元政治意志,又有代表社会的多元利益诉求"。因而,他坦陈自己的心情"忐忑"以及困惑——"这样有冲突的'双重角色'如何运作,仍然是我目前苦思无解的难题。"参见李良荣、方师师:《主体性:国家治理体系中的传媒新角色》,《现代传播》2014年第9期。

参考文献

中文部分

一、著作

北京大学国家发展研究院编:《公意的边界》,上海:上海人民出版社2013年版。

常凯主编:《劳动关系学》,北京:中国劳动社会保障出版社2014年版。

陈伟光:《忧与思——三十年工会工作感悟》,北京:中国社会科学出版社2013年版。

陈周旺、汪仕凯:《工人政治》,上海:复旦大学出版社2013年版。

程延园:《劳动关系》(第三版),北京:中国人民大学出版社2013年版。

成露茜、罗晓南主编:《批判的媒体识读》,台北:正中书局2009年版。

褚松燕:《个体与共同体:公民资格的演变及其意义》,北京:中国社会科学出版社2003年版。

丁未:《流动的家园:"攸县的哥村"社区传播与身份共同体研究》,北京:社会科学文献出版社2014年版。

冯仕政:《西方社会运动理论研究》,北京:中国人民大学出版社2013年版。

葛笑如:《农民工公民资格研究》,广州:中山大学出版社2013年版。

姬铁见:《止不住的梦想:一个农民工的生存日记》,北京:九州出版社2013年版。

郎友兴:《安东尼·吉登斯:第三条道路》,杭州:浙江大学出版社2002年版。

李水金:《中国公民话语权研究》,长春:吉林人民出版社2009年版。

李红艳:《启蒙与建设:当代中国媒介从业人员职业化路径探析》,北京:中国农业大学出版社2013年版。

李楠明:《价值主体性——主体性研究的新视域》,北京:社会科学文献出版社2005年版。

李友梅等主编:《转型社会的研究立场与方法》,北京:社会科学文献出版社2009年版。

刘建洲:《农民工的阶级形成与阶级意识研究》,北京:中国社会科学出版社2014年版。

罗慧:《传播公地的重建:西方另类媒体与传播民主化》,北京:社会科学文献出版社2012年版。

罗宁:《中国转型期劳资关系冲突与合作研究——基于合作博弈的比较制度分析》,北京:经济科学出版社2010年版。

吕途:《中国新工人:迷失与崛起》,北京:法律出版社2103年版。

《南方都市报》特别报道组:《中国农民工30年迁徙史:洪流》,广州:花城出版社2012年版。

南都:《中国农民工30年迁徙史:呼吸》,广州:花城出版社2012年版。

欧阳哲生主编:《胡适文集》(11),北京:北京大学出版社1998年版。

潘毅:《中国女工——新兴打工者主体的形成》,北京:九州出版社2011年版。

潘毅、卢晖临、张慧鹏:《大工地:建筑业农民工的生存图景》,北京:北京大学出版社2012年版。

潘毅、卢晖临、郭于华、沈原编著:《我在富士康》,北京:知识产权出版社2012年版。

潘泽泉:《社会、主体性与秩序:农民工研究的空间转向》,北京:社会科学文献出版社2007年版。

秦晖:《共同的底线》,南京:江苏文艺出版社2013年版。

邱林川:《信息时代的世界工厂——新工人阶级的网络社会》,桂林:广西师范大学出版社2013年版。

邱林川、陈韬文主编:《新媒体事件研究》,北京:中国人民大学出版社2011年版。

苏昕:《中国城市新移民的公民权研究》,北京:社会科学文献出版社2013年版。

沈原:《市场、阶级与社会:转型社会学的关键议题》,北京:社会科学文献出版社 2007 年版。

沈原主编:《清华社会学评论》(第 6 辑),北京:社会科学文献出版社 2013 年版。

孙立平:《失衡——断裂社会的运作逻辑》,北京:社会科学文献出版社 2003 年版。

孙立平:《博弈:断裂社会的利益冲突与和谐》,北京:社会科学文献出版社 2006 年版。

谈火生:《民主审议与政治合法性》,北京:法律出版社 2007 年版。

谈火生编:《审议民主》,南京:江苏人民出版社 2007 年版。

铁锴:《公民政治及其在当代中国的逻辑建构:主体性视域下的理性思考》,北京:人民出版社 2010 年版。

王汎森:《执拗的低音:一些历史思考方式的反思》,北京:生活·读书·新知三联书店 2014 年版。

王维佳:《作为劳动的传播:中国新闻记者劳动状况研究》,北京:中国传媒大学出版社 2010 年版。

王治河:《福柯》,长沙:湖南教育出版社 1999 年版。

汪建华:《生活的政治:世界工厂劳资关系转型的新视角》,北京:社会科学文献出版社 2015 年版。

谢立中:《走向多元话语分析:后现代思潮的社会学意涵》,北京:中国人民大学出版社 2009 年版。

杨国斌:《连线力:中国网民在行动》,桂林:广西师范大学出版社 2013 年版。

杨善华主编:《城乡日常生活:一种社会学分析》,北京:社会科学文献出版社 2008 年版。

易承志:《城市化、国家建设与当代中国农民公民权问题研究》,北京:中央编译出版社 2013 年版。

俞可平主编:《全球化:全球治理》,北京:社会科学文献出版社 2003 年版。

余英时:《文史传统与文化重建》,北京:生活·读书·新知三联书店 2004 年版。

张英洪:《农民公民权研究》,北京:九州出版社 2012 年版。

张志安主编:《中国新闻业年度观察报告 2014》,北京:人民日报出版社 2014 年版。

赵鼎新:《社会与政治运动讲义》,北京:社会科学文献出版社2006年版。

赵月枝:《传播与社会:政治经济与文化分析》,中国传媒大学出版社2011年版。

郑素侠:《媒介化社会中的农民工:利益表达与媒介素养教育》,北京:中国社会科学出版社2013年版。

郑永年:《技术赋权:中国的互联网、国家与社会》,邱道隆译,北京:东方出版社2014年版。

周翔:《传播学内容分析研究与应用》,重庆:重庆大学出版社2014年版。

〔美〕艾伦·德肖维茨:《你的权利从哪里来》,黄煜文译,北京:北京大学出版社2014年版。

〔英〕保罗·威利斯:《学做工:工人阶级子弟为何继承父业》,秘舒、凌旻华译,南京:译林出版社2013年版。

〔美〕贝弗里·J.西尔弗:《劳工力量:1870年以来的工人运动与全球化》,张璐译,北京:社会科学文献出版社2012年版。

〔美〕比尔·科瓦奇、汤姆·罗森斯蒂尔:《真相:信息超载时代如何知道该相信什么》,陆佳怡、孙志刚译,北京:中国人民大学出版社2014年版。

〔美〕比尔·科瓦齐、汤姆·罗森斯蒂尔:《新闻的十大基本原则:新闻从业者须知和公众的期待》,刘海龙、连晓东译,北京:北京大学出版社2014年版。

〔美〕C.赖特·米尔斯:《社会学的想象力》,陈强、张永强译,北京:生活·读书·新知三联书店2005年版。

〔英〕弗里德利·冯·哈耶克:《自由秩序原理》,邓正来译,北京:生活·读书·新知三联书店1997年版。

〔德〕哈贝马斯:《在事实与规范之间》,童世骏译,北京:生活·读书·新知三联书店2003年版。

〔美〕赫伯特·甘斯:《什么在决定新闻》,石琳、李红涛译,北京:北京大学出版社2009年版。

〔澳〕杰华:《都市里的农家女:性别、流动与社会变迁》,南京:江苏人民出版社2006年版。

〔美〕卡尔·波兰尼:《巨变:当代政治与经济的起源》,黄树民译,北京:社会科学文献出版社2013年版。

〔加〕凯瑟琳·麦克切尔、文森特·莫斯可编:《信息社会的知识劳工》,曹晋等译,上海:上海译文出版社 2014 年版。

〔美〕孔飞力:《中国现代国家的起源》,陈兼、陈之宏译,北京:生活·读书·新知三联书店 2013 年版。

〔美〕拉尔夫·达仁道夫:《现代社会冲突——自由政治随感》,林荣远译,北京:中国社会科学出版社 2000 年版。

〔美〕罗纳德·哈里·科斯、王宁:《变革中国:市场经济的中国之路》,北京:中信出版社 2013 年版。

〔美〕麦克·布洛维:《公共社会学》,沈原等译,北京:社会科学文献出版社 2007 年版,第 30 页。

〔美〕玛丽·E.加拉格尔:《全球化与中国劳工政治》,郁建兴、肖扬东译,杭州:浙江人民出版社 2010 年版。

〔美〕马丁·路德·金:《所有劳工都有尊严》,张路译,海口:海南出版社 2013 年版。

〔德〕马克斯·韦伯:《韦伯作品集——学术与政治》,钱永祥等译,桂林:广西师范大学出版社 2004 年版。

〔美〕迈克尔·舒德森:《好公民:美国公共生活史》,郑一卉译,北京:北京大学出版社 2014 年版。

〔美〕迈克尔·舒德森:《新闻社会学》,徐桂权译,北京:华夏出版社 2010 年版。

〔美〕裴宜理、塞尔登编:《中国社会:变革、冲突与抗争》,香港:香港中文大学出版社 2014 年版。

〔美〕塔奇曼:《做新闻》,麻争旗等译,北京:华夏出版社 2008 年版。

〔荷〕托伊恩·A.梵·迪克:《作为话语的新闻》,曾庆香译,北京:华夏出版社 2003 年版。

〔德〕乌尔里希·贝克:《风险社会:通向一种新的现代化》,何博闻译,北京:译林出版社 2004 年版,第 15 页。

〔美〕小威廉·H.休厄尔:《历史的逻辑:社会理论与社会转型》,上海:上海人民出版社 2013 年版。

〔美〕张鹂:《城市里的陌生人:中国流动人口的空间、权力与社会网络的重构》,袁长庚译,南京:江苏人民出版社 2014 年版。

〔美〕张彤禾:《打工女孩——从乡村到城市的变动中国》,上海:上海译文出版社 2013 年版。

二、论文

白萌等:《新生代农民工政治表达意愿性别差异的研究》,《西安交通大学学报(社会科学版)》2012 年第 3 期。

卜卫:《"认识世界"与"改造世界"——探讨行动传播研究的概念、方法论与研究策略》,《新闻与传播研究》2014 年第 12 期。

蔡禾:《从"底线型"利益到"增长型"利益——农民工利益诉求的转变与劳资关系秩序》,《开放时代》2010 年第 9 期。

蔡禾、李超海、冯建华:《利益受损农民工的利益抗争行为研究——基于珠三角企业的调查》,《社会学研究》2009 年第 1 期。

蔡惠钧:《劳动过程之研究:新闻记者的劳动控制和展现主体》,《台湾劳动评论》2009 年第 1 期。

蔡秀芬:《祛魅、启蒙与赋权:中国新媒体作为另类传播的行动与影响探析》,《新闻学研究》2013 年总第 116 期。

操家齐:《合力赋权:富士康后危机时代农民工权益保障动力来源的一个解释框架》,《青年研究》2012 年第 3 期。

曹晋:《中国大陆另类媒介的生产:以〈朋友通信〉为例》,《传播与社会学刊》2007 年总第 4 期。

曹晋、许秀云:《传播新科技与都市知识劳工的新贫问题研究》,《新闻大学》2014 年第 2 期。

常凯:《罢工权立法问题的若干思考》,《学海》2005 年第 4 期。

常凯:《关于罢工的合法性及其法律规制》,《当代法学》2012 年第 5 期。

仇立平:《回到马克思:对中国社会分层研究的反思》,《社会》2006 年第 4 期。

仇立平、顾辉:《社会结构与阶级的生产:结构紧张与分层研究的阶级转向》,《社会》2007 年第 2 期。

陈成文、彭国胜:《在失衡的世界中失语——对农民工阶层话语权丧失的社会学分析》,《天府新论》2006 年第 5 期。

陈峰:《罢工潮与工人集体权利的建构》,《二十一世纪》2011年第2期。

陈红梅:《大众媒介与社会边缘群体的关系研究——以拖欠农民工工资报道为例》,《新闻大学》2004年春季号。

陈力丹:《习近平的宣传观与新闻观》,《新闻记者》2014年第10期。

陈鹏:《公民权社会学的先声——读T.H.马歇尔〈公民权与社会阶级〉》,《社会学研究》2008年第4期。

陈鹏:《住房产权与社区政体——B市业主维权与自治的实证研究》,清华大学博士学位论文,2012年。

陈忆宁等:《手机使用动机与手机新闻收视的关联性分析:上海、香港、台北与新加坡的比较分析》,《传播与社会学刊》2014年总第27期。

陈韵博:《新一代农民工使用QQ建立的社会网络分析》,《国际新闻界》2010年第8期。

陈映芳:《农民工:制度安排与身份认同》,《社会学研究》2005年第3期。

成露茜:《全球资本主义下的另类媒体——理论与实践》,第二届亚洲传媒论坛"新闻学与传播学全球化的研究、教育与实践"论文集,2004年。

程延园:《"劳动三权":构筑现代劳动法律的基础》,《中国人民大学学报》2005年第2期。

储卉娟:《乡关何处——新生代农民工研究述评》,《中国农业大学学报》(社会科学版)2011年第3期。

褚荣伟等:《农民工社会认同的决定因素研究:基于上海的实证分析》,《社会》2014年第4期。

戴瑜慧、郭盈靖:《资讯社会与弱势群体的文化公民权:以台湾游民另类媒体的崛起为例》,《新闻学研究》2012年总第113期。

邓秀华:《"新生代"农民工的政治参与问题研究》,《华南师范大学学报》(社会科学版)2010年第1期。

丁未、田阡:《流动的家园:新媒介技术与农民工社会关系个案研究》,《新闻与传播研究》2009年第1期。

丁未、宋晨:《在路上:手机与农民工自主性的获得——以西部双峰村农民工求职经历为个案》,《现代传播》2010年第9期。

段京肃:《社会阶层化与媒介的控制权和使用权》,《厦门大学学报》(哲学社会科学版)2004年第1期。

方兴东等:《微信传播机制与治理问题研究》,《现代传播》2013年第6期。

方文:《部分公民权:中国体验的忧伤维度》,《探索与争鸣》2012年第2期。

冯钢:《责任伦理与信念伦理——韦伯伦理思想中的康德主义》,《社会学研究》2001年第4期。

冯建三:《四家报纸劳工新闻量的历史分析》,《传播研究集刊》2001年总第7集。

冯仕政:《重返阶级分析?——论中国社会不平等研究的范式转换》,《社会学研究》2008年第5期。

符平、唐有财:《倒"U"形轨迹与新生代农民工的社会流动——新生代农民工的流动史研究》,《浙江社会科学》2009年第12期。

符平:《中国农民工的信任结构:基本现状与影响因素》,《华中师范大学学报(人文社会科学版)》2013年第2期。

高丙中:《社团合作与中国公民社会的有机团结》,《中国社会科学》2006年第3期。

高崇、杨伯溆:《新生代农民工的同乡社会网络特征分析——基于"SZ人在北京"QQ群组的虚拟民族志分析》,《青年研究》2013年第4期。

高洪贵:《作为弱者的武器:农民工利益表达的底层方式及生成逻辑——以"农民工"创意讨薪为分析对象》,《中国青年研究》2013年第2期。

郭保刚:《挑战与机遇——中国劳工权利问题探讨》,《二十一世纪》1999年第4期。

郭良文:《兰屿的另类媒体与发声:以核废料与国家公园反对运动为例》,《中华传播学刊》2010年总第17期。

郭星华、王嘉思:《新生代农民工:生活在城市的推拉之间》,《中国农业大学学报》(哲学社会科学版)2011年第3期。

郭星华、才凤伟:《新生代农民工的社会交往与精神健康——基于北京和珠三角地区调查数据的实证分析》,《甘肃社会科学》2012年第4期。

郭于华等:《当代农民工的抗争与中国劳资关系转型》,《二十一世纪》2011年第2期。

郭于华、黄斌欢:《世界工厂的"中国特色":新时期工人状况的社会学鸟瞰》,《社会》2014年第4期。

郭未、宋天阳:《中国新生代农民工的政治参与图景——基于CFPS的发现》,《青年研究》2014年第2期。

管中祥:《光影游击最前线:台湾另类媒体2007—2008》,《新闻学研究》2009年总第99期。

管中祥:《弱势发声,告别污名——台湾另类"媒体"与文化行动》,《传播研究与实践》2011年第1期。

何晶:《互联网对于上海市新生代农民工的意义探询》,《新闻大学》2015年第2期。

和经纬等:《在资源与制度之间:农民工草根NGO的生存策略——以珠三角农民工维权NGO为例》,《社会》2009年第6期。

胡泳:《反威权还是反资本?当代中国社会与传媒的行动选择》,《中华传播学刊》2010年总第18期。

胡泳:《中国政府对互联网的管制》,《新闻学研究》2010年总第103期。

胡元辉:《更审议的公民,更开放的公共——公共新闻与公民新闻相互关系的思考》,《新闻学研究》2014年总第119期。

黄斌欢:《双重脱嵌与新生代农民工的阶级形成》,《社会学研究》2014年第2期。

黄东益:《审慎思辨民调——研究方法的探讨与可行性评估》,《民意研究季刊》2000年第1期。

黄典林:《从"盲流"到"新工人阶级"——近三十年〈人民日报〉新闻话语对农民工群体的意识形态重构》,《现代传播》2013年第9期。

黄惠萍:《审议式民主的公共新闻想象:建构审议公共议题的新闻报道模式》,《新闻学研究》2005年总第84期。

黄惠萍:《审议式新闻报道、公民认知与审议初探》,《中华传播学刊》2009年总第6期。

黄孙权:《Lucie与我的左派办报经验》,《中华传播学刊》2010年总第17期。

黄岩:《创制公民权:劳工NGO的混合策略》,《国家行政学院学报》2012年第4期。

黄宗智:《重新认识中国劳动人民——劳动法规的历史演变与当前的非正规经济》,《开放时代》2013年第5期。

康晓光、韩恒:《分类控制:当前中国大陆国家与社会关系研究》,《社会学研究》2005年第6期。

江宇:《家庭社会化视角下媒介素养影响因素研究》,中国传媒大学博士学位论文,2008年。

景跃进:《演化中的利益协调机制:挑战与前景》,《江苏行政学院学报》2011年第4期。

李红艳:《手机:信息交流中社会关系的建构——新生代农民工手机行为研究》,《中国青年研究》2011年第5期。

李红艳:《新生代农民工就业信息获取渠道中的断裂现象》,《青年研究》2011年第2期。

李静君:《劳工与性别:西方学界对中国的分析》,社会学人类学中国网,www.sachina.edu.cn/Htmldata/artide/2008/12/1600.html,2008年12月1日。

李良荣、方师师:《主体性:国家治理体系中的传媒新角色》,《现代传播》2014年第9期。

李路路、杨娜:《社会变迁与阶级分析:理论与现实》,《社会学评论》2016年第1期。

李培林、李炜:《近年来农民工的经济状况和社会态度》,《中国社会科学》2010年第1期。

李培林、田丰:《中国新生代农民工:社会态度和行为选择》,《社会》2011年第3期。

李琪:《"以势维权":新生代农民工与集体行动》,《中国工人》2013年第4期。

李荣斌等:《新生代农民工市民化水平的现状及影响因素分析——基于我国106个城市调查数据的实证研究》,《青年研究》2013年第1期。

李树忠:《表达渠道权与民主政治》,《中国法学》2003年第5期。

李小勤:《传媒越轨的替代性分析框架:以〈南方周末〉为例》,《传播与社会学刊》2007年总第2期。

李艳红:《欧美传播研究视野中的新闻传媒与弱势社群》,《新闻与传播研究》2005

年第 2 期。

李艳红:《传媒市场化与弱势社群的利益表达:当代中国大陆城市报纸对"农民工"收容遣送议题报道的研究》,《传播与社会学刊》2007 年总第 2 期。

李艳红:《文化资本、传播赋权与"艺术家"的都市文化空间抗争:对 J 市艺术区拆迁集体维权行动的研究》,《传播与社会学刊》2013 年总第 26 期。

李颖、庹有光:《如何为农民分发"扩音器"——略论农民话语权的平等实现路径》,《新闻记者》2007 年第 1 期。

李争鸣:《中国农民话语权的解构与重构》,《中国农业大学学报》(社会科学版)2012 年第 2 期。

林芬、赵鼎新:《霸权文化缺失下的中国新闻和社会运动》,《传播与社会学刊》2008 年总第 6 期。

雷蔚真:《信息传播技术采纳在北京外来农民工城市融合过程中的作用探析》,《新闻与传播研究》2010 年第 2 期。

刘传江等:《不一致的意愿与行动:农民工群体性事件参与探悉》,《中国人口科学》2012 年第 2 期。

刘畅:《倡扬人本精神,表达社会关怀——中国青年报〈新生代农民工系列报道〉策划、编辑经过及思考》,《青年记者》2006 年第 3、4 期。

刘建娥:《从农村参与走向城市参与:农民工政治融入实证研究——基于昆明市 2084 份样本的问卷调查》,《人口与发展》2014 年第 1 期。

刘建洲:《农民工的抗争行动及其对阶级形成的意义——一个类型学的分析》,《青年研究》2011 年第 1 期。

刘建洲:《历史事件、主体行动与结构变革——〈星星之火:全泰壹评传〉译后记》,《开放时代》2013 年第 2 期。

刘林平等:《劳动权益的地区差异——基于对珠三角和长三角地区外来工的问卷调查》,《中国社会科学》2011 年第 2 期。

刘林平等:《劳动权益与精神健康——基于对珠三角和长三角地区外来工的问卷调查》,《社会学研究》2011 年第 4 期。

刘茜等:《留下还是离开:政治社会资本对农民工留城意愿的影响研究》,《社会》2013 年第 4 期。

刘启营:《新生代农民工社会心态及其影响因素》,《当代青年研究》2012 年第 10 期。

卢晖临:《"农民工问题"的制度根源及其应对》,《人民论坛》2011 年第 29 期。

卢晖临、潘毅:《当代中国第二代农民工的身份认同、情感与集体行动》,《社会》 2014 年第 4 期。

陆晔、潘忠党:《成名的想象:中国社会转型过程中新闻从业者的专业主义话语建构》,《新闻学研究》2002 年总第 71 期。

陆晔、郭中实:《媒介素养的"赋权"作用:从人际沟通到参与意向》,《新闻学研究》 2009 年总第 92 期。

孟泉、路军:《劳工三权实现的政治空间:地方政府与工人抗争的互动》,《中国人力资源开发》2012 年第 3 期。

潘飞南等:《和谐社会与话语权问题研究》,《学术界》2009 年第 5 期。

潘祥辉:《新媒体的商业属性及其政治效应》,《文化纵横》2014 年第 3 期。

潘忠党:《架构分析:一个亟需理论澄清的领域》,《传播与社会学刊》2006 年第 1 期。

潘忠党:《有限创新与媒介变迁:改革中的中国新闻业》,《文化研究》2007 年第 7 期。

潘忠党:《序言:传媒的公共性与中国传媒改革的再起步》,《传播与社会学刊》 2008 年总第 6 期。

潘忠党、吴飞:《反思与展望:中国传媒改革开放三十周年笔谈》,《传播与社会学刊》2008 年总第 6 期。

亓昕:《建筑业欠薪机制的形成与再生产分析》,《社会学研究》2011 年第 5 期。

清华大学社会学系社会发展课题组:《走向社会重建之路》,爱思想网,http:// www.aisixiang.com/data/37329.html,2010 年 11 月 19 日。

清华大学社会学系课题组:《新生代农民工与"农民工生产体制"的碰撞》,《中国党政干部论坛》2013 年第 11 期。

秦晖:《农民流动、城市化、劳工权益与西部开发——当代中国的市场经济与公民权问题》,《浙江学刊》2002 年第 1 期。

邱林川:《"信息"社会:理论、现实、模式、反思》,《传播与社会学刊》2008 年总第

5 期。

邱林川:《告别 i 奴:富士康、数字资本主义与网络劳工抵抗》,《社会》2014 年第 4 期。

邱林川:《"南方两周末":工民新闻、批判媒介素养与传播赋权》,《传播与社会学刊》2015 年总第 34 期。

渠敬东、周飞舟、应星:《从总体支配到技术治理——基于中国 30 年改革经验的社会学分析》,《中国社会科学》2009 年第 6 期。

任焰、潘毅:《跨国劳动过程的空间政治:全球化时代的宿舍劳动体制》,《社会学研究》2006 年第 4 期。

苏林森:《被再现的他者:中国工人群体的媒介形象》,《国际新闻界》2013 年第 8 期。

苏熠慧:《新生代产业工人集体行动的可能——以富士康和本田为案例》,北京大学博士学位论文,2012 年。

孙曼苹:《在地发声、媒介素养与社区行动——彰化县员林镇〈员林乡亲报〉之个案研究》,《新闻学研究》2011 年总第 108 期。

孙皖宁、苗伟山:《底层中国:不平等、媒体和文化政治》,《开放时代》2016 年第 2 期。

孙五三:《批评报道作为治理技术——市场转型期媒介的政治—社会运作机制》,《新闻与传播评论》2002 年卷。

沈原:《社会转型与工人阶级的再形成》,《社会学研究》2006 年第 2 期。

沈原:《"强干预"与"弱干预":社会学干预方法的两条途径》,《社会学研究》2006 年第 5 期。

唐美玲:《青年农民工的就业质量:与城市青年的比较》,《中州学刊》2013 年第 1 期。

陶建杰、徐宏涛:《新生代农民工个人现代性与人际传播——基于上海市调查数据的实证研究》,《新闻大学》2012 年第 1 期。

童静蓉:《中国语境下的新闻专业主义社会话语》,《传播与社会学刊》2006 年总第 1 期。

佟新:《新劳工史研究——从历史唯物主义、文化主义到解构主义》,《国外社会科学》2002 年第 2 期。

佟新:《四大视角看劳工状况》,《当代工人》2009 年第 15 期。

田秋生:《市场背景下制约党报新闻生产的三重逻辑》,《国际新闻界》2009 年第 2 期。

田阡:《新媒体的使用与农民工的现代化构建——以湖南攸县籍出租车司机在深圳为例》,《现代传播》2012 年第 12 期。

王超群:《群体性事件、新闻传媒常规实践与弱势群体的利益表达》,《传播与社会学刊》2013 年总第 25 期。

王春光:《新生代的农村流动人口对基本公民权的渴求》,《民主与科学》2000 年第 1 期。

王春光:《新生代农村流动人口的社会认同与城乡融合的关系》,《社会学研究》2001 年第 3 期。

王金红、黄振辉:《制度供给与行为选择的背离——珠江三角洲地区农民工利益表达行为的实证分析》,《开放时代》2008 年第 3 期。

王小章:《从"生存"到"承认":公民权视野下的农民工问题》,《社会学研究》2009 年第 1 期。

王锡苓、李笑欣:《社交媒体使用与身份认同研究——以"皮村"乡城迁移者为例》,《现代传播》2015 年第 6 期。

王毓莉:《驯服 v.s.抗拒:中国政治权力控制下的新闻专业抗争策略》,《新闻学研究》2012 年总第 110 期。

王毓莉:《中国新闻舆论监督之研究:一个政治经济角度的分析》,《中华传播学刊》2008 年总第 13 期。

万小广:《转型期"农民工"群体媒介再现的社会史研究》,中国社会科学院研究生院博士学位论文,2013 年。

汪国华:《调适社会权利与社会政策张力系统:新生代农民工社会权利研究》,《中国青年研究》2011 年第 6 期。

汪和建:《尊严、交易转型与劳动组织治理:解读富士康》,《中国社会科学》2014 年第 1 期。

汪建华:《互联网动员与代工厂工人集体抗争》,《开放时代》2011 年第 11 期。

汪建华、孟泉:《新生代农民工的集体抗争模式——从生产政治到生活政治》,《开放时代》2013年第1期。

汪建华、黄斌欢:《留守经历与新工人的工作流动——农民工生产体制如何使自身面临困境》,《社会》2014年第5期。

汪建华等:《在制度化与激进化之间——中国新生代农民工的组织化趋势》,《二十一世纪》2015年8月号。

卫凤瑾:《大众传媒与农民话语权——从农民工"跳楼秀"谈起》,《新闻与传播研究》2004年第2期。

温云超:《"我们的意志是乐观的":中国另类传播的生机就在夹杀中》,《新闻学研究》2009年总第99期。

闻翔:《社会学的公共关怀和道德担当——评介麦克·布洛维的〈公共社会学〉》,《社会学研究》2008年第1期。

闻效仪:《集体谈判的内部国家机制:以温岭羊毛衫行业工价集体谈判为例》,《社会》2011年第1期。

闻效仪:《工会直选:广东实践的经验与教训》,《开放时代》2014年第5期。

吴建平:《理解法团主义——兼论其在中国国家与社会关系研究中的适用性》,《社会学研究》2012年第1期。

吴介民:《永远的异乡客?公民身份差序与中国农民工阶级》,《台湾社会学》2011年总第21期。

吴麟:《析胡适"敬慎无所苟"的议政理念》,《国际新闻界》2007年第11期。

吴清军、许晓军:《劳资群体性事件与工会利益均衡及表达机制的建立》,《当代世界与社会主义》2010年第5期。

吴炜、陈丽:《农民工劳动权益状况的性别差异分析——长三角、珠三角农民工调查》,《青年研究》2014年第1期。

吴玉彬:《消费视野下新生代农民工阶级意识个体化研究》,《青年研究》2013年第2期。

夏倩芳、景义新:《社会转型与工人群体的媒介表达——〈工人日报〉1979—2008工人议题报道之分析》,《新闻与传播评论》2008年卷。

夏倩芳、王艳:《"风险规避"逻辑下的新闻报道常规——对国内媒体社会冲突性议题采编流程的分析》,《新闻与传播研究》2012年第4期。

夏倩芳、袁光锋、陈科:《制度性资本、非制度性资本与社会冲突性议题的传播——以国内四起环境维权事件为案例》,《传播与社会学刊》2012年总第22期。

夏倩芳:《"挣工分"的政治:绩效制度下的产品、劳动与新闻人》,《现代传播》2013年第9期。

夏倩芳、袁光锋:《"国家"的分化、控制网络与冲突性议题传播的机会结构》,《开放时代》2014年第1期。

肖巍、钱箭星:《"体面劳动"及其实现进路》,《复旦学报》2010年第6期。

谢建社、谢宇:《社会冲突视野下的新生代农民工问题探析——基于GGF监狱调查》,《学习与实践》2010年第3期。

谢颖、林芬:《抗争性政治中的群体差异与资源借用:中产抗争与农民抗争的个案比较》,《社会学评论》2006年第1期。

谢岳:《从"司法动员"到"街头抗议"——农民工集体行动失败的政治因素及其后果》,《开放时代》2010年第9期。

新生代农民工基本情况研究课题组:《新生代农民工的数量、结构和特点》,《数据》2011年第4期。

熊易寒:《新生代农民工与公民权政治的兴起》,《开放时代》2012年第11期。

徐建丽:《建构与选择:新生代农民工的话语权》,《中国劳动关系学院学报》2012年第6期。

许国贤:《商议式民主与民主想象》,《政治科学论丛》2000年第13期。

许向东:《一个特殊群体的媒介投影——传媒再现中的"农民工"形象研究》,《国际新闻界》2009年第10期。

许向东:《对大众传媒中新生代农民工政治参与的分析与思考》,《国际新闻界》2012年第3期。

许章润:《多元社会利益的正当性与表达的合法化》,《清华大学学报》(哲学社会科学版)2008年第4期。

姚俊:《路在何方:新生代农民工发展取向研究——兼与老一代农民工的比较分析》,《青年研究》2010年第6期。

杨慧琼:《农民的话语权问题——用话语分析的方法透视》,《传播与社会学刊》2007年总第4期。

杨嫚:《消费与身份构建:一项关于武汉新生代农民工手机使用的研究》,《新闻与传播研究》2011年第6期。

杨善华、朱伟志:《手机:全球化背景下的"主动"选择——珠三角地区农民工手机消费的文化与心态解读》,《广东社会科学》2006年第2期。

杨宜音:《新生代农民工过渡性身份认同及其特征分析》,《云南师范大学学报》(哲学社会科学版)2013年第5期。

杨银娟、李金铨:《媒体与国家议价研究:中国大陆广州报业的个案》,《传播与社会研究》2010年总第14期。

叶荟聪:《新政治力量:香港独立媒体的发展》,《新闻学研究》2009年总第99期。

游正林:《60年来中国工会的三次大改革》,《社会学研究》2010年第4期。

游正林:《如何理解中国工会的"维权"职责》,《江苏社会科学》2012年第6期。

俞可平:《新移民运动、公民身份与制度变迁——对改革开放以来大规模农民工进城的一种政治学解释》,《经济社会体制比较研究》2010年第1期。

余晓敏、潘毅:《消费社会与"新生代打工妹"主体性再造》,《社会学研究》2008年第3期。

袁靖华:《边缘青年情绪心理危机的测量与疏导——基于浙江省新生代农民工的调查》,《青年研究》2015年第2期。

岳经纶、庄文嘉:《全球化时代下劳资关系网络化与中国劳工团结——来自中国沿海地区的个案研究》,《中山大学学报》(社会科学版)2010年第1期。

岳经纶、庄文嘉:《社会公民权与社会稳定——"新塘事件"的个案研究》,《二十一世纪》2013年第1期。

展江:《审慎而积极地调整国家—媒体关系——胡锦涛在人民日报社考察工作时的讲话解读》,《国际新闻界》2008年第7期。

张法:《主体性、公民社会和公共性——中国改革开放以来思想史上的重要观念》,《社会科学》2010年第6期。

张永宏:《争夺地带:从基层政府化解劳资纠纷看社会转型》,《社会》2009年第1期。

张志安:《新闻生产与社会控制的张力呈现——对〈南方都市报〉深度报道的个案分析》,《新闻与传播评论》2008 年卷。

张志安:《有悲悯之心,但以专业为标准——〈中国青年报〉"冰点"原副主编卢跃刚访谈》,《新闻大学》2007 年第 4 期。

张志胜:《表达:农民工权益保障元解》,《调研世界》2007 年第 4 期。

章玉萍:《另类媒体的双重角色:以中国大陆"拉拉"杂志〈lens+〉为例》,《新闻与传播研究》2014 年增刊。

赵芳:《"新生代":一个难以界定的概念——以湖南省青玄村为例》,《社会学研究》2003 年第 6 期。

赵新宇:《东莞工人们的 QQ 群》,《凤凰周刊》2014 年第 16 期。

赵月枝:《国家、市场与社会:从全球视野和批判角度审视中国传播与权力的关系》,《传播与社会学刊》2007 年总第 2 期。

赵云泽、付冰清:《当下中国网络话语权的社会阶层结构分析》,《国际新闻界》2010 年第 5 期。

郑广怀:《伤残农民工:无法被赋权的群体》,《社会学研究》2005 年第 3 期。

郑广怀:《劳工权益与安抚型国家——以珠江三角洲农民工为例》,《开放时代》2010 年第 5 期。

郑广怀、孙中伟:《劳动法执行中的"次标准"——基于 2006—2010 年对珠江三角洲农民工的调查》,《社会科学》2011 年第 12 期。

郑松泰:《"信息主导"背景下农民工的生存状态和身份认同》,《社会学研究》2010 年第 2 期。

郑素侠:《农民工媒介素养现状调查与分析——基于河南省郑州市的调查》,《现代传播》2010 年第 10 期。

周葆华、陆晔:《从媒介使用到媒介参与:中国公众媒介素养的基本现状》,《新闻大学》2008 年第 4 期。

周葆华、吕舒宁:《上海市新生代农民工新媒体使用与评价的实证研究》,《新闻大学》2011 年第 2 期。

周葆华:《新媒体与中国新生代农民工的意见表达——以上海为例的实证研究》,《当代传播》2013 年第 2 期。

周春霞:《论农村弱势群体的媒介话语权》,《安徽大学学报(哲社版)》2005年第3期。

周林刚:《激发权能理论:一个文献的综述》,《深圳大学学报》(人文社会科学版)2005年第6期。

周睿鸣:《无力抵抗:记者与媒体关系的考察——以华南地区〈HA日报〉为个案》,《新闻记者》2014年第8期。

周翔、李镓:《西方另类媒体概念再辨析:基于历史演进与实践的视角》,《新闻与传播评论》2014年卷。

周翼虎:《抗争与入笼:中国新闻业的市场化悖论》,《新闻学研究》2009年总第100期。

朱磊:《流入地抽样抑或流出地抽样——对当前农民工研究中抽样方法的评析》,《青年研究》2014年第1期。

朱玲:《农村迁移工人的劳动时间和职业健康》,《中国社会科学》2009年第1期。

朱清河:《场域理论视野下弱势群体媒介势弱的形成及其救助》,《新闻大学》2010年第1期。

朱妍、李煜:《"双重脱嵌":农民工代际分化的政治经济学分析》,《社会科学》2013年第11期。

曾繁旭、黄广生:《地方媒介体系:一种都市抗争的政治资源》,《传播与社会学刊》2013年总第24期。

郑艺:《民意与公共性——"微博"中的公民话语权及其反思》,《文艺研究》2012年第4期。

〔美〕多萝西·姬德:《采矿业、劳工和抗争性传播》,杨丽娟译,《新闻大学》2012年第3期。

三、其他

统计年鉴/调研报告

国家统计局:《2011年我国农民工调查监测报告》,中华人民共和国统计局网站,2012年4月27日。

国家统计局:《2012年全国农民工监测调查报告》,中华人民共和国统计局网站,2013年5月27日。

国家统计局:《2013年全国农民工监测调查报告》,中华人民共和国统计局网站,2014年5月12日。

国家统计局:《2014年全国农民工监测调查报告》,中华人民共和国统计局网站,2015年4月29日。

国家统计局:《2015年农民工监测调查报告》,中华人民共和国统计局网站,2016年4月28日。

国家统计局人口与就业统计司、劳动部综合计划与工资司编:《2013年中国劳动统计年鉴》,北京:中国统计出版社2014年版。

国家统计局人口与就业统计司、劳动部综合计划与工资司编:《2014年中国劳动统计年鉴》,北京:中国统计出版社2015年版。

陆学艺等主编:《2013年中国社会形势分析与预测》,北京:社会科学文献出版社2012年版。

全国总工会新生代农民工问题课题组:《关于新生代农民工问题的研究报告》,《工人日报》2010年6月21日第1版。

乔健:《推进中国特色和谐劳动关系的理论创新》,《工人日报》2015年4月21日第6版。

汝信等主编:《2009年中国社会形势分析与预测》,北京:社会科学文献出版社2008年版。

汝信等主编:《2011年中国社会形势分析与预测》,北京:社会科学文献出版社2010年版。

四川省总工会:《新生代农民工权益保护状况与对策》,《中国工运》2011年第6期。

深圳市总工会:《深圳新生代农民工生存状况调查报告》,人民网,2010年7月15日。

谢志强、吕鹏:《社会治理与和谐劳资关系体系的构建——东莞构建和谐劳资关系调查》,《学习时报》2015年5月18日第8版。

中国互联网信息中心:《第34次中国互联网络发展状况统计报告》,中国互联网络信息中心网,2014年7月21日。

媒体报道/一般文章

财团法人卓越新闻奖基金会:《第二届社会公器奖得主暨第六届卓越新闻奖入围名单公布新闻稿》,卓越新闻奖基金会网,2008年6月19日。

褚荣伟等:《消费属性:新生代农民工亟待认同的一种社会属性》,《中国社会科学报》2011年8月18日第11版。

窦学伟:《2014:中国劳工事件盘点》,《中国工人》2015年第2期。

符平:《拓展农民工研究的想象力》,《中国社会科学报》2013年2月28日第8版。

何磊:《〈政府工作报告〉新名词"弱势群体"指哪些人》,《山东人大工作》2002年第4期。

胡锦涛:《在人民日报社考察工作时的讲话》,《人民日报》2008年6月21日第2版。

贾康:《劳动报酬占比:需要客观分析》,《理论参考》2010年第7期。

李艳红:《关于当前新闻业转型的话语分析》,《中国社会科学报》2016年5月5日第3版。

燎原:《城市空间迎来"新生代"》,《南风窗》2014年第18期。

刘爱玉:《新生代农民工利益受损下的行动选择》,《中国社会科学报》2011年3月22日第11版。

刘功武、韩海龙:《西铁城深圳代工厂停工10天 最终解决方案仍未出》,新浪网,2011年10月27日。

陆晔、潘忠党:《重提新闻专业主义》,公众号"复旦大学信息与传播研究中心",2016年5月10日。

马浩亮:《13家报纸共同社论向"两会"进言 "民间一号提案"促废户籍》,《大公报》(香港)2010年3月2日第4版。

孟昭丽等:《死囚王斌余的心酸告白》,《新华每日电讯》2005年9月5日第1版。

南京大学"社论团队":《寒冬煮酒:带你走进学者眼中的劳工NGO》,微信公众号"社论前沿论文大推送",2015年12月10日。

史耀疆等:《中国农村中学辍学调查》,《中国改革》2016年第2期。

孙立平等:《清华课题组:以利益表达制度化实现长治久安》,2010年5月11日。

孙穷理:《独立媒体,生逢其时》,《南都周刊》2011年第13期。

王娇萍:《中央主流媒体首个〈农民工专刊〉创刊》,《工人日报》2010年11月16日第1版。

王江松:《草根英雄刘建伟的尘肺病维权之路》,《中国工人》2014年第7期。

王婧:《西铁城深圳代工厂罢工始末》,财新网,http://china.caixin.com/2011-11-24/100331010.html,2011年11月24日。

萧功秦:《致一位新左派朋友的信》,爱思想,http://www.aisixiang.com/data/69974.html,2013年12月23日。

新京报社论:《取消农业户口,让平权时代来临》,《新京报》2014年7月31日第2版。

新京报社论:《对中国经济调整5年阵痛期多点耐心》,《新京报》2015年9月7日第2版。

许怡:《汕头农民工纵火悲剧的根源》,《东方早报》2012年12月18日第A23版。

杨可、罗沛霖:《手机与互联网:数字时代农民工的消费》,《中国社会科学报》2009年8月6日第7版。

衣鹏:《全总"一号课题":节选报告先行面世背后》,《21世纪经济报道》2010年6月25日第1版。

宜金平:《互联网大国,谁把穷孩子拽出数字化鸿沟》,《中国青年报》2014年4月30日第9版。

尹蔚民:《努力构建中国特色和谐劳动关系》,《人民日报》2015年4月9日第12版。

赵新宇:《东莞工人们的QQ群》,《凤凰周刊》(香港)2014年第16期。

张宏:《媒体不只是见证者:为什么我们要发表共同社论》,凤凰网,http://finance.ifeng.com/news/special/huji/20100301/1871550.shtml,2010年3月1日。

张宏:《我是温和的建言者》,360doc个人图书馆,http://www.360doc.com/content/10/0310/12/16099_18222368.shtml,2010年3月10日。

张建国:《中国居民劳动报酬占GDP比重连降22年》,《理论参考》2010年第7期。

章剑峰:《张宏:户籍改革的温和建言者》,《南风窗》2010年第26期。

郑广怀:《社会力量推动劳资关系转变》,《南方都市报》2011年1月16日第3版。

中国工人"本刊特稿":《社会学者的呼吁:解决新生代农民工问题,杜绝富士康悲剧重演》,《中国工人》2010年第7期。

英文部分

Atton, Chris, *Alternative Media*, 2002, London: Sage.

Atton, Chris, *Alternative Media Internet*, Edinburgh: Edinburgh University, 2004.

Atton, Chris, "Organtisation and Production in Alternative Media," in S. Cottle(ed.), *Media Organization and Production* London: Sage, pp. 41-45.

Becker, Jeffrey, 2012. "The Knowledge to Act: Chinese Migrant Labor Protests in Comparative Perspective," *Comparative Political Studies*, 45(11): 1379-1404.

Carpentier, Nico, Lie, Rico & Senaes, Jan., "Community Media: Muting the Democratic Media Discourse?" *Journal of Media & Cultural Studies*, 2003, 17(1): 51-68.

Couldry, Nick & Curran, James (eds), *Contesting Media Power: Alternative Media in a Networked World*, Lanham, Md.: Rowman & Little-field, 2003.

Couldry, Nick, *The Place of Media Power: Pilgrims and Witnesses of the Media Age*, 2000, London: Routledge.

Dahlberg, Lincoln, "Rethinking the Fragmentation of the Cyberpublic: From Consensus to Contestation," *New Media & Society*, 2007, 9(5): 827-847

Dahlgren, Peter, "The Internet, Public Spheres, and Political Communication: Dispersion and Deliberation," *Political Communication*, 2005, 22(2): 147-162.

Downing, John D. H., *Radical Media: The Political Experience of Alternative Communication*, Boston: South End Press, 1984.

Downing, John D. H. *Radical Media: Rebellious Communication and Social Movements*. Thousand Oaks, Calif: Sage Publication, 2001.

Dryzek, John S, *Deliberative Democracy and Beyond: Liberals, Critics, Contestations*, Oxford University Press, 2000.

Fishkin, James S., *When the People Speak: Deliberative Democracy Public Consultation*, Oxford University Press, 2008.

Fontes, C., "The Global Turn of the Alternative Media Movement," in K. Howley (ed.), *Understanding Community Media*, London: Sage, 2010.

Francechini, I., "Labour NGOs in China: A Real Force for Political Change?" *The

China Quarterly, 2014, 218: 474-492.

Friedman, Eli, "Insurgency and Institutionalization: the Polanyian Countermovement and Chinese Labor Politics," *Theory and Society*, 2013, 42(3): 295-327.

Gitlin, Todd, *The Whole World is Watching: Mass Media in the Making and Unmaking of the New Left: With a New Preface*, Berkeley: University of California Press, 1980.

Gutmann, Amy, & Thompson Dennis, *Why Deliberative Democracy?* Princeton University Press, 2004.

Hackett, Robert A., *Remaking Media: The Struggle to Democratize Public Communication*, New York; London: Routledge, 2006.

Hamilton, James, "Alternative Media: Conceptual Difficulties, Critical Possibilities," *Journal of Communication Inquiry*, 2000, 24(4): 357-378.

Hamrin, Carol Lee & Zhao, Suisheng, *Decision-Making in Deng's China: Perspectives from Insiders*, New York: M. E. Sharpe, Inc, 1995.

Howell, J., "Shall We Dance? Welfarist Incorporation and the Politics of State-Labor NGO Relations," *The China Quarterly*, 2015, 223: 702-723.

Kensicki, L., "No Cure for What Ails Us: The Media-Constructed Disconnect between Societal Problems and Possible Solutions," *Journalism and Mass Communication Quarterly*, 2004, 81 (1): 53-73.

Lee, C. C., He, Z., & Huang, Y., "Party-Market Corporatism, Clientelism, and Media in Shanghai," *The Harvard International Journal of Press/Politics*, 2007, 12: 21-42.

Lee, C. C., "Mass Media: Of China and About China," in C. C. Lee(ed.), *Voices of China: The Interplay of Politics and Journalism*, New York: The Guilford Press, 1990.

Marshall, T. H., "Citizenship and Social Class," in T. H. Marshall & Tom Bottomore (eds.), *Citizenship and Social Class* 1992, London: Pluto Press.

Mason, Paul, "China's Workers are Turning from Analogue Slaves Into Digital Rebels," from https://www.theguardian.com/commentisfree/2014/sep/14/chinaanalogue-slaves-digital-rebellion.

Solinger, Dorothy J., *Contesting Citizenship in Urban China: Peasant Migrants, the State, and the Logic of the Market*, Berkeley: University of California Press, 1999.

Spires, A., "Contingent Symbiosis and Civil Society in an Authoritarian State: Understanding the Survival of China's Grassroots NGOS," *American Journal of Sociology*, 2011, 117(1): 1-45.

Sun, Wanning, "Desperately Seeking My Wages: Justice, Media Logic, and the Politics of Voice in Urban China," *Media, Culture & Society*, 2012, 34(7): 864-879.

Sun, Wanning, "Narrating Translocality: Dagong Poetry and the Subaltern Imagination," *Mobilities*, 2010, 5(3): 291-309.

Wallis, C., *Technomobility in China: Young Migrant Women and Mobile Phones*, NY: NYU Press, 2013.

Wanning Sun, *Subaltern China: Rural Migrants, Media, and Cultural Practices*, MA: Rowman & littlefield, 2014.

Wright, E. O., "Working-Class Power, Capitalist-Class Interests, and Class Compromise," *American Journal of Sociology*, 2000, 105(4): 957-1002.

Xu, Y., "Labor Non-governmental Organizations in China: Mobilizing Migrant Workers," *Journal of Industrial Relations*, 2013, 55(2): 243-259.

Zimmerman, M., "Empowernment Theory: Psychological, Organnizational, and Community Levels of Analysis," in J. Rappaport & E. Seidman (eds.), *Handbook of Community Psychology*, NY: Kluwer Academic Publishers, 2000.

附 录 1

北京市青年外来务工人员问卷调查

亲爱的朋友：

您好！我们是中国劳动关系学院"大众传媒与和谐劳资关系构建"课题组成员，正在进行一项针对北京市青年外来务工人员（1980年以后出生）劳动状况与维权、媒介接触与认知的调查。您是我们尊敬的访问对象，为了进行学术研究并向政府有关部门提出改进性的政策建议，我们希望了解您的真实想法。您的回答没有对错之分；同时请您尽可放心，问卷中所涉及的资料将只进行统计汇总。谢谢您对我们的支持与协作！

中国劳动关系学院文化传播学院
2012 年 7 月

调查员姓名：

调查时间：2012 年（　　　）月（　　　）日（　　　）时

调查地点：北京市（　　　　　）区（　　　　　）

注：除需要填写的信息外，请在选项上画√

一、个人基本资料

1. 您的性别：①男 ②女

2. 您的年龄：_____周岁

3. 您的籍贯：_____省/自治区

4. 您的户口性质：①农业 ②非农业 ③不清楚

5. 您的婚姻状况：①未婚 ②已婚

6. 您的教育程度：①小学以下 ②小学 ③初中 ④高中 ⑤中专/技校 ⑥大专 ⑦本科及以上

7. 您的行业类型：①服务业 ②制造业 ③建筑业

8. 您的工作单位性质：①私营 ②国有/集体 ③外资或合资

二、媒介接触状况及认知

1. 您通常会使用哪些媒体？

	1.从不	2.偶尔	3.有时	4.经常	5.频繁
报刊					
广播					
电视					
网络					
手机					

2. 您觉得媒体上提供的信息可信吗？

	1.非常不可信	2.不可信	3.基本可信	4.可信	5.非常可信
报刊					
广播					
电视					
网络					
手机					

3.如果上网,您通常会做哪些事?

	1.从不	2.偶尔	3.有时	4.经常	5.频繁
QQ 聊天					
玩游戏					
浏览新闻					
搜索实用知识					
上招聘类网站					
逛论坛或社区					
收发电子邮件					
使用博客/微博/QQ 空间					

4.除了拨打/接听电话、收发信息/彩信之外,您还会用手机做哪些事?

	1.从不	2.偶尔	3.有时	4.经常	5.频繁
听广播					
看视频					
读手机报					
上移动 QQ					
使用微博					

5.您在阅读媒体新闻报道时,是否会有下列行为?

	1.从不	2.偶尔	3.有时	4.经常	5.频繁
提出疑问或批评					
琢磨新闻的用意					
拒绝接受部分内容					
通过其他途径核实					

6.您觉得媒体是否发挥了下列功能？

	1.很差	2.较差	3.一般	4.较好	5.很好
信息传播					
舆论监督					
宣传教育					
广告功能					
娱乐功能					

7.您是否有过下列媒介参与意愿？

	1.从不	2.偶尔	3.有时	4.经常	5.频繁
遇到突发事件时会向媒体报料					
自身权益受损时会向媒体投诉					
会参与感兴趣的媒体征文和讨论					
会向媒体反映自己看不惯的现象					

8.您一般会关注哪种类型的新闻？

	1.从不	2.偶尔	3.有时	4.经常	5.频繁
时政新闻					
财经新闻					
社会新闻					
法治新闻					
文体新闻（娱乐、体育等）					

9. 您觉得媒体在下列问题上表现如何?

选项	1.很差	2.较差	3.一般	4.较好	5.很好
真实公正地报道打工者					
让打工者表达自己的观点与心声					
帮助打工者维护自己的合法权益					
提供有用的工作和招聘信息					
提供打工方面的政策法规服务					

10.如果要专门为打工者制作一款手机报,您觉得应包括哪些内容?

	1.必须有	2.可以有	3.不需要
维权指南			
哲理故事			
技能培训信息			
求职招聘信息			
相关政策法规			
征婚交友信息			
劳模的先进事迹			
成功的创业经验			
其他(请注明)			

三、工作状况与权益维护

1.在最近半年内,您的平均月收入状况:①0—1000元,②1000—1500元,③1500—2000元,④2000—2500元,⑤2500—3000元,⑥3000—3500元,⑦3500—4000元,⑧4000—4500元,⑨4500元以上

2.在最近半年内,您平均每天工作:①8小时及以内,②8—10小时,③10—12小时,④12小时以上

3.在最近半年内,您平均每周工作:①5 天及以内,②5 天半,③6 天,④6 天半,⑤7 天

4.在最近半年内,您的工资发放情况:①按时足额领取,②按时部分领取,③不能按时领到

5.您现在的工作劳动合同签订状况:①有,②没有,③不清楚

6.您签订的劳动合同类型:①劳动部门制定的正规合同,②单位内部打印的合同,③口头约定

7.您在工作中是否有过权益被侵害的经历?①有,②没有(**选①者请回答 8**)

8.您是否为维护自己的权益而斗争?①有,②没有(**选①者请回答 9**)

9.您的维权行动有何结果?①完全维护了权益,②部分维护了权益,③没能够维护权益

10.请您根据自己的根据,评估下列维权方式的效果。

	1.完全没用	2.可能有用	3.一般	4.比较有用	5.很有作用
单独找上级或主管老板					
联合其他工友进行斗争					
找朋友或老乡帮忙					
向劳动保障部门投诉					
向工会组织反映					
向新闻媒体反映					
上访					
通过司法途径					
采取激烈手段(如跳楼)					
委曲求全					

11.现在的工作单位是否为您缴纳社会保险？

	1.有	2.没有	3.不知道
养老保险			
工伤保险			
失业保险			
医疗保险			
生育保险			

12.您如何评价现在的工作状况？

	1.非常满意	2.比较满意	3.一般/凑合	4.不太满意	5.很不满意
工资水平					
工作环境					
发展空间					
社会保险缴纳					
薪酬发放情况					

13.哪些因素会决定您对工作单位的选择？（请在选项中画√）

选项	1.非常重视	2.比较重视	3.一般重视	4.不太重视	5.很不重视
工资水平					
工作环境					
生活环境					
缴纳社会保险					
符合个人兴趣					
具有发展空间					
能够学到技术					
工资奖金按时发放					
签订规范劳动合同					

14. 目前您是否了解下列保护工人权益的相关法律?

	1.很熟悉	2.了解一点	3.听说过	4.不知道
《劳动法》				
《劳动合同法》				
《职业病防治法》				
《工伤保险条例》				
《工资支付条例》				

15. 您在外出打工期间是否有过下列情况:

	1.没有	2.偶尔有	3.说不清	4.经常有	5.很严重
1.失眠烦躁					
2.身心疲惫					
3.容易哭泣					
4.感觉前途茫然					
5.感觉孤独寂寞					
6.觉得生活艰难					

再次谢谢您帮我们完成了问卷调查!如果方便的话,请留下您的QQ号或者其他联系方式,我们可能将会对您进行深度访谈。_____

附 录 2

小报 DGD 样本相关信息[①]

编号	出版时间	备注	编号	出版时间	备注
1	2009 年 9 月		33	2012 年 12 月	
2	2009 年 12 月		34	2013 年 3 月	
3	2010 年 4 月		35	2013 年 4 月 1 日	
4	2010 年 5 月		36	2013 年 4 月 16 日	
5	2010 年 6 月		37	2013 年 4 月 30 日	
6	2010 年 7 月		38	2013 年 5 月 16 日	
7	2010 年 8 月		39	2013 年 6 月 1 日	
8	2010 年 9 月		40	2013 年 6 月 10 日	
9	2010 年 9 月		41	2013 年 7 月 1 日	
10	2010 年 10 月		42	2013 年 8 月 1 日	
11	2010 年 11 月		43	2013 年 9 月 16 日	
12	2010 年 12 月		44	2013 年 10 月 15 日	

[①] 在研究过程中,笔者收集到63份小报 DGD 样本。其中,在2013年11月改版前,该报共出版52期,笔者收集到45期,缺失7期,分别是第2、4、5、9、22、35、40期。之后,该报期数不再按照原有序号排列;此外虽正式注明为"半月刊",但是出版周期并不稳定,如2014年暑假两个月间只出了一期特刊。

续表

编号	出版时间	备注	编号	出版时间	备注
13	2010 年 12 月		45	2013 年 11 月 1 日	改版
14	2011 年 1 月		46	2013 年 11 月 15 日	
15	2011 年 3 月		47	2013 年 1 月 1 日	
16	2011 年 4 月		48	2013 年 12 月 15 日	
17	2011 年 5 月	五一特刊	49	2014 年 1 月 1 日	
18	2011 年 6 月		50	2014 年 3 月 15 日	
19	2011 年 7 月		51	2014 年 4 月 1 日	
20	2011 年 8 月		52	2014 年 4 月 15 日	
21	2011 年 9 月		53	2014 年 5 月 1 日	
22	2011 年 10 月	国庆特刊	54	2014 年 5 月 15 日	
23	2011 年 10 月		55	2014 年 6 月 1 日	
24	2011 年 11 月		56	2014 年 7 月 1 日	
25	2011 年 12 月	关爱日特刊	57	2014 年 8 月	暑假特刊
26	2012 年 3 月		58	2014 年 10 月 1 日	
27	2012 年 3 月		59	2014 年 10 月 15 日	
28	2012 年 5 月		60	2014 年 11 月 15 日	
29	2012 年 6 月		61	2015 年 3 月 15 日	
30	2012 年 6 月		62	2015 年 4 月 15 日	
31	2012 年 8 月		63	2015 年 10 月 7 日	
32	2012 年 9 月				

后　记

在岁月流逝中,我愈来愈觉得,关系千万重,万事皆有因缘。

2002年,武汉,华中科技大学,大二的"新闻评论"课堂中,偶然听闻费孝通先生的十六字箴言——"各美其美,美人之美,美美与共,天下大同"。精妙之语,过耳难忘。当日,不曾想到十年之后,我会进入由费老倡导设立的北京大学社会学博士后流动站,进一步地锤炼自己。

2010年,洛杉矶,胡太太的家中,欢度感恩节。她向我讲述其父余天休教授的往事,当年如何应蔡元培先生之邀执教于北京大学讲授社会学。其时,仁心仁术的胡医生仍健在。1992年"洛杉矶暴动"中,骚乱区遍地狼藉,他的诊所却安然无恙——素日善良的品行在社区非裔族群中有口皆碑。当日,不曾想到四年之后,博士后出站报告定稿的那天,又恰逢感恩节。

这一路走来,尚不失顺遂,得感念多少人的善意。

感谢我的合作导师谢立中教授,学养深厚之外,更有不寻常的低调质朴。他的勤勉治学,身教重于言传。他对晚辈的关爱浸润在日常点滴中。可惜两年在站期间,杂事纷繁,自感在学业上未能精进,实在有愧。

感谢我的博士生导师孙旭培教授,他一如既往地为我操心。学业上为了我有进修的机会,职业上为了我有成长的空间,向来爱惜羽毛的他内举不避亲。他对新闻法治与自由的执着,同样已是我的思想烙印。

感谢北京大学社会学系。在这里,学者星光灿烂。他们专业的著述予我以滋养。在这里,青年和衷共济。与谢冰雪博士等诸位站友,除学术砥砺之外,更有生活中的情谊。此处,还要特别感谢于惠芳老师,她负责博士后流动站的日常事务,言语和行动让人如沐春风,在高校行政人员中实属少见。

感谢香港城市大学。李金铨教授开创、媒体与传播系诸君襄助的"多闻雅集",成全了内地新闻传播青年学者的问学和睦谊之心。"友直,友谅,友多闻,益矣",有趣且有益的"多友"圈俨然已成为一所无形的学院。2014年春,一个月的游学时光,匆匆但很充实,得以开阔眼界、结识同道。离开港岛之际,那场罕见的暴雨反而成全了"高深组合"——一个在庞然的学术生产线中能够相互温暖的微小社群。世事祸福难料,由此可见一端。

感谢中国劳动关系学院,自博士毕业便供职于此。这里,有和暖,亦有霜寒。历练世情之外,更重要的是在此执教拓展了个人的研究视域。我的博士论文题为《胡适言论自由思想研究》,若完全由着自己心性,应该会循此脉络一直在历史长河中徜徉,继续追寻那些被湮没或遮蔽的过往。无庸讳言,起初将视线投向劳动关系领域,固然不乏自己探索未知的热情,但更多是学术体制规训的力量使然。我以"大众传媒与构建和谐劳资关系研究——以新生代农民工为核心"为题,申报教育部人文社会科学青年基金项目,2012年初获准立项。此后,在摸索探究中,却日益感受到"媒体与劳动关系"议题的内在韵味。它不再是单向度的"为人之学",而已渐有"为己之学"的意涵。在此,现实与历史有了一种别致的交汇。我甚至隐隐地觉得,辟出这样一条"蹊径",应该算是幸事。毕竟,若缺乏对现实丰富的体察,亦难有对既往的明澈认知。

这本小书,便是这几年探索的一个交代。书中部分章节,蒙审稿人和编辑的不吝赐教,已在《国际新闻界》《现代传播》《青年研究》《中国劳动关系学院学报》《南昌大学学报(人文社会科学版)》《中国工人》等刊物上发表;其中三篇还分别被人大报刊复印资料《青少年导刊》《工会工作》和《劳动经济与劳动关系》全文转载。

书已成稿,甘苦自知。此处,我最想表达的依然是感谢。与本议题相关的诸方面、先行者的努力,我均深深感谢;尤其在劳工领域中,行动者的实践更是让人感佩不已,他们在缝隙中辗转腾挪,其勇气与情怀弥足可贵。学生总是可爱的,见证他们活泼泼的青春是为人师者最纯粹的享受。感谢参与过课题研究的多名同学①,发放调查问卷、撰写田野笔记、整理案例材料,书中留下了他们的印记。本书能顺利出版,还需要感谢北京大学出版社。选题能够立项,有赖于周丽锦女士慧眼。在具体编校中,李彦博士的负责和细致让人动容,此外,我们均对国家—媒体关系问题有兴趣,真是意外之喜。可惜,纸短情长,只能择要而述。任何曾经给予过帮助的人,我会一直将你们的温情铭记于心。

当然,最需要感谢的还是家人,高堂之慈,稚子之爱,夫妇之情,手足之义。近几年中,胡萝卜小朋友从咿呀学语到绕膝承欢,甚至不时会有"惊人"之举,如向我发问"自由是什么"。这一切,唯有惜福。

迄今,我人生最难遣怀之事,当属父亲吴鹤卿先生的辞世。历史漩涡中,个人的际遇充满了变数。那个自幼读诗书的少年,何曾想到

---

① 在2010年7月实施的"北京市青年外来务工人员问卷调查"活动中,中国劳动关系学院文化传播学院新闻学专业2009级的孙璐、王朋飞、檀彦杰、程思琪参与问卷设计和预调查;2010级的陈萍、方洁、李金丽、李思圆、罗晓苹、孙甫阳、唐小溪、夏晓璐、谢怡、晏俭婷、张京伟、周振邦参与正式调查。2010级的邱琛同学在协助整理本书第一例个案的资料方面出力甚多。

半世颠沛，本应该求学问道的青壮岁月，会因家世成了出苦力的劳工。那时节还没有"农民工"一说，而是更不堪的"盲流"称谓。四十二年前，1974年秋冬，父亲务工至江西省九江市星子县，夜宿纪念陶渊明的"靖节祠"边，曾经赋诗抒怀，追念前贤"虎溪三笑享高名，独抚孤松寄性情"，叹息自己"温饱纵成眉下急，也难嗟食九江城"。此后，他虽因才识而终有一片天地，但人生境况毕竟是不同。

直到晚岁，父亲依旧郁郁，写过一阕《鹧鸪天·人言》——"我醉人言老更狂，诗才自诩傍前唐。青林海岳涂文字，白屋孙山空要强。恨世窄，叹天方，人间未许我铺张。五千上下年中事，都在吾侪腹中藏。"这个长长的故事，我期待来日细细地讲述。如今，谨以此书献给父亲，愿您得享安宁。

行文至此，突然看到《新京报》上的一则报道《丰城电厂事故中逝去的白范疃村人》，74名遇难者中有10位来自同一个小村，且其中7人又是同一家族，无妄之灾，令人扼腕。但愿我们芸芸众生，都能够少受命运的播弄。

吴　麟

2014年11月27日，初记于北京大学承泽园
2016年11月28日，再记于北京大学蔚秀园